中外经典文库

伏尔泰文选

李瑜青　主编

上海大学出版社
·上海·

图书在版编目(CIP)数据

伏尔泰文选 / 李瑜青主编. —上海：上海大学出版社，2023.2
(中外经典文库)
ISBN 978-7-5671-4559-7

Ⅰ. ①伏… Ⅱ. ①李… Ⅲ. ①伏尔泰(Voltaire, Francois-Marie, Arouet 1694-1778)—文集 Ⅳ. ①B565.25-53

中国国家版本馆 CIP 数据核字(2023)第 023905 号

统　　筹　刘　强
责任编辑　陈　强
助理编辑　夏　安
封面设计　柯国富
技术编辑　金　鑫　钱宇坤

中外经典文库
伏尔泰文选
李瑜青　主编
上海大学出版社出版发行
(上海市上大路99号　邮政编码200444)
(https://www.shupress.cn　发行热线 021-66135112)
出版人　戴骏豪

*

南京展望文化发展有限公司排版
上海华教印务有限公司印刷　各地新华书店经销
开本 890mm×1240mm　1/32　印张 9.5　字数 221 千
2023 年 2 月第 1 版　2023 年 2 月第 1 次印刷
ISBN 978-7-5671-4559-7/B·139　定价 48.00 元

版权所有　侵权必究
如发现本书有印装质量问题请与印刷厂质量科联系
联系电话：021-36393676

目录 CONTENTS

性　格 …… 001
热　情 …… 005
偏　见 …… 007
欺　骗 …… 011
自　爱 …… 015
论奢侈 …… 016
友　谊 …… 019
爱　情 …… 021
相　信 …… 025
吃人的人 …… 028

论常识 …… 031
论法律 …… 033
论平等 …… 041
德　行 …… 044
论思想的自由 …… 046
论　美 …… 050
论宗教 …… 054
论迷信 …… 065
论宽容 …… 069
感　觉 …… 076
梦 …… 079

论先知 …… 082

论亚伯拉罕 …… 084

论大卫 …… 088

论摩西 …… 091

地球上发生的变化 …… 096

无神论者 …… 101

乡村教士 …… 110

信仰自由 …… 115

论灵魂 …… 119

论命运 …… 127

论宗教法庭 …… 131

论迫害 …… 135

论暴政 …… 137

国家·政府 …… 138

故乡·祖国 …… 144

论中国 …… 151

文学和作家 …… 155

论哲学家 …… 157

致卢梭 …… 162

查第格 …… 165

如此世界 …… 218

老实人 …… 232

性　格

性格这个词儿是从希腊语"盖印"(impression)"雕刻"(gravure)二词来的。性格就是大自然在我们内心所刻画的东西。

人能改换性格吗？能够，倘若可以改换身体的话。一个人可能生来懵懵懂懂，性子又倔强粗暴；晚年中了风，简直成了个好哭、胆小、温静的傻孩子。他的身体跟以往不一样了。但是只要他的神经、血液、延髓情况照旧，他的天性就不会比一只狼和一只黄鼠狼的本能更能起变化。

有一首英国小诗题名《药房》，比意大利诗《卡庇托勒庙》①高明得多，甚至或许也在布瓦洛的《圣歌队》一诗之上。我觉得这首诗的英国作者在诗里说得很好：

　　一付水、火、土的秘密混合剂，
　　便做成了恺撒和拿骚②的心。
　　一种未知动力不可战胜的威力，
　　能使斯罗纳厚颜无耻，使他妻子感触灵敏。

---

① 卡庇托勒庙(Capitole)是古罗马祀奉朱庇特主神的庙宇。
② 拿骚(Guillaume Ier, de Nassau, 1533—1584)，荷兰奥兰治亲王，曾企图从西班牙统治下解放荷兰，被刺身死。

性格是由我们的观念和感情形成的。然而我们分明是不能自赋感情和观念的,所以我们的性格不能由我们自主。

倘若可以由我们自主的话,那就没有人不是十全十美的了。

我们既然不能自赋情趣和天才,为什么我们可以自赋若干品德呢?

我们若不深思熟虑,便自以为可以主宰一切,一旦仔细考虑一下,就会看出原来什么事也不由我们做主。

您想完全改变一个人的性格吗?那就请您用泻药每天给他泻一下,一直把他弄死为止。查理十二世①在邦德尔大路上由于创伤化脓而发烧的时候,已不是原来的查理了。别人可以把他像一个小孩一样自由摆布。

如果我有一个歪鼻子和一双猫儿眼,我还可以用一副假面具遮盖起来。我能够把我的天赋性格遮盖得更好么?

有一个人,生性粗暴激烈,晋见法国国王弗朗索瓦一世,控诉有人仗势欺人。弗朗索瓦一世的脸孔,众侍臣恭恭敬敬的姿势,甚至连他站的地方,这一切都给这人留下一种强烈的印象;他不由得就把眼睛低下去,粗暴的嗓音也温和起来,谦逊地呈上他的诉状;人家或许以为他生来跟那些侍臣一样的温和(至少在这个时候),在这些侍臣们当中,他甚至还显得局促;但是如果弗朗索瓦一世会看面部表情,便不难从他那双俯视着然而却又燃烧着阴暗的火焰的眼睛里,从他面部紧张的肌肉上,从他紧闭的嘴唇上看出这个人并不像他被迫装出的那样温和。这个人跟随

---

① 查理12世(Charles XII,1682—1718),瑞典国王,在位时曾先后征服丹麦、沙俄、波兰等国,又干涉苏格兰王位,并图进攻法兰西和西班牙等南欧国家,1718年被刺殒命。

弗朗索瓦一世到了帕维亚①和他同时被擒，一道被解进马德里的监狱；弗朗索瓦一世的威严对他不再产生以前那样的印象；他同他尊敬的对象亲昵起来。有一天，他给国王脱靴子没有脱好；国王因遭不幸，脾气变坏，便生气了；我说的这个人便把国王给赶出去，靴子也从窗口扔出来了。

西克斯特·昆特②生性轻率固执、自高自大、急躁傲慢、又喜报复。这种性格似乎在他学道期间所受考验中温和了一些。他才一开始在他会内有些威望，便对一名守卫人员大发脾气，用拳头殴打了他；他刚在威尼斯担任宗教裁判官，便在执行职务时专横独断；做了红衣主教，便发起教皇式的脾气来③。这类癫狂行径令他失去了本性；使他的人品和性格隐晦不明；他又伪装谦逊，并且做出行将就木的样子来；因而人家把他选为教皇。这一机会使他长期为政治约束着的百折不挠的本性又活跃起来，他是教皇中最骄傲、最专横的一位。

> 摆脱开自然奴役的，总是要回到自然奴役里去
>
> 　　　　　　　　　　　　（《贺拉斯集》一卷九首）
>
> 把天性驱逐开，他仍旧大步跑回来。
>
> 　　　　　　　（戴杜舍④：《光荣的人》第三幕第五场）

宗教、道德钳制着天性的力量，却不能把天性毁灭。酒徒在一

---

① 帕维亚(Bavia)，意大利北部米兰以南一城市，弗朗索瓦一世曾在该城战败被擒。

② 西克斯特·昆特(Sixte-Quint)，罗马教皇，1585—1590在位。传说他在被选为教皇前，躬腰拄拐而行，红衣主教们以为他行将就木，便投了他的票。一旦被选，当场丢开木拐，昂首挺胸，高唱圣诗，声震窗棂。

③ 原文后有拉丁文 dalla rabbia papale，意即教皇式的发脾气。

④ 戴杜舍(Destouches，原名 Philippe Néricaulte，1680—1754)，法国戏剧作家，名著《光荣的人》是一部优秀的风俗喜剧剧本。

所隐修院里,把每餐的苹果酒减到 4 两,便不会再醉了,但是他却老是爱酒。

年龄令人的性格减弱。这就好像一棵树,虽只结一些变种的果子,但是果性未变;这棵树虽长了一些藓苔,生了蛀虫,总还是橡树或梨树。如若有人能改变树的本性,他也就可以凭空生出一棵树来,那便成了自然的主宰。我们能够由自己产生什么东西吗?我们一切不都是接受来的吗?试让一个懒散无为的人勤劳好动,试让一个性子急躁的人神志迟钝,沸腾着的心灵冷静下来,让那个缺少鉴赏力和音乐感的人对于音乐和诗感兴趣;您是办不到的,就像您企图给天生的盲人恢复视觉一样。我们能改善、缓和、隐蔽自然所禀赋在我们身上的;然而我们什么也不能有所增进。

有人对一个种田的人说:"您的鱼池里鱼养得太多了,它们长不好的;您的牧场里牲畜太多,缺少草,它们是要饿瘦的。"在这次劝告以后,就发生了这样的情形:竹签鱼把这个种田人的鲤鱼吃去了一半;狼把他的绵羊吃了一半;余下的便都肥起来。他高兴他这种经营管理吗?这个乡下佬,就是你自己;你的一种情欲吞噬了其他情欲,你却以为你战胜了你自己。我们大家岂不几乎都像那位 90 高龄的老将军,他遇到一些青年军官调戏妇女,便怒气冲冲地对他们说:"先生们,这也是我给你们做的榜样吗?"

(王燕生 译)

热 情

这个希腊词意为五脏六腑的不安、内心的激动。希腊人发明这个词是不是为了表达人深深地被感动时神经所感受到的震惊、肠子的膨胀和绷紧、心脏的剧烈收缩以及五脏六腑的不安和激荡起伏,也就是说那种回肠荡气的激烈情绪?

或者说,热情这个意为五脏六腑不安的词是首先表示皮西亚挛缩吗?他站在特尔斐城的青铜三脚祭炉上,通过似乎制造出来为容纳万物的躯壳接受了阿波罗的灵魂。

我们对热情的理解是什么?我们感情的细微差别是如此之多!赞美、感觉、感知、悲伤、震惊、情欲、狂乱、疯狂、暴怒、狂怒,这些是一个可怜的人类灵魂所能经历的全部状态。

一个几何学家观看一场动人的悲剧,他只看到此剧的结构很好。他边上的一个年轻人深受感动,但什么也看不见。一个妇女在哭泣,另一个年轻人感动得不能自制,不幸的是,他也决定写一部悲剧,因为他已经染上了热情的疾病。

古罗马军团的百人队队长或军事护民官只把战争看作是可以赚一笔钱的生意,他们镇静地走向战场,就像建筑工爬上屋顶;当恺撒看见亚历山大的塑像时,他哭了。

奥维德对于爱情的见解很有趣。萨福表达了这种情欲的热情方式：如果热情确实使她付出了生命的代价，那是因为在她这种情况下，热情已经变成了疯狂。

党派精神奇迹般地鼓励了热情：没有一个宗派是没有狂热分子的。

热情能主宰误入歧途的虔诚的人的命运。祈祷时只看见自己鼻尖的年轻的托钵僧越来越狂热，甚至相信如果他被加上50磅的锁链，万能的主将会非常感谢他。他带着满脑的对婆罗门的想象去睡觉，必然会在梦中看见他。有时在半睡半醒的状态中，他的眼中甚至闪现出火花，他看见婆罗门在闪闪发光，他心醉神迷，这种疾病往往是不治之症。

理智和热情相结合是罕见的。理智总是实事求是地看待事物。醉汉看见物体增大一倍时就表明他已失去了理智。热情就像酒，它能在血管中引起如此多的骚动，在神经中引起如此猛烈的颤动，结果理智被完全摧毁。理智只能引起轻微的震动，仅能在大脑中增加一些活力。这种情况发生在滔滔不绝、口若悬河的演说中，尤其是在崇高的诗情中。理智的热情是大诗人的特征，这种理智的热情使他们的艺术臻于完美。在过去，人们相信这些诗人是被诸神赐予灵感的，但对其他的艺术家则没有这样的评论。

理智怎么能控制感情呢？这是因为诗人首先勾画出他作品的结构，这时理智控制他的行为。可是当他进一步要使他的人物充满活力，赋予他们激情时，想象的火花燃烧起来了，热情控制了他，就像一匹赛马不顾一切地往前冲，但它的路线是早就合适地安排好了的。

（余兴立　吴萍　译）

偏　　见

　　偏见是一种没有判断力的意见。所以全世界都有人在小孩子们还未能判断是非以前给他们任意灌输各式各样的意见。

　　有些偏见是人皆有之不可或缺的,那就是美德。在各国都有人教给孩子认识一位有赏有罚的神明;敬爱父母;在孩子们能够懂得什么是坏行为什么是美德以前,就告诉他们把扒窃看成是一种罪行,把自私自利的扯谎看成是一种坏行为。

　　所以说有很好的偏见,就是我们用理性思考的时候,由判断肯定的见解。

　　感情并不是单纯的偏见,是比较更有力的东西。一位做母亲的爱儿子并不是因为有人告诉她应该爱儿子:她不由自主地疼爱儿子。您跑去抢救一个即将坠入深渊或被野兽吞食的生人的孩子,也丝毫不是什么偏见的缘故。

　　但正是由于偏见,您才尊敬一个穿着某些服装,言行庄重的人。您的父母跟您说过您应当在这个人面前表示尊敬,在您还不知道这个人是否值得您尊敬以前您便尊敬他。您的年龄和知识都与时俱增,您便看出这个人原来是一个骄傲、自私和虚伪透顶的江湖医生;您便轻视您一向尊敬的人,于是偏见让位于判断。您曾经由于偏见而对于人家在您童年给您讲的那些童话故事都信以为真;有人对您讲过泰坦神族曾与神作战,维纳斯曾经爱恋过阿多尼斯;您在 12 岁时把这类神话都当成是真事,您到 20 岁就把这些故事看成是巧妙的比喻了。

我们约略考察一下几种不同的偏见,好把我们的问题整理整理。我们或许好像约翰·劳①学说时代的人一样,那时代的人竟发现他们自己原来盘算的是些空想的财富。

感 官 的 偏 见

我们即使视力很好时,也竟时常看错,而我们的耳朵却听不差,这岂不是一件有趣的事吗?您听觉准确的耳朵听见有人说:"您漂亮,我爱您。"那就可以肯定,他不是跟您说:"我恨您,您丑陋。"但若是您看见一面平滑的镜子,其实您准是看错了,原来是一面表面很粗糙的镜子。您看太阳约有两尺长的直径;其实太阳比地球要大上一百多万倍。

似乎是上帝把真理灌入您耳朵里,把谬误映入您眼中;其实您把光学一研究,就会看出上帝并没有欺骗您,就会知道物体只能被您看成您所看到的那个样子。

物 理 偏 见

太阳上升,月亮也上升,地球纹丝不动:这就是一些自然界的物理成见。但是说对虾吃了对血有益,因为它煮后颜色血红;说泥鳅治得好瘫痪,因为它活蹦乱跳;说月亮影响我们的疾病,因为有一天有人留神到有一位病人曾经在月亮下弦的时候发烧加重;这些观念,还有其他成千的类似观念,本来都是古代的一

---

① 约翰·劳(John Law,1671—1720),苏格兰金融家。

些江湖医生的错误见解,他们不加思考就下断语,自己错了,又贻误了别人。

历 史 偏 见

大部分历史故事都是未经考察就被人信以为真的,而这种轻信也是一种偏见。腓俾阿斯·皮克托①述说在他以前几世纪,阿尔伯城有一位在灶神前司香火的女祭司,用她的水罐去吸水,被人强奸,生下了罗慕路斯和雷慕斯兄弟两人,说他们两个为一只牝狼哺乳养活等等。罗马人民都相信这个传说;他们丝毫也不考虑在当时拉丁省是否真有在灶神前司香火的女祭司。一位国王的女儿带着一只水瓮从祭殿里出来这情况是否像真事,那只牝狼不吃这两个孩子而却奶他们,这种事是否可能。成见先入为主,便固定不移了。

有一位僧侣曾经记载说克洛维在托尔拜阿克②战役中遇了大险,便许愿说若能脱险情愿做基督教徒;但是在这样一个时节祈求外族的神是否顺情合理呢?在这当儿,自己生来信奉的宗教不是影响更大吗?哪一个基督徒又在一场抵抗土耳其的战役中不乞援于圣母而却去祷告穆罕默德呢?据说还有一只鸽子衔来圣瓶给克洛维涂圣油,还有一位天神给他执幡引路呢。偏见总是把这类野史当作了真事。懂得人性的人都很了解篡位的克洛维和罗龙,做基督徒是为了更有把握地统治基督徒,跟土耳其的篡位者为了更有把握地统治伊斯兰教徒而做了伊斯兰教徒是一样的。

---

① 腓俾阿斯·皮克托(Qintus Fabius Pictor,公元前 3 世纪),罗马最早的历史学家。
② 托尔拜阿克(Tolbiac),德国莱茵河上古城市。

宗 教 偏 见

倘若您的保姆跟您说色列斯①主持麦收,说毗湿奴和克萨卡②都屡次下凡投生为人,说萨摩诺勾东采伐了一片森林,又说奥丹在日德兰半岛他的大厅里等着您。或是说穆罕默德或什么别人到天上去过一次:最后倘若您的家庭教师再在您脑子里把您乳娘给您刻上的那一套又加深一层,您这辈子也就忘不了啦。您判断是非的心本来很想起来反对这些偏见,您的左邻右舍,尤其是那些女邻居,就会大惊小怪地说您大逆不道,就会来吓唬您;您的伊斯兰教师傅阿訇害怕他的收入减少,就在卡迪裁判官那里控告您,而这位卡迪裁判官就尽可能地把您判处穿刺刑,因为他想统治愚民,他以为愚民比其他的人更能听话。这种情形会继续下去,一直到您的邻居们和阿訇、卡迪裁判官都开始懂得愚昧毫无好处、懂得迫害可憎的时候为止。

(王燕生 译)

---

① 色列斯 Ceres 拉丁女神,掌管农作物收获,主神朱庇特的妹妹。
② 毗湿奴(Visnu),克萨卡(Xaca),印度教神。

欺　骗

伊斯兰教苦行僧邦巴贝夫有一天遇见孔夫子(我们西方人称为 Confucius)一位弟子,他姓王。邦巴贝夫认为对老百姓须得欺骗,王却主张永远也不可欺骗任何人。以下就是他们的讨论:

邦巴贝夫:应该仿效真主,他不把事物本来面目显示给我们,只让我们看到直径两三尺的太阳,虽然这颗星球比地球大一百多万倍;真主让我们把月亮和星辰都看作是挂在一面碧空上,而其实它们都高低不同;他叫我们从远处把一座方塔看成是圆的;他又叫我们把火看成是热的,而其实火不冷也不热;总之,真主用一些适合我们天性的误差包围着我们。

王:您所谈的误差根本不是误差。在远离我们星球几千万几百万里之外的太阳,并非我们所看到的那个样子。我们实际看到而我们只能看到的太阳是从一定角度映在我们视网膜上的太阳。我们的双眼绝非生而为辨认大小和远近的。还要有其他办法和作用才能辨认。

邦巴贝夫听了这话很惊讶。王很耐心,为他讲解了光学原理;而邦巴贝夫本来是有理解力的,听从了孔夫子弟子的论证,接着又用这些词句来讨论。

邦巴贝夫:即使真主根本没有通过我们的感官来欺骗我们,

像我以为的那样,至少也要承认医生经常为了孩子们好而哄骗他们。他对孩子们说他给他们糖吃,而事实上都是给他吃的大黄。我这个苦行僧,我可以哄骗老百姓,他们跟娃娃们一样无知无识。

王:我有两个儿子,我从来没有哄骗过他们。他们要是病了,我便对他们说:这儿有一服药,很苦,必须有勇气把它吃了。药若是甜,会对你们有害。我从来不允许家庭教师用鬼魂、幽灵、淘气的小妖精、妖婆、巫师来吓唬他们。这样我便把他们培养成勇敢,而有理智的公民。

邦巴贝夫:老百姓并非生来都跟您家里人一样幸运。

王:人人都差不多,都是生来就有相同禀性的,不可以毁坏了人的天性。

邦巴贝夫:我承认,我们用错误来教他们,但是也是为了他们好。我们叫他们相信,倘若他们不购买我们的圣钉,倘若他们不给我们钱来赎罪,他们就会在来生变驿马,变狗或变四脚蛇。这可使他们胆小了,也就变成好人了。

王:您不觉得您是在毒害这些可怜的人吗?他们当中有人们料想不到的那么多人会思考,并不在乎您这些神迹,您这些迷信之谈。他们很看得清楚他们决不会变四脚蛇,也不会变驿马。他们又怎么样了呢?他们有相当清楚的头脑看得出来您是在对他们胡说八道,但是又没有足够的理智,来提高自己走向一种纯正而不带迷信的宗教,像我们儒教那样的教。但他们的偏激的情感使之以为根本就无所谓宗教,原来人们传给他们的教是荒谬可笑的。您这样做就要对他们陷入其中的伤风败俗的缺德行为负责。

邦巴贝夫:绝对不是,因为我们传给他们的只是一种善良的道德。

王:您要是讲授一种不纯正的道德,会被人民用石块砸死。

人生来就总想作恶,却不肯听人劝诫。只要不把纯正的道德跟荒谬的神话混为一谈就可以了,因为您会由于欺骗人而削弱了您必得讲授的道德的,本来您可以不必进行欺骗。

邦巴贝夫:怎么!您以为给老百姓讲真理不必靠神话传说吗?

王:我坚决相信是这样。我们的儒人跟裁缝、纺织工、农夫都是一个料子做成的;他们崇奉赏罚严明的造物主;他们既不宣扬荒谬的教义,也不采取稀奇古怪的仪式来糟蹋他们的宗教信仰,而且儒人犯罪的远较老百姓为少。为什么不像教养我们的儒人那样来教育我们的工人呢?

邦巴贝夫:这样您不免做了一件大蠢事。这就像是您要百姓都跟儒人一样彬彬有礼,都跟儒人一样是法律学家,这既办不到,也不适宜。应该给主人吃白面包,给仆人吃粗面包。

王:我承认不是人人都有同样的知识。但是有些事物却是人所必需的。每人总必须是正直的,而启发人的正义感的最妥善的方式就是启发他们信一种没有迷信的宗教。

邦巴贝夫:这倒是个好主意,可是却行不通。您以为让人信一位赏罚严明的真主就够了吗?您对我说过总是老百姓中最灵敏的人反对我的神话传说,他们也会反对您的真理的。他们会说:谁能对我保证真主有赏有罚呢?证据又在哪儿呢?您有什么使命呢?您显示了什么神迹叫我相信您呢?老百姓会比我更对您满不以为然了。

王:您的错误就在这里。您还以为人们会因为拒绝接受一些荒诞无稽、既无用又危险、触目惊心的事物,就会脱离一种正直真实,裨益人群的思想,一种为人类理性所能接受的思想哩。

老百姓很容易相信他们的行政官员的。当后者只给他们建议一种合理信仰,他们是很愿意采纳的。人们并不需要有了奇迹才相信一位公正的真主,主是明察人心的。这一思想是非常自然、十分必要以致无法反对的。并非必须说真主要赏要罚;只要相信他是公正的就可以了。我切实告诉您我看见过全城的居民几乎没有任何其他教条。可是老实说这是我所见到过的最有德行的人民。

邦巴贝夫:请您留神;您在这类城市里会遇到一些向您否认有赏有罚的哲学家。

王:您也要承认这些哲学家更会强烈地否定您的那些捏造。所以您在这上边毫无所获。即使有些哲学家不同意我这些原则,他们也还照样是好人;他们也还照样培养自己的德行。这种德行得到力行必然是由于爱,而绝非由于恐惧。但是再进而言之,我对您坚持说,任何哲学家也永远不会得到保证说最高主宰不惩恶、赏善。因为他们倘若问我谁对我说主惩罚,我便要回答他们说谁又对他们说过主不惩罚呢? 总之,我对您坚持说哲学家们必会支持我的,决不会反对我,您愿意做个哲学家吗?

邦巴贝夫:愿意;但是不要让苦行僧们知道。

王:尤其要想着一位哲学家若是愿意有益于人类社会,他就应该宣告有一位主。

(王燕生 译)

自　爱

一个流浪汉在马德里附近大模大样地乞求施舍。一个过路人对他说:"你能干活,却干这种不光彩的行当,你不觉得丢脸吗?"乞丐回答说:"先生,我是在向你要钱,而不是要劝告。"然后他转过身去,保持了他作为卡斯提人的全部尊严。这位绅士是个骄傲的流浪汉,自尊心很容易受到伤害。他出于自爱而乞讨,却受不了另一个自爱的人的谴责。

一个在印度旅行的传教士遇到一个赤身裸体的戴着锁链的托钵僧,他趴在地上为赎给了他几分钱的印度同胞的罪,用鞭子抽打自己。"多么了不起的自我牺牲!"一个旁观者说道。"自我牺牲?"托钵僧回答说,"要知道我在这个世界上自我鞭打,只是为了到另一个世界把这些还给你们,到那时你们将成为马,而我将成为马夫。"

自爱是我们所有感情和所有行动的基础,这句话在印度、西班牙和所有有人居住的世界里都是对的。正如没人写文章证明人有脸一样,同样没必要向人们证明他们有自爱。这种自爱是我们保存自己的手段,就像延续种族的手段一样,对我们来说它是必需的、可贵的,它给予我们快乐,但必须掩饰它。

(余兴立　吴萍　译)

论奢侈

2000年来,人们在诗文中雄辩地攻击奢侈,但一直热爱奢侈。

最早的罗马人蹂躏并抢劫他们邻人的收获,毁灭沃尔西人和萨谟奈人贫穷的村庄以增加他们自己贫穷村庄的财富。有关这些强盗的事还有什么没人说过呢?他们是无私的、有道德的人!他们还没偷金银珠宝,因为在他们洗劫的地方还没有这些东西。他们的树林和沼泽地里没有鸫鸪和石鸡,他们的节制受到赞扬!

当他们渐渐地抢走了从亚德里亚海最远端到幼发拉底河这片地区的一切,并有足够的理智享受抢劫的果实达七八百年之后;当他们培养了各种艺术,品尝了各种快乐,甚至使得被征服的民族也品尝这些快乐时,据说这时他们就不再明智和正直了。

所有这些雄辩都想证明:一个贼不能吃他偷来的饭,穿他偷来的衣,或者戴上他抢来的戒指。据说,如果贼想做一个诚实的人,就应该把所有这些都扔进河里。这样还不如说不应该偷窃。当强盗们抢劫时可以给他们判罪,但是当他们在享受他们抢来的物品时却不能叫他们疯子。老实说,当大批英国水兵在攻克了本地治里和哈瓦那因而发财时,以及后来在伦敦享受他们在亚洲、非洲尽头历尽千辛万苦换来的欢乐时,他们有错吗?

夸夸其谈的人想让通过战争、农业、贸易和工业积累起来的财富埋藏起来吗？他们举了雷斯地蒙的例子。他们为什么不援引圣马力诺共和国的例子呢？斯巴达对希腊有什么用？斯巴达有过狄摩西尼、索福克勒斯、阿佩莱斯或菲迪亚斯吗？雅典的奢侈产生了各种各样的人。斯巴达有过一些军事家，但即使是军事家也比其他城邦少。就这样吧！让一个像雷斯地蒙这样的小共和国保留它的贫困。无论是一无所有，还是享受了生活中一切美妙的事物，反正我们都要死。加拿大的野蛮人也能像年收入为 5 万基尼（旧英国金币）的英国公民一样活到老年。但是谁会把易洛魁人的国家和英国相提并论呢？

就让拉古萨共和国和楚格县制定禁止奢侈、浪费的法律吧。他们是对的，穷人不能入不敷出，这是必要的，但我在某处看到这样的话：

"首先要明白奢侈会使一个大国富裕，虽然它会毁掉一个小国家。"①

如果你认为奢侈是过分的，那么人人都知道任何过分的行为都是有害的，无论是过分节欲、过分贪食、过分节俭还是过分慷慨都有害。我不知道我的村庄怎么会发生这样的事：那里的土地是荒瘠的，赋税很重，禁止出口我们种的小麦的命令是令人难以容忍的，然而几乎没有一个农夫没有布做的好衣服和感觉吃得不好。如果农民在种地时涂脂抹粉、烫卷头发、穿着白亚麻布做的好衣服，这肯定是最大的也是最不恰当的奢侈。但是巴黎或伦敦的市民穿着像农民一样的衣服去看戏，那就是最粗野的、最荒谬的吝啬了。

---

① 引自《为〈摩登人物〉辩护》，此文是伏尔泰所写。

"所有的事情都有分寸和限度。善德既不能超过,也不能达不到。"①

剪刀肯定不是最古老的东西。当它被发明出来时,针对第一批剪指甲并把垂到鼻子上的头发剪去一部分的人,人们横加指责,什么话没有说过呢?他们无疑要被叫作花花公子和浪荡子,花高价买一个无益的工具去破坏造物者的劳动。去剪短上帝使它在我们指端生长的角质是多么大的罪过!这是对上帝的污辱②。当衬衫和袜子被发明时,情况变得更糟。我们知道:从没穿过袜子和衬衫的年老的地方议员,是如何狂怒地叫嚣,并反对向这种致命奢侈品屈服的年轻的地方行政长官的。

(余兴立 吴萍 译)

---

① 引自贺拉斯的《讽刺诗集》第1章。
② 这不是不着边际的虚构,实际上是伏尔泰个人的回忆:伏尔泰很久以前遇到过麻烦,因为他在《摩登人物》一文中尖刻地提到过亚当的指甲。

友　谊

人们都知道友谊跟爱情和恭敬一样不是强求得来的。"爱你左右的人就意味着援助左右的人;但是他若令人讨厌,你不要与他攀谈取乐;倘若他是一个夸夸其谈的人,你不要同他谈心;他如若是一个大手大脚好花钱的人,那你不要借钱给他。"

友谊是灵魂的姻缘,这种姻缘是可以离散的。这是两个有感情和有道德的人之间的一种默契。为什么说有感情呢?因为一个修士、一个孤独的人可能绝不是作恶之徒,然而也有缺少友谊而度生的。为什么说有道德呢?因为坏人只有同谋者,酒色之徒只有酒肉朋友,唯利是图的人所往来的只有合伙人,政客所联合的乃是一些党徒,游手好闲的人,只能有一些同伴,王子有的是佞臣帮闲;唯有道德高尚的人才有朋友。

塞台居斯①是喀提林②的同谋人。梅塞纳是屋大维插科打诨

---

① 塞台居斯(Cété6gus),古罗马名门盛族。其成员之一,因参与喀提林阴谋,于公元前63年被西塞罗下令绞死。

② 喀提林(Lucius Sergius Catilind,约前109—前61),古罗马没落贵族。曾三度竞选执政官未成。于是结合党羽阴谋政变,公元前63年为执政官西塞罗在元老院发表演说揭露并弹劾喀提林阴谋案。翌年在皮斯托里亚双方械斗中失败被杀。在西方语言中,喀提林成了毁国肥己的同义语。

的弄臣①;然而西塞罗才是阿蒂居斯②的朋友。

这一种在两颗公正廉明,温柔敦厚的心灵之间的约束有什么内容呢?这种道义约束的强弱全看感情的深浅如何和彼此之间所尽的友谊厚薄等等而定。

在希腊和阿拉伯,友谊的发扬奋激远较我们的热烈。这些民族在友谊上所想象出来的故事是颇令人向往的;我们绝没有可以与之媲美的东西。我们在各个方面都有点枯燥。我在我们的小说、历史、戏剧里,看不到有什么伟大友谊的事例。

在犹太,人们只谈到约拿单和大卫之间的友谊。据说大卫爱约拿单的感情比妇女的爱情更热烈;可是又有人说大卫在他友人死后却把友人的哲嗣米菲波设剥皮处死③。

在希腊,友谊本是宗教和立法的一部分。底比斯④人有成群的男情人:多么漂亮的队伍呀!有些人把它当作一队"相公";他们弄错了;这简直是主从不分。在希腊友谊本来是由法律和宗教所规定的。男色不幸被风俗所容忍;不应当把可耻的恶习归罪于法律。这一点我们留在以后再谈。

(王燕生 译)

---

① 梅塞纳(Caius Mécène,? —8)是罗马奥古斯都屋大维(古罗马皇帝,前27至后14年在位)的宠臣。他以得奥古斯都大帝的信任而大力为其网罗文人,提倡文学艺术,从而在历史上博得文艺保护人的美名。现代法语中 mécène 一词,即作文艺保护人解释。
② 阿蒂居斯(Titus Pomponius Atticus,前109—前32),罗马骑士,西塞罗挚友。往复书简达396篇。
③ 约拿单(Jonathas)、大卫(David)、米菲波设(Miphibozeth)都是《圣经》中人物。故事见《旧约·撒母耳记》。
④ 底比斯(Thèbes),古代希腊城邦。在伊巴密依达(Epaminondas,约前420—前362)当政时代,该城邦曾与斯巴达争夺霸权十数载。

爱 情

有种种爱情,为了给爱情下个定义,简直不知从何说起。人们冒冒失失地把几天的虚情假意、有心无意的结合、缺乏尊敬的感情、登徒子的恋情纵欲、一种冷淡的习惯、一种浪漫的逢场作戏的举动、一种一试即罢的兴趣,都叫作爱情。人们把这个名称加在千万种荒谬的行为上。

倘若有哪几位哲学家想要深入研究这个不怎么有哲学意义的问题,最好沉思一下柏拉图举行的一次筵宴。席间苏格拉底①同他正在热爱着的亚西比德②和阿伽通③漫谈爱情的形而上学。

卢克莱修用生物学家的态度来谈爱情;维吉尔④又步卢克莱修的后尘;Amor omnibus idem(万物有情,彼此尽同)。这里必须先从物质上来谈;爱情本来有如一块大自然的布,人的想象在上面

---

① 苏格拉底(Socrate 即 Sōkrates,前 469—前 399),古希腊唯心主义大哲学家。
② 亚西比德(Aicibiade 即 Alkibiades),古雅典统帅和政客。苏格拉底的弟子。颇有才华,但野心勃勃又品德不佳。出征西西里时,畏罪投敌反对祖国。西方语言中,常以他的名字指称聪明反被聪明误的小人。
③ 阿伽通(Agathon,前 448—前 401),雅典悲剧诗人,在文坛上可与悲剧大师欧里庇得斯匹敌。
④ 维吉尔(Virgile,即 Publius Yergilius Maro,前 70—19),古罗马著名诗人,主要作品是史诗《伊尼特》。

绣了许多花朵。你若想对爱情有一个观念,你只要看看你花园里的麻雀、看看你的那些鸽子;观望一下人家给你的牝牛牵来的牡牛;注视一下这匹矫捷昂扬的骏马,由两个马夫牵到那匹正在等候着它的驯良的牝马那里来;牝马便把尾巴掉转过来迎接它;看看它两眼闪闪发光;听听它嘶叫的声音;观赏观赏它怎样跳跃腾骧,双耳直竖,张口抖唇,鼻孔鼓张着,呵气喷腾,鬃毛直竖而飘动,向大自然给它准备的对象猛扑的雄昂动作;但是丝毫不必艳羡,最好沉思一下人类的长处,人类在爱情方面有许多优越处都补偿了自然赋予动物的长处:力量、骏美、轻捷、迅速。

有的动物甚至毫不知道快感是什么。鳞甲鱼类尝不到这种情欲的乐趣;母鱼在河底甩下几百万鱼子,公鱼遇见便从其上游过,甩下鱼白,使这些鱼子受精,却不知道这些鱼子是哪些母鱼的。

大多数动物交配只能从一种感觉上尝到快感;一旦情欲满足,一切就都完了。除人以外,任何动物都不懂抱吻;人身体整个儿是敏感的,尤其是嘴唇所感到的快感是无限的;而这一快乐只属于人这一类;总之,人在任何时候都可以恣意于爱情,而兽类却只能有一定的时间。你若是想一想这类优越处,你就会照罗什斯特伯爵的话来说:"爱情在一个不信神的国度里也会使人信仰神明的。"

因为人得天独厚能使自然赋予他们的一切益臻完善,使爱情备臻完美。注意清洁,调养身体,使得皮肤愈加细腻,这就增加了接触的愉快,而且对于健康的注意又使肉感的器官更加灵敏。所有其他的感情随着也都进入爱情中,就好像一些金属跟金子混合一样;友谊和尊敬的感情更助长了爱情;身体和精神的能力更是构成了新的环节。

> 没有美丽的容颜,也可长久受人爱恋。
> 只要事事留意,生活情趣盎然;
> 清洁卫生保康健,心神泰然,
> 态度温和;貌陋仍能添美感。
>
> (卢克莱修 第4卷 1274—1276页)

人类自尊自爱的心理特别能加强上述这些情况彼此之间的联系。人都欣赏这种心理的抉择,而大堆的幻想又给大自然创造的这个作品锦上添花。

这就是人优于动物之处;但是人虽然尝到动物所享受不到的快乐,有多少痛苦却又是动物心里连一点影子都没有的呀!对于人最可怕的是自然在四分之三的陆地上用一种只有人才能感染,而且又只传染生殖器官的可怕的疾病毒化了爱情的乐趣和生命的源泉。

这种传染病根本不像许多别的疾病那样由于我们生活没有节制而感染。绝非由于荒淫无度在这个世界上产生了这种疾病。希腊名妓开丽妮、拉伊丝、弗洛腊、梅萨丽娜这些人根本没有感染过这种病;这种病倒是发生在人们生活都还清白的一些岛屿上,是从那儿传染到旧大陆上来的。

倘若有时可以指责自然不重视它自己的创造物,违背了它自己的本旨,倒行逆施,那就是指这种使世人惶恐万状、声名狼藉的可厌灾难而言。难道说这就是可能有的世界中最理想的世界吗?怎么!倘若恺撒、安东尼、屋大维都没有这种病,弗朗索瓦一世[①]

[①] 弗朗索瓦一世(François Ⅰ,1494—1547),十六世纪法国国王。当政时期,罗致文人和艺术大师(如文奇、蒂先等人)奖励文学艺术,促进了当时法国文艺复兴运动,并提倡使用法语代替拉丁文。

岂不也就不会死在这种疾病上了吗？有人说不；事情如此安排最好；我倒是愿意信以为然，可是这对于拉伯雷①曾经向他献过书的那位弗朗索瓦一世说来未免太惨了。

研究爱情的哲学家们曾经争论过阿伯拉尔做了修士并且去了势以后，爱洛绮丝是否还能真爱他②？恋爱与去势出家这两种事是彼此水火不相容的。

但是，阿伯拉尔，您放心，您还是受到热爱的；因为树根虽被斩断，树液犹存；想象力会有助于心意。宴后虽然已经不再吃了，坐在席上仍旧是赏心乐事。是爱情呢？是留恋往事呢？是友谊呢？是这一切的一种不知什么混合感情。是一种混杂的感情，颇像死者在瑶池仙境③所保持的那种空幻的热情。生前驾驶战车取胜的英雄们在死后仍要驾驭想象的战车。俄耳甫斯相信死后还要歌唱。爱洛绮丝跟您在幻想与回忆的感情中生活着。而且正因为她曾经在帕拉克莱修道院中④发誓不再爱您，她有时又抚爱您就觉得更愉快。并且正是因为她的抚爱是犯罪的，所以她也就觉得更可贵了。一个妇人根本不会热恋一个宦官；但是她却可以对于出家当了宦官的先前的情夫能够保持她的热爱，只要他还是令人觉得可爱的话。

（王燕生　译）

---

① 拉伯雷（Francois Rabelais，约 1494—1553），文艺复兴时期法国伟大作家。著有《巨人传》。

② 阿伯拉尔（Petrus Abelardus，1079—1142），中世纪法国神学家与经院哲学家；爱洛绮丝（Heloise，1101—1164），法国修女，伏耳贝修士的侄女。两人热恋，传为千古佳话。死后合葬于巴黎贝尔·拉晒兹公墓。

③ 原文是 Champs Elysées，希腊神话中传说是生前为善的人死后居住的乐土。

④ 帕拉克莱（Paraclet）是阿伯拉尔创立的修道院，爱洛绮丝在该处出家修行。

相　信

在我们认为有把握的时候往往可能很没有把握,而我们按照常情判断是非的时刻又可能缺少良知。但是您把"相信"二字又怎么讲呢?

有一个土耳其人跟我说:"我相信报喜天使加百列①常从九重天上下降人间,给穆罕默德传来一页页蓝色羊皮纸金字古兰经。"

好吧!穆斯塔法②,你那剃光了的头又根据什么理由来相信这种令人难以置信的事物呀?

土耳其人便说:"由于我有十分的把握,根本不会有人在叙述这类似乎不大可能的奇迹时蒙哄我;由于穆罕默德岳父阿布贝克尔③、他的女婿阿里④、女儿媛沙或媛丝和莪默⑤、奥斯曼⑥他们都

---

　　① 加百列(Gabriel),圣经人物,伊斯兰教传说他向穆罕默德口述古兰经。
　　② 穆斯塔法(Moustapha),土耳其奥斯曼帝国四位苏丹(皇帝)名,此处指土耳其人。
　　③ 阿布贝克尔(Abubeker 或 Abou-Bekr),伊斯兰教主穆罕默德岳父与继位人,第一代哈里发(Calife 伊斯兰国家君主)。
　　④ 阿里(Ali),第四代哈里发,656—661 在位。
　　⑤ 莪默(Omar),阿布贝克尔继承者,634—644 在位。曾征服叙利亚、波斯和埃及,借口藏书丰富的亚历山大图书馆藏有违反伊斯兰信仰的图书,将该馆付之一炬。
　　⑥ 奥斯曼(Othman 或 Osman,1259—1326),土耳其奥斯曼帝国缔造人。

当着五万人的面证实这件事,他们收集了所有这些古兰经文篇页,在信徒面前宣读,并且申明只字未易。

"由于我们历来只有一部古兰经,而从来也没有另外一部古兰经加以反驳过;由于真主根本也没许可人在这部经书里做过些微篡改。

"由于那些戒律和教义都是完美无瑕的道理。教义就在于我们应该为之而生,为之而死的真主的独一无二性;教义就在于灵魂永生不灭;教义就在于善有善报恶有恶报,在于我们伟大先知穆罕默德所完成的并由于他战无不胜而证实的使命。

"戒律要我们正直英勇,救苦济贫,要我们克制自己,不要像东方那些国王特别是那些犹太小国王那样厚颜无耻,三宫六院,后妃成群;要戒饮隐墓底①和塔德木尔②两地的美酒,这些酒是希伯来酒徒们在他们的书里大肆吹嘘的东西;还要每天祈祷真主五次。

"这一崇高的宗教曾由最卓越最确切的奇迹证实,而且也是有史以来无可置疑的真实宗教;因为穆罕默德被那些荒唐愚蠢而又食古不化的法官所迫害,并且决定逮捕他,因而被迫离开祖国,只是在取得胜利后,才凯旋而归;他便把审判他的那些低能而残忍的法官打成足下凳、阶下囚;他终生为真主而战,经常以寡敌众,以少胜多;他和他的继承者说服了半个世界皈依了他的教,而我们在真主的协助下有朝一日也会说服其余半个世界的人都来皈依真主。"

再没有比这段话更耸人听闻的了。穆斯塔法虽然如此坚信不疑,可是有人向他问难质疑,提出关于报喜天使加百列的访问;关于从天上传下的古兰经的一章宣告伟大先知根本没戴过绿帽子;

---

① 隐基底(Engaddi,或 Fontaine-de-I'Agneau 意即羊羔泉),《圣经》中引述的古代城市,位于死海西岸,盛产名酒。
② 塔德木尔(Tadmor),又名巴尔米拉(Palmyre),意即棕榈之城,叙利亚古代名城,盛产名酒,今已成废墟。

关于牝马波拉克①在一夜之间把伟大先知从麦加载到耶路撒冷等等问题,他的心中产生一些疑云。穆斯塔法结结巴巴地做了很不像样的回答,因而面红耳赤很难为情;可是他不仅说他相信,还要劝您相信。您再追问穆斯塔法,他便张口结舌,两眼发花,为了真主安拉的荣誉,沐浴净身去了。净身从肘开始,到食指结束。

穆斯塔法果真坚信他对我们所谈的一切吗?穆罕默德确确实实是由上帝派遣来的吗?一如斯坦布尔②的存在、俄国女皇卡德琳娜二世确曾从北海开一只舰队到伯罗奔尼撒半岛(这也是件跟一夜之间从麦加到耶路撒冷的旅行一样令人惊异的事)、这只舰队在达达尼尔海峡摧毁奥斯曼舰队,都那样确有其事吗?

穆斯塔法谈话的实质是他相信他并不相信的事物。他就像他的毛拉③一样惯于说一些他当作是想法的话。相信常常就是怀疑。

阿尔巴贡④说:"你根据什么相信这个呀?"杰克回答说:"我相信这个就是因为我相信。"大多数人都会这么回答。

亲爱的读者,请您相信我这句话吧:万万不可以轻易相信。

但对那些劝说别人对他们不相信的东西要坚信的人,我们会说什么呢?对那些用谦逊而合理的怀疑学说和自我怀疑学说使他们同行不得安宁的人,我们又会说什么呢?

(王燕生 译)

---

① 波拉克(Borak 或 Al Borak),阿拉伯语,意即闪光或白亮。这是穆罕默德夜游天空时所乘坐骑的名字。
② 斯坦布尔(Stamboul)即君士坦丁堡,现名伊斯坦布尔,土耳其博斯普鲁斯海峡西岸一港口。
③ 毛拉(mollah),伊斯兰教区域内对教士、学者、官员的尊称。
④ 阿尔巴贡(Harpagon),法国喜剧家莫里哀代表作《吝啬人》主角,在法语中即高利贷者、守财奴的同义词。

吃人的人

一

我们谈过爱情。要把话题从相爱的人过渡到自相残食的人,又谈何容易。然而吃人的人倒确实是有的。我们在美洲发现过,现在或许还有,而在古代也不只是独眼雷神有时吃人肉。玉外纳①(讽刺诗第 15 卷 83 首)传说在埃及这个以法律闻名、安分、守己、崇拜鳄鱼和葱、又极端信神的民族那里,坦提尔人尚且把落到他们手里的敌人吃掉。他这话并非根据道听途说,而是他亲眼所见。因为那时候他正在埃及,离坦提尔那个地方不远。他在这当儿引加斯科涅人和萨贡托人②为证,这些人从前都以他们同胞们的肉充饥。

在 1725 年有人带四个密西西比的野蛮人到封丹白露来,我曾有幸同他们交谈过:其中有一个当地妇人,我问她是否吃过人,她很天真地回答说她吃过。我露出有点惊骇的样子,她却抱歉说与其让野兽吞噬已死的敌人,倒不如干脆把他吃了,这也是战胜者理所应得的。我们在阵地战或非阵地战中杀死我们邻邦的人,为了得到一点儿可怜的报酬去给乌鸦和大蛆预备食料,这才是丑行,这才是罪恶。至于敌人被杀后,

---

① 玉外纳(Juvénal, Decimus Junius Juvenalis, 约 42—约 125),一译尤维纳利斯, 古罗马讽刺诗人。有讽刺诗十六首传世。
② 加斯科涅人、萨贡托人(Gascons, Sagontins)都是法国邻近西班牙边界的山民。

由一个士兵吃了或是由一只乌鸦或一条狗吃了,这又有什么关系呢?

我们对于死人比对于活人更尊重。或许两者都应该尊重。被人称为开化的民族,不把战败的敌人上了烤肉叉,是有道理的:因为如果许可他们吃邻国的人,不久他们也就会吃起他们自己的同胞来了,这对社会道德有很大害处。但是开化的民族也并非历来就是开化的:它们全都在很长时间中是野蛮的。在地球所经历的无数的进化过程中,人类时而繁盛,时而大量减少。当时人类就同现今大象、狮子、老虎一类动物一样,数量已经大为减少。在上古有些地方人口还很少,缺少技能,人们都以打猎为生,吃惯了被他们所杀的动物,就很容易像对待野鹿和野猪一样来对待敌人。因为迷信,便杀人祭神,又因贫困,就自相残食。

人们要不就是虔心诚意地聚集一处,在一个用彩带装饰着的少女心口上插一把利刃来敬上帝,要不就是把在自己保卫自己的时候而杀死的恶汉吃掉,究竟哪一种罪恶最大呢?

然而把童男童女当作牺牲品来祭神的事例比吃人的事例更多。差不多所有有名的民族都曾经把童男童女拿来当牺牲品。犹太人就是杀男女儿童来祭神的。这叫作舍弃,是一种真正的牺牲。并且《圣经旧约·利未记》第 21 章里面,就有命令人绝对不要保护已经许给神做牺牲的人的生命。但是却没有在任何地方规定要吃他,只是吓唬吓唬人罢了。正像我们前边提过的,摩西对犹太人说如果不遵守他那些教仪,不仅要生疥疮,而且做母亲的将要自食其子。的确,在以西结①的时代,犹太人必然还有吃人的习惯,因为以西结书的作者在第 39 章里曾经预言上帝将许可犹太人不仅吃

---

① 以西结(Ezéchiel),《圣经》人物,希伯来四大先知之一,《圣经·旧约》中有《以西结书》。

敌人的马匹,而且还许可吃骑兵和其他战士。那么在事实上为什么犹太人后来又成了不吃人的民族了呢①?上帝的子民仅仅差这一点,否则也就是世界上最可恶的民族了。

二

在《论民族风尚与民族精神》里可以读到这么一段令人惊异的话:

"海雷拉②切实告诉我们说墨西哥人吃那些被杀死做牺牲的人。大多数最初到美洲去的旅客和传教士也都说所有的巴西人、加勒比人、伊洛奎人、休伦人和其他若干民族都吃战俘;他们并不认为这是少数个别人的习惯,而是一种民族习惯。既然古今有很多作者都谈论过吃人的人,也就难以否认这些话了……有些狩猎民族、像巴西和加拿大的土人,有些岛民,像加勒比人,因为食品没有保证,有时候就变成吃人的民族。饥馑和仇杀使他们惯于吃这种食物;而且只要我们看到在最文明的时代巴黎人民曾吞噬昂克尔元帅③鲜血淋漓的尸身,海牙人民曾吃荷兰大政官维特④的心。在我们这里偶然出现的这类可怖行为在野蛮民族那儿长期存在,也就不足为怪了。"

(王燕生　译)

---

① 犹太人从来没有吃过人。这里是一种靠不住的传说:犹太人似乎从来没有用人当牺牲来敬神。但是也不要怪伏尔泰,伏尔泰的确相信这种传说是真实的,因为现在德国批评家们,如道梅尔(Daumer)等人,都仍然肯定这种牺牲情形是曾经有过的。

② 海雷拉(Antoniode Herrera,1559—1625),西班牙首任印第安史编纂官。

③ 昂克尔元帅(Maréchal d'Ancre,即 Concini,？—1617),意大利冒险家。任路易十三首相。在职期间,以贪财和昏庸无能著称。1617 年为皇家近卫军统帅维特里奉命逮捕时击毙。

④ 维特(Jean de Witt,1625—1672),荷兰最著名的政治家,曾任大政官以反对奥兰治王室忠于共和国闻名于时。与其兄高乃依·维特二人于 1672 年在法王路易十四侵犯荷兰时死于奥兰治王党的海牙挑起的一次暴动中。

论常识

流行用语有时会反映人们心灵深处的东西。在罗马人那里，sensus communis 不仅意味着常识，还意味着人性和情感。既然我们比不上罗马人，现在这个词的含义也只有他们过去的一半了。它只意味着常识，不成熟的理智，理智地开始对普通事物的第一个概念，介于愚蠢和聪明之间。"这人没有常识。"这是一种很厉害的侮辱，"这人有常识。"这也是一种侮辱，这意味着他并不是很笨，但他缺乏天生的智力。但如果不是来自感官，"常识"这个词又来自哪里？当人们发明这个词时，他们承认如果不通过感官，就没有什么会进入大脑。否则他们会用"理智"这个词来指导普通的思维吗？

有人会说："常识是很少见的。"这句话代表什么意思？即在某些人身上，理智的发展一开始就为种种偏见所阻挡，某人在一件事上判断很理智，在另一件事上却总是犯大错误。一个阿拉伯人也许是个优秀的数学家、有学问的化学家或严谨的天文学家，但他还是会相信穆罕默德把半个月亮放进了袖子。

为什么在我提及的这三门科学中他会超越常识，而当谈到这半个月亮时，他就会置常识于不顾呢？这是因为在前三门科学中，他用自己的眼睛观察，用自己的智慧思考，而在后者，他用别人的眼睛去看。他闭上了自己的眼睛,因此颠倒了他天生的常识。

这种奇怪的思维混乱是怎么会发生的呢?思想在许多问题上都在大脑里迈着坚定而有规则的步伐前进,又怎么会在更显而易见 1 000 倍、更容易理解 1 000 倍的其他问题上跛行呢?这个人自身总是有着同样的智力原则,因此必定有一个有缺陷的器官,就如同有时最讲究的美食家也会对某种食物的嗜好达到堕落的地步一样。

这个在穆罕默德袖子里看见半个月亮的阿拉伯人的器官是怎样被腐蚀的呢?是受到恐惧的腐蚀。他被告知说如果他不信仰这个袖子,他的灵魂在死后通过险峻的桥时,会永远掉进深渊。他还被告知更糟的情况:"如果你怀疑那只袖子,一个托钵僧就会指责你不敬神,另一个就会指责你是个疯子,因为你虽然有一切理由可以相信,但你高傲的理智却拒绝屈从于这显而易见的事,第三个就会向一个小省的小法院告发你,你将被合法地施以酷刑。"

所有这一切都使得这善良的阿拉伯人、他的妻子、妹妹以及他小家庭的所有人陷入恐慌的状态。他们在其余一切事物上都是明智的,但在这里,他们的想象力受到了伤害,就如同总是看见扶手椅旁边有悬崖的帕斯卡一样。但我们这位阿拉伯人真的相信穆罕默德的袖子吗?不,他在努力相信它,他说:"这是不可能的,但这是真的,我相信我不相信的东西。"一些他不敢解决的混乱的思想围绕着这个袖子在他大脑中形成了,这就是缺乏常识的真正含义。

(余兴立　吴萍　译)

论法律

一

在韦斯巴芬和提图斯时代,当罗马人对犹太人开肠剖肚时,一个很富有的犹太人为逃避厄运而带着他用放高利贷赚来的所有黄金和他的一家人逃到以甸迦别,他有一个年老的妻子、一个儿子和一个女儿。他的随从中有两个是宦官,一个是厨师,另一个是种葡萄的农夫。一个能背诵《旧约全书》前5卷的善良的艾赛尼人为他们供应食品。所有这些人在以甸迦别码头上船,渡过红海,进入波斯湾寻找俄斐的土地,但他们不知道它在哪里。你可以想象得到,一场可怕的风暴起来了,把这个希伯来家庭刮向印度海岸。船在马尔代夫群岛的一个岛屿失事,该岛当时无人居住。

老财迷和他妻子被淹死了,儿子、女儿、两个宦官和供应食品的人得救了。他们尽力从船上抢救出一些食物,在岛上搭了个小草棚,舒适地居住在那里。你们知道位于马尔代夫群岛中的这个岛屿离海岸有5海里远,那里有世界上最大的椰子和最好的菠萝。当其他的上帝选民(指犹太人)在别处遭到杀戮时,他们生活在那里是很愉快的,但艾赛尼人哭了,因为他想到他们也许是地球上仅存的犹太人了,亚伯拉罕的后代就要被灭绝了。

"你可以使它复兴,如果你愿意,"年轻的犹太人说,"和我的妹妹结婚。"

"我倒想结婚,"供应食品的人说,"但这是违法的。我是艾赛尼人,我发过誓不结婚。根据法律,必须遵守誓言。尽管我很忧虑,犹太族可能绝灭,但我绝不娶你妹妹,虽然她非常漂亮。"

"我的两个宦官不能使她生孩子,"年轻的犹太人继续说,"如果你乐意,我将做这件事,你来主持结婚仪式。"

"我情愿被罗马人开肠剖肚 100 次,"供应食品的人说,"也不愿成为你乱伦的工具。如果她是你父亲的妹妹,这还可以,法律允许这个,但她是你母亲生下的,那是令人憎恶的!"

14 年以后,他妹妹去世了,他又对艾赛尼人说:"你最终摆脱了你那陈旧的偏见了吗?你愿意和我的女儿结婚吗?""苍天不容!绝对不行!"艾赛尼人说。"那好吧,我自己和她结婚。"父亲说,"不管怎样,我不想让亚伯拉罕的后代灭绝。"艾赛尼人被这可怕的话震惊了,他不愿意再和不遵守法律的人一起生活,便逃走了。新郎徒然地在他身后叫道:"留下吧,我的朋友,我遵守自然法则,我为民族服务,不要抛弃你的朋友们。"艾赛尼人听任他叫喊,他的头脑始终充满法律的概念,他以游泳的方式逃到了邻近的岛屿。

这是阿托尔大岛,人口稠密,高度文明。他一登岸就被抓去做奴隶了。他含糊不清地学讲阿托尔语言。他激烈地抱怨他所受到的冷淡的待遇。别人告诉他说,这是法律,因为该岛差点受到阿达岛居民的突袭,于是就明智地规定了所有在阿托尔登陆的外国人都必须当奴隶。"这不可能是法律,"艾赛尼人说,"因为《旧约全书》中没有这一条。"这个人回答说该国的法律书上有这一条,于是艾赛尼人就只好继续当奴隶了。幸运的是:他有一个很善良、很富有的主人,主人对他很好,他对主人也很有感情。

一天,有几个强盗来到主人家,他们问奴隶们主人是否在家,而且是否有很多钱。"我们向你们发誓,"奴隶们说,"他没有钱,他不在家。"但艾赛尼人说:"法律不允许我们撒谎,我向你们发誓,他在家,他有很多钱。"于是主人遭到抢劫,并被杀害了。其他奴隶在法官面前指控艾赛尼人背叛主人。艾赛尼人说他不想撒谎,世界上什么东西都不能使他撒谎,于是他被绞死了。

在我上次从印度回法国的旅途中,别人给我讲了这个故事和许多其他类似的故事。到达法国后,我去凡尔赛办事。我看见一个美丽的妇女从我身旁走过,还有几个美丽的妇女在一旁侍候她。"这个美丽的妇人是谁?"我向同我一起来的律师打听她(他和我一起来是因为我手头有一件关于我在印度定做服装的诉讼案),"是国王的女儿,"他说,"她很迷人,也很仁慈。但令人深感遗憾的是:她无论在什么情况下,都不能成为法国的女王。""什么!"我对他说,"如果我们不幸失去国王所有的亲戚和有王室血统的王子(但愿此事不会发生!)她都不能继承她父亲的王国?""不能,"律师说,"萨利克法明确禁止此事。""谁制定的这个萨利克法?"我问律师。"我不知道。"他说,"但是据说一个叫作萨里安的古代文盲民族有一条成文的法律规定:在萨利克的领土上,姑娘不能继承不动产,这条法律也被非萨利克国家接受了。""至于我,"我说,"我就会不理睬这条法律。你已经向我保证,这个公主是迷人而仁慈的,因此,如果她不幸成为王室唯一的幸存者,她就无可争辩地有权继承王位。我的母亲从她父亲那里继承遗产,我希望这个公主能继承属于她的遗产。"

第二天,我的诉讼案在一个法庭得到审理,我只因一票之差就失去了一切。我的律师告诉我说,如果在另一个法庭里,我会得到这关键的一票而打赢官司。"这很滑稽,"我告诉他,"这么说每个法庭都有自己的法律。""是的,"他说,"对巴黎的习惯法有 25 种注释,也就是说,巴黎的习惯法是模棱两可的,这已经被证实了25次,如果有25个法官议事室,就会有25个不同的判决。""我们在,"他继续说,"离巴黎15里格远的地方,有一个叫诺曼底的省,在那里你会得到大不相同的判决。"这就使得我想去看看诺曼底。我是和我的一个兄弟一起去那里的。在第一家客店,我们遇到了一位绝望的年轻人。我问他遇到了什么麻烦。他回答说是因为他有一个哥哥。"为什么有一个哥哥会如此不幸?"我问他。"我的哥哥比我大,我们相处得很好。可是,先生,"他告诉我,"这里的法律把一切财产都判给老大,下面的兄弟什么也得不到。""你生气是对的,"我告诉他,"在我们省,我们平均分享财产,有时兄弟们会因为各自的利益而不和。"

这些小小的奇遇使得我对法律进行了深刻反省,我发现它们就像我们的衣服:在康斯坦丁堡我得穿土耳其式长袍,在巴黎却要穿短上衣。

如果所有的人类法律都是惯例,就要确定他们中最好的。德里和阿格拉的市民说,他们和帖木儿做了一个很坏的交易,而伦敦的自由民为同奥兰治的威廉国王做了一个好交易而感到庆幸。伦敦的一个市民有一次对我说:"是需要制定法律,但法律是靠武力来维持的。"我问他是否有时武力也不能维持法律,是否威廉这个杂种和征服者没有和他们定约就给他们下命令。"是的,"他说,"我们那时是牛。威廉给我们上轭,通过刺我们来迫使我们走路。从那以后,我们虽然变成了人,但我们保留了角,我们用它们来刺杀任何想迫使我们为他而不是为我们自己工作的人。"

在头脑里满是这些思索后,我自以为有一条独立于所有人类常规的自然法则:我劳动的果实一定是我的,我必须尊敬父母,我无权害我邻居的命,我邻居也无权害我的命,等等。但是从基大老玛①到轻骑兵上校门泽尔②,每个人都合法地杀死并抢劫他们的邻居,而且口袋里公然放着许可证。每当我想到这点时,我就感到很沮丧。

我听说盗贼中有法律,战争中也有法律。我便打听这些战争的法律。"如果一个勇敢的军官,"有人告诉我说,"在没有枪的恶劣情况下坚持抵抗一支皇家军队,这些法律就会使他被绞死。法律规定:如果对方绞死了你们的一个战俘,你们就可绞死对方的一个战俘。如果在邻国仁慈的君王规定的那天,某些村庄没有把他们所有的粮食给你们送来,法律规定就要血洗这些村庄。""太妙了,"我说,"这使我们理解了法律的精神。"③

在彻底地请教了别人以后,我发现有些明智的法律规定:牧羊人如果拿一点外国的盐巴给他的羊吃,就要判处 9 年苦役。我的邻居就因为砍下了两株属于自己的栎树而打官司打得破了产,因为他没能遵守一个他不可能知道的手续。他的妻子悲惨地死去,他和儿子度日如年,过着一种比死还不幸的生活。

尽管这些法律执行得有点严厉,我还是承认它们是正义的,但使我感到可恨的是:有些法律许可成千上万的人合法地去屠杀另外成千上万的邻人。在我看来,每个人天生都有足够的常识去使用法律,但不是每个人都有足够的正义感去制定好的法律。

把散居在世界上各个角落的淳朴的、安分的农民集合起来,他

---

① 基大老玛击败了利乏音人、苏西人、埃米人、荷里特人、阿马莱基特人、阿莫里特人、索多米特人和其他民族,最后他自己被亚伯拉罕击败。
② 巴龙、约翰·达维德、冯·门泽尔是臭名昭著的游击队领导人,于 1742 年攻陷慕尼黑。
③ 讥讽地提到孟德斯鸠一本书的名字。

们都将很乐意地接受这些观点：应该允许他们把剩余的粮食卖给邻居，而相反的法律则是不人道的、荒谬的；体现农产品价值的货币应该和大地的果实一样不该贬值；家庭的父亲应该是一家之主；宗教应该使人们走到一起并团结起来，而不应该把人们变成宗教狂和迫害者；不应该剥夺劳动者自己的劳动果实而去资助迷信和无所事事的举动。在1小时内，他们就会制定30条这种对人类有用的法律。

但是假如帖木儿到了印度并去奴役他们，那你就只能看见专断的法律。一条法律会压迫一个省的人民去装满帖木儿一个收税官的私囊；另一条法律会判说王公心腹情妇的坏话者不敬罪；第3条法律会夺去农民一半的收成，并对他拥有另一半收成的权利提出质疑；最后会有这样的法律：根据它们，鞑靼人差役将来抓走你摇篮里的孩子，把最健壮的孩子训练成士兵，把最弱的孩子变成宦官，使得父母失去天伦之乐和精神上的安慰。

那么做帖木儿的狗和做他的国民，这两者中哪一个更好呢？很显然，他的狗的处境要更好些。

二

绵羊安静地生活在社会之中。它们被想象成有温和的性格，因为我们没有看见它们吞噬无数的动物。甚至可以假设，它们无邪地、无知地吃着草，就像我们吃苏格兰的奶酪一样。绵羊共和国是黄金时代忠实的形象。

鸡窝是最完美的君主国。没有一个国王能比得上一只公鸡。因为并不是由于虚荣心才促使它骄傲地走在它的臣民中间的。如果敌人进犯，它不凭借它的可靠知识和绝对权力来命令它的臣民为它送死，而是自己冲上前去，把它的母鸡挡在后面，直至战斗到死。如果它打胜了，又是它在唱赞美颂。在私生活中，没有比它更有礼貌、更正直、更无私的了。它拥有所有的美德。如果它啄到一粒麦子或一条小虫，它就会送给出现在它面前的第一个臣民。总而言之，所罗门即使在他的后宫中也比不上一只农院里的公鸡。

如果蜜蜂确实是由一只蜂皇统治的，则所有的工蜂都与她交配，那更是一个完美的政府。

蚂蚁王国被认为拥有卓越的民主。它是所有政府中最好的，因为里面每只蚂蚁都是平等的，每只蚂蚁都为所有蚂蚁的幸福而工作。

海狸共和国比蚂蚁王国还要好，至少从它的建筑物来看是这样的。

猴子像江湖骗子，而不像文明的人，它们似乎没有像以上提到的动物那样由固定的、根本的法律统一起来。我们在模仿天赋思想的琐碎和变化无常等方面最像猴子，这些特性使我们从来就没有过一贯的、持续的法律。

当大自然形成我们人类时，她给了我们一些本能：保护自己的自尊心，保护别人的仁慈，所有动物皆有的爱情，能综合更多的思想，以及比所有的动物加起来还要多的不可思议的天赋。在给了我们应得的一份以后，自然对我们说："做你们能做的事。"

任何国家都没有一部好法典。原因是显而易见的：法律是逐渐地根据时间、地点和需要等等而制定的。当需要改变了以后，保留下来的法律就变得荒谬了。因此禁止吃猪肉、喝酒的法律在阿拉伯是合理的，在那里猪肉和酒是有害的，而在康斯坦丁堡这样做则是荒谬的。

把所有的财产都判给大儿子的法律在无政府和抢劫成风的时代是很好的。因为那时儿子是城堡的首领，城堡迟早会遭到强盗的袭击。弟弟们是他的主要军官,农民是他的士兵。唯一可害怕的事就是弟弟会杀死或毒死萨利克地主——他的哥哥,以便成为一家之主,但是这类情况不多,因为自然是这样综合我们的本能和激情的:我们对于杀兄的恐惧更甚于我们欲取而代之的妒忌。这条对于希尔佩里克时代城堡主人合适的法律应用到城市中分配财产上来就显得可恶了。

让人们感到惭愧的是:众所周知,只有关于赌博的法律在各地是正义的、清楚的、神圣并得到遵守的。为什么印度人规定的国际象棋规则,全世界都乐于遵守,而教皇的教令如今是恐惧和鄙视的目标?这是因为国际象棋的发明者精确安排的一切使下棋人感到满意,而下教令的教皇只考虑到他们自己的利益。印度人想平等地锻炼人们的思维,给他们乐趣,而教皇则想让人们的头脑变得如同野兽一般。因此国际象棋的基本规则已保留了5 000年不变,世界上所有的人都熟悉它;而教皇的教令只在斯波莱托、奥尔维耶托、洛雷托得到承认,在那里连最卑鄙的法官都暗自痛恨并蔑视这些法令。

(余兴立　吴萍　译)

论平等

一只狗欠一只狗什么，一匹马欠一匹马什么？什么都不欠，没有一种动物依赖于它的同类。可是人类接受了叫作理智的神性光芒，结果是什么？几乎全世界都有奴隶制。

这个世界看来并非像它应有的样子，也就是说，如果人类发现在世界各地都可以轻松、有保障地生活，有和人类本性相适应的气候，一个人就不可能去征服另一个人，这是很清楚的。如果这个地球上长满了有益于健康的水果，如果我们生命中不可缺少的空气不再导致我们生病和死亡，如果人类只需要像鹿那样的住所和床铺，那么，成吉思汗和帖木儿除了他们的孩子就不会有其他仆人，他们的孩子将很正直，并帮助他们安度晚年。

在所有哺乳动物、鸟类和爬行动物所享受的自然状态中，人类会和它们一样快乐，征服就会成为一个空想，一个谁也不会想到的可笑的念头。因为当你不需要侍候时，为什么要去找仆人呢？

如果某个思想专制、精力旺盛的人想征服比他弱的邻居，这事就不可能成功，因为受压迫者会在压迫者采取行动前就跑到100里格①以外的地方去了。

---

① 1里格相当于英美的3英里。

因此，如果所有的人都无所要求，那他们就肯定是平等的。我们人类特有的贫困使一个人屈服于另一个人。真正的祸害不是不平等，而是从属。称某人殿下，称另一个陛下，这无关紧要，可是要侍候这人或那人是很难的。

一个人口众多的家庭耕种着良田，两个邻近的小家庭只有贫瘠和坚硬的土地，很显然，这两个贫穷的家庭要么为这个富裕的家庭做工，要么杀了这家人。这两个贫困家庭的一家靠为富裕家庭做工来谋生；另一家袭击富裕家庭，被打败了。前者家的人当佣人和劳工，被打败的家庭里的人则沦为奴隶。

在我们可怜的地球上，生活在社会中的人不可能不被分成两个阶级，一个是压迫阶级，另一个是被压迫阶级；这两个阶级又再分成若干阶层，而这若干阶层又进一步分等级。

所有的被压迫者不是绝对的不幸，他们当中大多数人就出生在这种状态中，不断地劳动使他们对自己所处状况的感受不会太敏锐，可当他们感受到了时，那我们就有了诸如罗马平民派反对元老院派的战争以及德国、英国和法国的农民起义。所有这些战争迟早都以对人民的奴役而告终，因为有权势的人有钱，在某种状况下，金钱是一切的主宰。我说某种状况下，因为并不是每个国家都是如此。最充分地利用剑戟的国家总是征服黄金多而勇气小的国家。

每个人天生就有征服、聚财和享乐的强烈愿望，而且非常喜欢无所事事。结果，每个人都想占有别人的金钱、妻女，成为别人的主人，让他们屈服于他的随心所欲的怪念头，什么都不干，或者至多只做些非常快乐的事。显然，如果有了这样良好的性情，让人们平等就像让两个传道士或两个神学教授不互相嫉妒一样变得根本不可能。

如果没有无数一无所有的有用的人，人类就根本不能生存。因为一个富人肯定不会放弃他的地位来替你种田；如果你需要一双鞋，法官也不会为你去做。因此，平等是最自然也是最不切实际的事。

由于人类只要有可能就在任何事物上都走极端，这种不平等就被加大了。一些国家宣布：公民没有权利离开他偶然出生的国家。这条法律的意思显而易见：这个国家如此之差，治理得如此不好，以致我们禁止任何人离开它，因为我们害怕每个人都会离开它。其实更好的办法是：让你的人民愿意留在国内，外国人愿意来你们的国家。

每个人都有权利从心底里相信自己和所有其他人是完全平等的，这不是说一个红衣主教的厨师应该命令他的主人为他做饭，而是厨师可以说："我像我的主人一样是个人，像他一样，我是在泪水中出生的；他像我一样将遭受同样的痛苦而死亡，死后也有同样的仪式。我们两人都在完成同样的动物功能。如果土耳其人占领了罗马，我当上了红衣主教，我的主人则成了厨师，我将让他为我服务。"这些话是理智的、公正的；可是在土耳其人占领罗马以前，这厨师必须尽职，否则任何一个人类社会都会是反常的。

如果一个人既不是红衣主教的厨师，也没有担任任何公职；如果一个要求并不过分的平民心里生气，因为别人处处都以恩赐和轻视的态度对待他，他清楚地看到有几个主教的知识、智慧、美德并不比他多，而他有时却不得不在他们的等候室里等得都厌倦了，那他应该怎么办？他应该离开。

（余兴立　吴萍　译）

德　行

德行是什么呢？德行就是对待别人好。除开对我做好事的东西以外，还有旁的什么可以叫作德行的吗？我很穷，你便慷慨倾囊；我在危急之际，你就来鼎力相助；别人欺骗了我，你却把真情实况告诉我；别人慢待了我，你却来安慰我；我不知道什么，你就指教我：我自然毫不迟疑地称道你是品端德正的君子。但是勇、义、节、智四枢德和信、望、爱三超德又怎么样呢？有些个还未出学校的大门。

你有节制，这与我有什么相关呢？这是你奉行的养生之道；你会身康体泰，我庆贺你。你有信仰和望德，我更要祝贺你，你将因此得庆永生。你的这些神德是天赋的；你的四枢德是指导你行为优良的品质，可却非对别人的善行。谨言慎行的人自然会心身安康，品端德正的人却能造福人类。圣保罗对你说得好，他觉得慈善比信仰和希望还更重要。

但是怎么着！只许拥有益于他人的品德吗？当然！我怎么能承认其他的品德呢？我们生活在社会里；只有有益于社会的事对于我们才是好的。一个独善其身的人可能是饮食有节、信心虔诚；他也许穿的是一身破衲衣；那么，他可能是圣徒；但是只有他做了一些善事，别人都受了惠的时候，我才能称他道高德重。他孤独的时候，既不为害于人，也不为善于人；他对于我们说来是无所谓的，圣布吕诺使家家安谧，救苦济贫，他就是有德的人；他独身罢斋苦修，他就是一位圣徒。人间的德行就是彼此为善；没有为善于人的人就不算是有德的人，倘若一位圣徒生活在人间，他必定会造福于人的；但是他若远隔人世，人也就有理由不给他道高德重的称呼；他对于他自己好，对于我们没有什么好处。

您又对我说啦，可是一个人关起门来，大吃大喝，荒淫无度，他便是无德行的人；那么反过来，他若是有相反的品质，也就是个有德的人了。这却是我所不能同意的。倘若这个人具有您说的这类缺点，这是个很坏的人；但是他这些丑事既无害于社会，对于社会来说，也就无可非议了。可以设想得到，若他到了社会上，竟然胡作非为，则是罪恶多端的了，但如能说这个荒淫无度的人却很可能是个坏家伙；则不可以说，那个饮食有节，清洁干净的隐士一定是个好人，因为社会上恶德有加无已，美德却日渐稀少。

有人提出更有力的异议说：尼禄、教皇亚历山大六世和其他这类怪物，也曾做过些好事；我敢说他们做好事的那天，他们就是有德行的人。

有几位神学家说，神圣的皇帝昂多南并不是有道明君，说他是个顽固不化的斯多葛派，不仅喜欢指挥人群，还想要受人尊敬；他给人类造的福，他要拿来自己享受；一生公正、勤劳、好善、都是为了虚荣，说他只是用他的德行欺骗世人；我就嚷道："天哪，这样的骗子，倒是可以常常给我们几个！"

（王燕生 译）

论思想的自由

大约在 1707 年,英国人赢得了萨拉戈萨战役的胜利①,因而保护了葡萄牙,并暂时给了西班牙一个国王。波德马恩德勋爵当时正在巴雷格斯休养,在那里他遇到了也在休养的梅德罗斯伯爵,后者是在离战场 1.5 里格远处从马背上摔下来的,他是宗教法庭的常客。波德马恩德勋爵只在谈话中不拘礼节,一天喝完酒后,他与梅德罗斯进行了这场谈话。

波德马恩德:这么说你是多明吾会的法警?一个多不体面的职业!

梅德罗斯:确实如此,但我宁愿当他们的仆人也不愿成为他们的牺牲品,我宁愿有烧死我邻居的不幸,也不愿自己不幸地被火烤。

波德马恩德:多么可怕的选择!你们在摩尔人的压迫下要比现在幸福 100 倍,他们听任你们自由地沉溺于你们所有的迷信活动中,尽管他们是征服者,也没有冒称他们具有前所未闻的束缚人们思想的权力。

梅德罗斯:你期望什么?不准我们写字、交谈,甚至不准我们

---

① 确切的年代是 1710 年。

思考？如果我们开口，很容易就能解释我们的话，更别说我们写的东西了。当他们不能因为我们的秘密思想而判处我们火刑时，他们就威胁说，如果我们的思想不和多明吾会的人一样，上帝就会亲自下令把我们烧死。他们使政府相信：如果我们有常识，整个国家就会处于骚动之中，人民就会成为世界上最不幸的人民。

波德马恩德：你觉得我们——海洋上舰船成群，刚刚在欧洲另一端为你们赢得了战争的英国人不幸吗？荷兰人几乎抢走了你们在西印度群岛所发现的一切，如今他们成了你们的保护者之一，你发现他们是否由于给予你们彻底的出版自由，让你们自由交换思想而受到了上帝的诅咒？罗马帝国是否由于西塞罗自由地写作而变得衰弱了？

梅德罗斯：这个西塞罗是谁？我在神圣的赫尔马代从没听人说起过这个名字。

波德马恩德：他是罗马大学的学士，他写他所思考的东西，就像裘力斯·恺撒、马可·奥勒利乌斯、卡鲁斯、普利纽斯、塞内加以及其他学者一样。

梅德罗斯：我没听说过他们，但有人告诉我说，如果人们开始思考，巴斯克天主教和罗马天主教就会毁灭。

波德马恩德：你不应该相信此话，因为你可以肯定你们的宗教是神圣的，地狱之门不能战胜它。如果是这样，没有什么东西能毁灭它。

梅德罗斯：是的，但宗教可以被贬到微不足道的地位，正因为他们这样想，以致瑞典、丹麦、你们整个国家和德国的一半都由于不再是教皇的臣民这个令人震惊的不幸而呻吟。甚至有人说，如果人们继续追随虚假的光环，他们就会马上停止对上帝和美德的崇拜。如果地狱之门能成功到这种程度，宗教法庭又将会怎样呢？

波德马恩德：如果第一批基督教徒没有思想的自由，就不会有基督教，这难道不是真的吗？

梅德罗斯：你这么说是什么意思？我不理解你的话。

波德马恩德：我的意思是：如果提比略和第一批皇帝有了多明吾会的修道士，后者会阻止第一批基督教徒拥有笔墨，如果罗马帝国长期不允许自由思想的存在，基督教徒的教义就不可能建立基督教，这是毫无疑问的。所以，既然基督教自身就是通过思想自由而建立起来的，那么现在到底是由于什么不公正的行为，由于什么矛盾而希望消灭奠定它的唯一基础——自由呢？

当有人向你提议做某事时，你在做出决定前难道不对此认真地考虑吗？在世界上还有什么事比我们永久的幸福和痛苦更大呢？英国有100种宗教，如果你相信他们称之为荒谬和不敬神的教义，那么所有这些宗教都要诅咒你。因此你应该审查这些教义。

梅德罗斯：我怎么能审查它们呢？我又不是多明吾会的人。

波德马恩德：你是一个人，这就足够了。

梅德罗斯：嗯，可你比我更像一个人。

波德马恩德：你应该学习思考。你生来就有智慧。现在你是宗教法庭牢笼里的一只鸟。宗教法庭剪去了你的双翅，但它们还能重新长出来。不懂几何学的人可以学会几何学。每个人都可以教育自己。把思想放进那些你不愿把钱委托给他们的人手中是可耻的。要敢于为你自己思考。

梅德罗斯：据说，如果每个人都为自己思考，就会产生一片混乱。

波德马恩德：恰好相反。当人们去看戏时，每个人都自由地表达自己的观点，社会秩序没有受到骚扰。但是如果某个蹩脚诗人的蛮横的保护人试图强迫所有有鉴赏力的人称赞他们觉得差劲的作品,那么就会听到一片嘘声,双方就会互相扔苹果,就像在伦敦曾发生过的那样。是这样思想上的暴君引起了世界上部分的不幸。我们在英国感到幸福,只是因为每个人都享有自由地说出心里话的权利。

梅德罗斯:我们在里斯本也很平静,那里没人这样做。

波德马恩德:你们是平静的,但你们不幸福,这是整齐划一、沉默地划着船的奴隶的平静。

梅德罗斯:这么说你认为我的思想是一个划船的奴隶的?

波德马恩德:是的,我很想解放你的思想。

梅德罗斯:可是如果我在船上感到满意呢?

波德马恩德:这样的话,你值得待在那里。

(余兴立 吴萍 译)

论 美

既然是在谈论爱情问题的时候我们引述了柏拉图的意见,谈论美的时候为什么不可引证柏拉图的话呢?因为美就是惹人爱的呀。人们或许很想知道一位希腊古人是怎样谈论美的,这已经是两千多年前的事了。

"人类在圣洁的神秘里悔罪,目睹一副美颜、形状神圣或者是某种无形的东西,首先便暗暗觉着毛骨悚然,内心引起一种无名的敬畏;便把这副仪容看成是神明……等到美的作用通过他们双目深入他们灵魂,人类便觉着有一股温暖劲儿;灵魂的双翅也受到了润泽,翅膀借以保藏种子的那种硬度也就消失了,于是化为玉露;翅膀后根里发胀起来的那些种子就从各种灵魂里挣脱出来。"(因为古人以为灵魂有翅膀。)

我倒愿意相信柏拉图这段话美极了,但是却没有提供给我们什么关于美的性质的明确观念。

请您问问一只蛤蟆什么是美、伟大的美、to kalon?它必然会回答您说,就是它那只小脑袋上有两只凸出的大眼睛、扁平的大嘴巴、黄肚皮、赭脊背的牡蛤蟆。请再问一个几内亚黑人,他必然会说,在他看来,美就是油光闪闪的漆黑皮肤、一对深凹的眼睛、塌鼻梁儿。

再问魔鬼,他必然会跟您说美就在一对犄角、四只爪子和一条尾巴上。您再去请教哲学家们,他们必然会用一套支离破碎的说法来答复您;其实他们不知什么是 to kalon,什么是美的本质、美的规范。

有一天我坐在一位哲学家旁边看了一出悲剧。他说:"这出戏多么美呀!"我就问他:"您觉得哪一点美呢?"他说:"因为作者达到了他的目的。"第二天,他服了一剂药,很舒服,我就对他说:"这剂药达到了目的,可算是一剂美药了。"他懂得我们不能说一剂药是美的,明白一种事物若要说得上美,必须引起您的赞叹和快感来,于是承认那出悲剧曾经在他心中引起了这两种感情,承认这就是 to kalon,就是美。

我们俩人一同到英国旅行,那里也上演了同一出戏,译得也很好,却令满堂观众都打哈欠。他便说:"to kalon 对于英国人跟对于法国人不一样。"他经过深思熟虑之后,便作出结论说美常常是相对的,因为在日本认为合乎礼貌的事在罗马却又不合礼貌,在巴黎风行一时的东西在北京又未必合时宜,于是他也就不想再劳神去写一大部讨论美的书了。

有些行动是举世认为美的。恺撒有两名大将,彼此本是死对头,互相挑战,不像在我们这里那样躲在一丛荆棘后面击剑格斗,而是争夺着看谁能保卫好蛮族即将来攻的罗马人的阵地,其中一名,杀退敌人,几乎要倒下去了,另外一名急来援助,救了他的性命,胜利凯旋。

人为友舍生,子为父杀身……阿尔衮琴人①、法兰西人、中国

---

① 阿尔衮琴人(les Algonquins),北美东部和中部印第安人,讲阿尔衮琴语族各种语言,现仅在加拿大有五万多人。

人都必定说这是一种美德,他们都很喜欢这类行为,不胜赞叹之至。

他们也必定赞美那些伟大的道德格言,例如索罗亚斯德说的"疑行不正,切莫为之"和孔夫子说的"以直报怨,以德报德"。

圆眼睛扁鼻子的黑人,虽然不会把我国宫廷贵妇称做"美人",却必定会毫不犹豫地说这类行为和格言是美行美言,坏人也会承认他所不敢仿效的德操的美。那种只触动感官、想象力和所谓心灵的美时常是捉摸不定的,而良心的美却是确切的。您可以遇到许多人对您说他们觉得《伊利亚特》一书的四分之三毫无美处,但是不会有谁对您否认柯德吕斯①献身于人民是很美的,假设真有其事的话。

耶稣会修士阿提来神甫,第戎②生人,曾在北京城外数里处康熙皇帝的行宫③里充当御画师。

他在写给达索先生的一封信里说,这所离宫别馆比第戎城还大,宫室千院,鳞次栉比;风光旖旎、气象万千;殿宇间雕梁画栋、金碧辉煌。辽阔的林园里人工堆砌的山岭,高达 20 到 60 尺。山谷间细流密布,汇合成池海。可以乘八丈长二丈四尺宽的朱漆贴金画舫在海上游览。船上有富丽堂皇的客厅;河海沿岸,楼阁相接,格式迥异,穷奇极妙。处处林木苍翠,瀑布飞悬。山谷间曲径通幽,山亭岩洞,布置合宜。各个山谷景致不同;其中最大的围以石栏,銮殿重叠,金光闪闪。所有这些宫室,外金内玉,尽都华丽。每

---

① 柯德吕斯(Codrus),公元前 11 世纪雅典末代国王,传说他为保障人民战胜多里安人,献出了自己的生命。
② 第戎(Dijon),法国一大城市,在巴黎与里昂之间。
③ 即北京西郊圆明园,康熙时代所造,1860 年被英法帝国主义侵略军焚毁,至今遗址犹存。

条溪流上每隔一段,便有一座石桥,桥上白玉石栏,浮雕玲珑。

大海中央,山石耸立,上有方楼,约有住室一百多间;登楼远眺,宫室园林,尽收眼底,共约有四百多院。

皇帝设宴的日子,但见万室灯火,一片光明,各院庭前,烟花齐放。

此外还有:在所谓"海"的对岸,文武百官在那里举办了一个集会。游船画舫,航行海上,驶往集会。内侍们都装扮成各行商贾和各业工人:有人开一座茶馆,有人设一间酒肆;一个装扮扒手,一个就当追捕扒手的弓箭手。皇帝、皇后和宫女妃嫔都来购买匹头;假商人便都尽情欺骗他们,对妃嫔们说斤斤计较价钱不体面,说他们是不好的顾客,皇帝陛下们就回答说他们碰上了一些骗子手;做买卖的便都生气不想干了:人们又出来安慰他们,皇帝把所有的货都买下分赐给宫廷人员。更远一点地方,又是各种表演和杂耍。

阿提莱神甫从中国回到凡尔赛,就觉得凡尔赛太小、太暗淡无光了。德国人在凡尔赛树林子里跑了一圈看得出神,便觉得阿提莱神甫也未免太刁难了。这又是一种理由叫我根本不再想写一部美学概论。

(王燕生 译)

论宗教

第 一 个 问 题

伍斯特的主教沃伯顿,最有学问的书中的一本的作者①,他在这本书第 1 卷第 8 页上写道:"任何宗教和社会如果没有来世作为它们的支柱,他们就必须得到一个非同寻常的上帝的支持。犹太教没有来世作为支柱,因此犹太人的宗教和社会是由一个非同寻常的上帝支持的。"

几个神学家反对他的看法,由于所有的辩论都可以被歪曲,他的论点也被歪曲,并作为攻击他的话柄。别人告诉他说:"任何不是建立在灵魂的不朽性和永恒的赏罚基础上的宗教都是假的,既然犹太教不知道这些教义,那么犹太教不但没有得到上帝的支持,而且根据你的原则,它是一个攻击上帝的虚假的、野蛮的宗教。"

这位主教还有其他一些对手,他们坚持说,甚至在摩西时代灵魂的不朽性就为犹太人所知。但是他确切地向他们证实:十诫、《利未记》和《申命记》都对这个信仰只字未提。可他们试图歪曲和讹用其他书里的章节,从中强行证明律书中并未宣布的真理。

主教大人写了 4 卷书来证明犹太法律没有提及死后的惩罚和

---

① 他著有《摩西的神圣使命》。

奖赏,但他不能令人满意地答复他的对手。他们告诉他:"如果摩西知道这条教义,那么他不宣布它就是欺骗了犹太人;如果他不知道这条教义,那么他就太无知了,因而也不可能创建一个好宗教。事实上,如果这个宗教是好的,那为什么还要把它废除呢?真正的宗教是永远适用,而且是处处适用的。它必定是像阳光一样世世代代照耀着各个民族的。"

这个主教尽管很有见识,却很难解释这些疑点,但又有哪一种体系是不存在疑点的呢?

第二个问题

另一个更有哲学头脑的学者是我们当今最渊博的玄学家之一,他所列举出的强有力的证据证明:多神教是人类的第一个宗教,在人类理智开化到只承认一个上帝以前,人们是信仰几个神的。

相反,我冒昧地认为人们开始只承认一个神,后来是人类的弱点使之承认了几个神。这是我的看法。

先有村庄,后有大城市,人类先是分成小共和国,然后这些共和国才集合在一起变成帝国,这是不容置疑的。一个小小的社区由于畏惧雷电,由于谷物歉收而遭受损失,由于遭到邻近村庄的欺侮而日益感受到自己的弱小,因此他们到处感觉到一种无形的力量,于是很快得出结论:"我们头上有个神给我们带来好运和厄运。"这一切都是极其自然的。

我觉得它不可能说:"有两种力量。"为什么要有几种呢?人类总是从简单开始,接着继以复杂,通过良好的启发,人们最后常常回归到简单。这就是人类智慧的进程。

这个最先受到祈求以便得到保佑的神灵是什么呢?会是太阳

吗？会是月亮吗？我认为不是。让我们看看在孩子们身上发生的事：他们或多或少和无知的人类一样。他们既不为使自然生气勃勃的星星的美丽和实用性所动，不为月亮给予我们的帮助所动，也不为月亮轨迹的规则变化所动，他们不考虑这些事情，因为他们对它们太习以为常了。我们崇拜、祈求、并试图使我们恐惧的东西息怒。所有的孩子望着天空时都不觉有趣，但当天上打雷时，他们害怕得发抖而且要藏起来。第一批人类无疑也有同样的举动。只有某种哲人注意到星星的运动，并让人们敬佩和崇拜星星。但是头脑简单的、未开化的农民太无知，不可能接受如此高贵的错误。

因此某个村庄会满足于说："有一种力量，它打雷并使冰雹落到我们头上，杀死我们的孩子。我们必须让它息怒，怎么办呢？我们知道我们可以通过赠送小礼物的办法来平息生了气的村民的愤怒，让我们把礼物送给这个力量吧，当然我们也必须给他起一个名字。"他们想到的第一个名字是首领、主人、老爷，这个力量因此就被称作我的老爷。也许这就是为什么第一批埃及人称他们的神为阿多纳，邻近的民族巴尔、贝尔、梅尔歇和莫洛奇称他们的神为帕佩，所有这些词的意思都是老爷、主人。

这就是为什么人们发现几乎整个美洲都被分成许许多多的小部落，而每个部落都有自己的保护神。甚至是作为伟大民族的墨西哥人和秘鲁人也都有一个自己的保护神，前者崇拜曼克·卡帕尔，后者崇拜战神。墨西哥人给他们的战神起名为菲茨里·普茨里，正如希伯来人把他们的上帝称为萨巴奥一样。

并不是因为有了高级的、经过培养的智慧，人们才会这样以承认一个神而开始的。如果他们是哲学家的话，他们就会崇拜大自然的神，而不是一个村庄的神。他们就会去研究生命之间无限的关系，这就会证明一个有创造力的、有保存力的生命，但他们什么都没有研究,他们只是感受。这就是我们微弱理解力的进步:每个村都感受到了自身的弱小和对一个强大的保护者的需求,它认为这个可怕的保护神住在附近的森林里,或者山上,或者云端里,并认为只有一个神,因为村庄只有一个战将。村庄把神看作是凡体肉身的,因为它不可能有把此神想象成别的样子的能力,它不会相信邻村没有自己的神。因此耶弗他对摩雅人说:"你们合法地拥有你们的神基抹以保佑你们征服来的东西,你们也应该让我们享受我们的神通过他的胜利赐给我们的东西。"①

一个外国人对另一个外国人说的话是非常值得注意的。犹太人和摩雅人都掠夺了当地人,两者除了武力外没有任何所有权,而一个却对另一个说:"你的上帝保护了你们所侵占的一切,请允许我的上帝保护我们所侵占的一切。"

耶利米和阿莫斯两人都问过,梅奥乔姆神有什么权利摄取迦南国。从上面这些章节中我们可以清楚地意识到,在古代,每个国家都拥有一个共同的保护神。这个神学的痕迹在《荷马史诗》中依然可以看到。

很自然的是:随着人类想象力的日益丰富,头脑获得的知识开始变得混乱,他们很快就会增加他们的神,把保护神赋予海洋、森林、泉水和乡村等自然环境。他们越仔细地观看星星,他们就越惊叹。当人们崇拜一条小溪的保护神时,又怎会只崇拜太阳呢?一旦走了第一步,地球上很快就处处有神了,最终人类不去崇拜天地,而去崇拜猫和洋葱。

然而,智慧是肯定会得到发展的。随着时间的推移,最终出现了这样的哲学家:他们发现洋葱、猫,甚至天体都不支配自然。所

---

① 《旧约全书》中的《士师记》第 11 章第 24 页。

有这些巴比伦的、波斯的、埃及的、叙利亚的、希腊和罗马的哲学家都只承认一个至高无上的神,他既奖赏又惩罚人类。

他们没有马上告诉人民,因为任何在老妇人和神父面前讲洋葱坏话的人都会被石头砸死,任何指责某些埃及人吃他们的神的人自己也会被吃掉。有个实例,朱维纳尔曾记载道:一个埃及人在一场教义辩论中被杀死并被生吃。

但是他们做了些什么呢?俄耳甫斯和其他人建立了秘密的宗教仪式,他们发誓说决不泄露这些仪式,而这些仪式的关键就在于崇拜一个神。这个伟大的真理传遍了半个地球,组成的人数变得庞大了。确实,古代的宗教也幸存下来了。那是由于它和上帝的独一无二性并不相悖,所以人们还是允许它存在下来了。为什么要废除它呢?罗马人信奉达乌斯、奥普提缪斯、马克西姆斯,希腊人有他们的宙斯。英雄和帝王们被置于诸神之中,但克劳狄、屋大维、提比略和卡利克拉肯定没被看作是天地的创造者。

总之,在奥古斯都的时代,所有信仰宗教的人都承认一个永恒的、高一等的神,还有几个等级次要的神,对这些神的崇拜历来被称之为偶像崇拜。这似乎是已得到证明的事。

犹太人的法律从来就是赞成偶像崇拜的,因为他们虽然承认马拉基姆、众天使以及低一等的天神,但他们没有说应该崇拜这些次要的神。他们崇拜天使,这倒是真的,因为他们看见天使时匍伏在地,但由于这种事并不经常发生,所以他们并没有为天使建立礼仪的或法律的祭礼。犹太人公开地崇拜一个上帝是肯定无疑的,就像无数发起人在秘密宗教仪式上秘密地崇拜上帝一样。

第三个问题

正当欧洲、亚洲、非洲的所有明智之人普遍地崇拜一个至高无上的神的时候,基督教诞生了。同时,柏拉图哲学又非常有效地帮助人们理解它的教义。柏拉图用以表示智慧的理性,上帝的智慧,对我们而言成了《圣经》和上帝的化身。一个人类无法理解的玄学是不可接近的宗教藏身的圣殿。

我不打算在这里重复玛丽亚后来是如何被宣布为圣母的,圣父的三位一体及这个词同圣灵的行列仪式是如何建立的,圣子的神圣的器官以及基督人格是如何产生了两种本质、两种意志的;我也不打算重复高级的咀嚼活动是如何使灵与肉都受到耶稣身体和血液的滋养的;我指的是人们崇拜耶稣,用眼睛看得见、味道也尝得出、最终还要被吃掉的面包来代表吃他的身体。所有的圣餐仪式都是崇高的。

以耶稣的名义驱逐恶魔始于公元 2 世纪。先前,人们是以耶和华的名义驱逐恶魔的,因为圣马太告诉我们说,当耶稣的敌人说他以魔王的名义驱赶恶魔时,耶稣回答说:"如果我是凭撒旦驱赶恶魔,那你们的儿子又是凭借谁来驱赶魔王呢?"①

现在人们还不知道犹太人是什么时候认为外国神别西卜是魔王的,但我们知道(是约瑟福斯告诉我们的)在耶路撒冷有专门指定的人驱赶妖人,他们把恶魔从中邪的身体即那些患有某些疾病的人身上赶走,当时世界上大部分地区都把某些疾病归咎于邪恶的妖魔。

因此人们就正确地说出耶和华这几个字(现在此发音已失传),并用其他现已被遗忘的仪式来驱逐恶魔。这种用耶和华或用上帝的其他名字来逐魔的方式在教会成立的最初几个世纪里一直在使用。奥利金在与塞尔苏斯辩论时说:"如果在祈求上帝保佑或

---

① 《马太福音》第 12 章第 27 页。

以他的名义发誓时,你说出亚伯拉罕、以撒和雅各的名字,你就能凭借这些名字做成某些事,这些名字的性质和力量是如此巨大,以至恶魔会屈服于说出这些名字的人。但是如果你用其他名字称呼他,诸如咆哮的海神或代之以其他名字,这些名字就没有效力。以色列的名字译成希腊语就什么都办不成,但用希伯来语说,再加上其他必需的词,你的祈祷将有效"。

就是这个奥利金还说了以下这些非同寻常的话:"有些名字天生就有效力,如埃及圣人、古波斯僧和印度的婆罗门所用的名字。被称之为魔术的东西不是像斯多葛派和伊壁鸠鲁派所声称的那样是个空洞的、幻想的艺术。萨巴斯和阿多纳这两个名字都不是为被创造出来的生命而存在的:它们是和创造者有关的神秘的神学的一部分,因此当你把这些名字按合适的方法排列好并说出来时,它们就有功效。"

奥利金在这样说的时候并不是在表达他个人的观点,他只是在说普遍的看法。当时已知的所有宗教都承认存在一种天堂的和地狱的魔术,那些巫术和法术都很有名。一切都是奇迹、预言、神谕。波斯人不否认埃及人的奇迹,埃及人也不否认波斯人的奇迹。上帝允许第一批基督徒相信赋予西比利斯的神谕,这给他们留下了其他几个并不重要的错误,它们并不损害宗教的基础。

另一点不同寻常的是:上世纪的基督教徒痛恨庙宇、祭坛和偶像。奥利金承认这点。后来当戒律形成,教会接受了戒律永久的形式时,所有的这一切都改变了。

第四个问题

一旦一个国家合法地建立了宗教,法庭都忙于阻止恢复那些在宗教为公众接受以前人们所做的大多数事。宗教创造人没有顾虑长官而秘密地开会,因为现在只有合法的公开集会才会得到允许,所有秘密的联系都受到禁止。

古代的准则是:最好是服从上帝而不是服从人。现在相反的准则为人们所接受,即遵守国家的法律就是服从上帝。过去人们只谈论魔鬼附身:魔鬼当时在地球上是自由的,现在魔鬼不再离开他的住地。奇迹和预言在当时是必需的,如今它们不再被承认。一个公开地预言灾难的人会被送到科尔尼哈奇。宗教创始人秘密地接受信教者的钱,而现在一个人如果在没有得到法律许可的情况下收集钱财并使用它,就会被捕。

第五个问题

我们的宗教无疑是唯一好的宗教,那么在我们神圣的宗教之后,哪个宗教害处会最小呢?

难道不是最简单的宗教吗?难道不是教给人们许多道德观念,而教义又极少的宗教吗?难道不是使得人们正直,而不让他们变得荒谬的宗教吗?难道不是这样的宗教:它不命令人们相信不可能的、矛盾的、对上帝和人类有害的事情,而且不用永恒的惩罚来威胁任何有常识的人?难道不是这样一种不靠刽子手来维持信仰,不因为晦涩难懂的狡辩而使得大地为鲜血所淹没的宗教吗?要不然,玩弄文字游戏或捏造二三个章节就会使一个本是乱伦的、给人下毒的神父摇身一变成为君王或神,难道不是这样吗?难道不是那种不使国王屈从于神父的宗教?难道不是那种只教育人民崇拜一个上帝、正义、容忍和讲人性的宗教吗?

第六个问题

据说非犹太人的宗教在某些方面是荒谬的、矛盾的、有害的,但人们难道没有在其中加入比它以往更多的邪恶和更多的愚蠢？

> "把朱庇特看作是一头公牛、
> 一条蛇、一只天鹅或其他什么东西，
> 我觉得不太合适，
> 因此有时人们对它有微言我就不感到惊奇了。"①

这无疑是很不恰当的，但它向我显示了所有的古迹中都有一座庙宇供奉着和一只天鹅或一头公牛睡觉的勒达。雅典和罗马曾讲道鼓励过姑娘与她们家院子里的天鹅生孩子吗？奥维德收集和加工的寓言形成了宗教吗？它们难道不像我们的《金色的传奇》和《圣徒之花》吗？如果某个婆罗门或伊斯兰教托钵僧怀疑身为埃及人的圣玛丽亚的故事，她付不起把她带到埃及的水手的工钱，就送给他们每人一些小礼品而不是钱，我们会对婆罗门说："尊敬的神父，你弄错了，我们的宗教不是《金色的传奇》。"

我们指责古人的神谕和奇迹。如果古人能复活，而且我们能数清我们洛雷托女士和以弗所女士的奇迹，天平会侧向哪一方呢？

用人献祭的仪式几乎在所有民族中都建立过，但很少运用。只有耶弗他的女儿和阿加国王被犹太人所杀戮，因为以撒和约拿单被饶了性命。在希腊人中，伊菲革涅亚的故事并未得到很好的证实。古罗马人很少用人献祭。总之，异教引起的流血极少，而我们的宗教却使大地都为鲜血所淹没。我们的宗教无疑是唯一好的、唯一真正的宗教，但是我们通过宗教做了如此多的坏事，所以我们在谈论我们的宗教时应该谦虚。

---

① 莫里哀的《昂分垂永》的开场白。

第七个问题

如果一个人想让外国人或同胞皈依他的宗教,他难道不应该用最讨好的温柔、最迷人的谦逊来着手做此事?如果他开始就说他坚持的事已得到证明,他就会遇到众多的不相信他的人。如果他敢于告诉他们说,他们拒绝他的教义已经到了他们的激情要被谴责的程度,他们的感情腐蚀了他们的理智,他们的智慧只不过是虚假的、傲慢的,他厌恶他们,这就会导致他们反对他,他自己就会破坏他想建立的一切。

如果他宣布的宗教是真的,那大发雷霆和蛮横无理会使得此宗教更加真实吗?在教育人们应该温柔、耐心、慈善、正义地完成社会职责的同时,教育者应该发脾气吗?不应该,因为每个人都同意你的看法。那么当你向你的兄弟布讲一个神秘的玄学时为什么要侮辱他呢?这是因为他的良知激怒了你的虚荣心,而你的自尊心要求你兄弟的智力屈从于你的智力。受了屈辱的自尊心就会产生愤怒,愤怒没有其他的来源。一个在战斗中中了20枪的人不会发脾气,但一个神学家在受到别人拒绝同意的伤害时就会变得勃然大怒,而且决不饶恕。

第八个问题

国家的宗教和神学的宗教难道不应该仔细区分吗?前者需要阿訇登记受割礼的人,需要神父或牧师登记受过洗礼的人;需要清真寺、教堂和庙宇,安排做礼拜和休息的时间,用法律制定仪式,需要人们不用强迫就尊敬这些仪式的牧师;他们把好的行为教给人民,法律官员监督庙宇牧师的行为。这样一种国家的宗教决不会惹出麻烦。

神学的宗教则不然。它是一切可以想象的愚蠢和混乱的源泉;它是狂热和内乱之母;它是人类的敌人。中国和尚说佛是神,佛是托钵僧所预言的,他是由白象生下的;每个和尚都可以通过做鬼脸而创造出一个佛主。泰国和尚说佛是个神圣的人,他的教义已受到中国和尚的腐蚀,萨蒙诺科顿才是真正的神。在经过100次宣称和100次否认以后,两个宗派同意向达赖喇嘛请教这个问题,后者住在300里以外的地方,他长生不老,而且是一贯正确的,双方都向他派出了一个庄严的使者团。

达赖喇嘛按他神圣的习惯开始分摊他的马桶。起先,两个对立的宗派都恭敬地接过马桶,把它放在阳光下晒干,并用他们虔诚的亲吻和念珠把它奉为神灵。但是达赖喇嘛和他的会议一提到佛的名字,受到谴责的一方就把念珠扔到这个仅次于上帝的人的脸上,并试图抽他100鞭子。另外一方要保护他,双方持续战斗了很久,当他们对互相谋杀、下毒已厌倦了时,他们就互相侮辱对方。达赖喇嘛对这一切大笑不已,并继续把他的马桶分给任何乐于接收他粪便的人。

(余兴立　吴萍　译)

论迷信

一

摘自西塞罗、塞内加和普卢塔克著作中的章节。

几乎所有不崇拜上帝,心灵拒不听从上帝永久命令的事都是迷信。一种非常危险的迷信是用某些仪式来祈求罪行得到宽恕。

"他们屠宰黑牲口,向死者的灵魂献祭。"①

"啊!不严肃的人以为这卑鄙的谋杀罪行可以轻易地用河水洗刷掉!"②

你认为只要你在一条小溪里沐浴,只要你宰杀一只黑羊,只要受到上面的启示,上帝就会忘掉你的杀人罪。这样你就可以用同样的代价被原谅第 2 次杀人,然后是第 3 次,100 次谋杀只要花费你 100 只黑羊和进行 100 次沐浴!做得更好些,卑鄙的人,不要谋杀,也不要献祭黑羊。

想象伊希斯和西贝尔的神父可以用演奏铙钹和音板来使你和上帝和解,这是多么可耻的想法!这个西贝尔的神父,这个靠你的弱点而生活的流浪的阉人,把自己定为天堂和你之间的调停人,他

---

① 引自卢克来修的《物性论》。
② 引自奥维德的《岁时记》。

是什么人？他从上帝那里接受了什么特权？他因为咕哝了几句话而从你这里拿到钱，你就认为万物之主会认可这个骗子的话？

有些是无害的迷信。在节日，你用跳舞来纪念果树女神、季节女神或你日历上的一个次要的神。好极了！跳舞是令人愉快的，它对身体有益，它使精神愉悦，它对任何人都无害，但这并不说明果树女神和季节女神因为你用跳舞纪念她们而非常感谢你，也不会因为你没这样做而惩罚你。没有果树女神，也没有季节女神，只有园丁的铲子和锄头。别这样傻乎乎地认为如果你不跳祝捷舞或考德克仙舞①，你的果园就会被冰雹破坏。

有一种迷信也许是可以原谅的，甚至对美德也有鼓励作用：即把有益于人类的伟人置于诸神之中。如果我们不满足于把他们仅仅看作是可尊敬的人，而是努力去向他们学习，这会显得更好。尊敬梭伦、泰勒士、毕达哥拉斯，但不要把这种尊敬变成崇拜，也不要因为赫克利斯清扫了奥吉安的马厩，因为他一夜之间和55个姑娘睡觉而崇拜他。

二

迷信的人对于恶棍来说，就如同奴隶之于暴君，甚至有过之而无不及。迷信的人为狂热的人所主宰，最终也会成为狂热分子。源自异教并为犹太教所接受的迷信从一开始就传染给了基督教会。教会的所有神父毫无例外地都相信魔术的力量。教会总是谴责魔术，但又总是相信它。教会不是把巫师作为受骗的傻瓜，而是把他们作为真正与魔鬼有交易的人而逐出教会。

现在，半个欧洲相信另一半长期以来一直到现在还是迷信的。

---

① 古代一种疯狂的舞蹈。

新教徒认为圣物、免罪、苦行、为死者的祷告、圣水以及几乎所有的罗马天主教的仪式都是愚蠢的迷信。在他们看来,迷信就是把无用的做法看作是必要的做法。在罗马天主教徒中,有些比他们的祖先更开明的人已经放弃了许多曾是神圣的做法。他们为那些保留下来的做法辩护,他们说:"这些都是不重要的,而不重要的东西不会是坏事。"

要确定迷信的界限很难。一个在意大利旅游的法国人发现一切都是迷信的,他并没有弄错。坎特伯雷大主教坚持认为巴黎的大主教是迷信的。长老会教徒对坎特伯雷主教发出同样的指责,而自己则被贵格会教徒称作是迷信的,而在其他基督教徒看来,贵格会教徒是最迷信的。

因此在基督教社会中,是无法取得对迷信本质的一致看法的。似乎最少受到这种思想疾病袭击的教派是仪式最少的教派。然而,尽管仪式很少,但该教派却强烈地归属于一种荒谬的信仰,这种荒谬的信仰本身就相当于从西门(行邪的)到戈弗里迪神父以来有记载的所有迷信活动。

因此很显然,一个教派的宗教实质才会被另一个教派认为是迷信。伊斯兰教徒总是指责基督教社会的宗教实质,同样它自身的宗教实质也受到基督教徒的指责。谁来判断这个伟大的实质呢?会是理智吗?而每个教派都声称自己是有理的,因此只好用武力来裁判,直到理智进入了相当多的人的头脑时才能解除武力。

例如:在信仰基督教的欧洲,有一段时期,新婚夫妇要先从主教和神父那里买来婚姻的特权才能享受它。

无论是谁在遗嘱中没有把部分财产捐给教会,都会被逐出教会并被剥夺举行葬礼的权利。这就叫作没有忏悔就死了,即没向基督教忏悔。如果一个基督教徒没有留下遗嘱就死了,教会就会替代他写遗嘱,这样可以不把他逐出教会,但规定并强行索取死者应该留给教会的以示虔诚的遗产。

所以,在1235年的纳博纳会议之后,教皇格列高列九世和圣路易宣布:任何没有神父参与制定的遗嘱都是无效的。教皇还规定:这种无效遗嘱的立遗嘱者和公证人都要被逐出教会。

对罪恶的征税,如果可能的话,是更可耻的。迷信使大家屈从于这些用武力维持的法律,只有理智才能及时废除这些可耻的、恼人的规定,但理智还是容忍许多其他这样的事继续存在。

政府政策会在多大程度上允许消灭迷信呢?这是个很棘手的问题,这就像问应该如何手术或给一个也许会在手术过程中死去的水肿病人放多少腹水,这得靠医生的深思熟虑和临机应变的能力。

一个民族能不受所有迷信偏见的影响而存在吗?这就像问一个全是哲学家的民族能存在吗?据说在中国的地方行政官中不存在迷信,某些欧洲城市的行政官也不相信任何迷信,这是很有可能的。

这些行政官员会阻止人民去相信这些危险的迷信。这些官员的榜样不会启发下等人,但迷信将被中产阶级的领袖所抑制。以前,中产阶级几乎插手每起公众骚乱、每次宗教暴行,因为那时中产阶级是下等人,但理智和岁月已改变了他们。他们用比较温和的方式来软化平民中那些最残忍、最卑鄙的人。我们已经在不止一个国家里看到这类引人注目的例子。总之少一点迷信就意味着少一些宗教狂,少一些宗教狂就意味着少一点灾难。

(余兴立　吴萍　译)

论宽容

一

宽容是什么？它是人性的特点。我们所有的人都有缺点和错误，让我们互相原谅彼此的愚蠢，这是自然的第一法则。

法利赛人、印度人、犹太人、伊斯兰教徒、中国自然神论者、婆罗门、希腊基督徒、罗马基督徒、基督教新教徒和贵格会教徒，他们在阿姆斯特丹、伦敦、苏拉特和巴士拉的证券交易所互相做生意，可他们并没有为他们各自的宗教争取灵魂而拔刀互相殴斗。我们为什么自尼西亚会议以来就一直不停地互相残杀呢？

康斯坦丁以颁布允许所有宗教存在的法令开始，却以迫害而告终。在他以前，官方反对基督徒只是因为后者在国内开始形成一个党派。罗马人允许各种崇拜，甚至是他们如此蔑视的犹太人和埃及人的崇拜。为什么罗马人宽容这些崇拜？这是因为埃及人和犹太人都没有试图消灭罗马帝国的古代宗教。他们并不忙于使别人改变宗教信仰，他们只考虑着赚钱。但基督教徒毫无疑问地想让他们的宗教占主宰地位。犹太人不想在耶路撒冷建立朱庇特的雕像，但基督教徒不想让它在议会大厦（立法机关会议的建筑）里存在。圣托马斯诚实地承认：如果说基督教徒没有推翻罗马皇帝，那是因为他们没有能力。他们的观点是：全世界的人都应该成为基督教徒。所以在整个世界皈依基督教以前,他们必然是全世界的敌人。

在争论的每个细节上他们彼此也是敌人。耶稣应该被看成神吗?那些否认这点的人被诅咒为伊比奥尼派,而伊比奥尼派又诅咒崇拜耶稣的人。他们中有些人希望财产共有,就像使徒时代所说的那样。他们的反对者称他们为尼古拉坦,指控他们犯有最卑鄙无耻的罪行。其他人则追随一种神秘的信仰,他们被称作相信灵知的人,并遭到猛烈的攻击。马西昂讨论的三位一体的问题,也被叫作偶像崇拜者。

德尔图良、普拉克塞、奥里庚、诺瓦特斯、诺瓦第安、萨贝里斯和多纳图斯在康斯坦丁以前都受到过他们同事的迫害;康斯坦丁刚刚使得基督教盛行开来,亚大西信派和奥伊泽比亚斯就把彼此撕成碎片。从那时起至今,基督教就血流不断。

我承认犹太人很野蛮。他们毫无怜悯地屠杀一个可怜小国的居民,他们无权占有该国就如同他们无权占有巴黎或伦敦一样。然而,当马蒙7次跳进约旦河中治愈了麻风时,为了向告诉他这个秘密的以利沙表示感谢,他告诉以利沙他将出于感激而崇拜犹太人的上帝,但他要保留崇拜他国王的上帝的权利,他请求以利沙允许他这样做,而先知毫不犹豫地答应了他。犹太人崇拜他们的上帝,但他们对每个民族有自己的上帝丝毫不感到吃惊。他们认为基抹把一片地区给予摩亚人是合适的,只要上帝也给他们一块土地就行了。雅各毫不犹豫地娶了一个偶像崇拜者的女儿。拉班有自己的上帝,就如同雅各有自己的上帝一样。在这里,我们有所有古人中最不宽容的、最残酷的人民宽容的例子。我们学习了这个民族荒谬的狂乱,却没有学习它的宽容。

因为所持意见不同而迫害他同伴的人是残忍的人,这是显而易见的。但是政府、行政官员和国王,他们对于那些宗教信仰不同的人该如何是好呢?如果他们是有势力的外国人,国王肯定会和他们结成同盟。笃信基督教的弗朗索瓦一世和伊斯兰教徒联合起来反对笃信天主教的查理五世。弗朗索瓦二世从经济上资助德国的路德教教友,帮助他们造皇帝的反,但是开始时他根据习俗在他本国烧死了路德教教友。他在萨克森资助他们是出于政治原因,他在巴黎烧死他们也是出于政治原因。但是发生了什么事呢?迫害使得人们改变宗教信仰:法国很快就有了许多新教徒。开始,新教徒屈从于被绞死,然后他们又绞死别人。内战接踵而至,接着圣巴多罗买和世界的这一角很快变得比古人和今人所描述的地狱还要糟。

毫无理智的人们,你们从未能够向创造了你们的上帝进行纯洁的崇拜!卑鄙的人们,你们从未虚心地向诺亚克茨、受过教育的中国人、法利赛人和所有智人学习过!残忍的人们,你们需要迷信就如同乌鸦的嗉囊需要腐肉一样!我已经告诉你们了,我没有别的可说的了:如果你们中间有两种宗教,它们会互相割断彼此的喉咙,如果你们有 30 种宗教,它们会相安无事。看看大特克,他统治着法利赛人、印度人、希腊基督教徒、聂斯脱利派和罗马天主教徒。只要将试图制造混乱的第一个人钉在十字架上,所有的人便都平静了。

二

在所有的宗教中,基督教无疑是应该向人民灌输最多宽容的宗教,但到目前为止,基督教徒是所有人中最不宽容的人。

耶稣像他的兄弟们一样屈尊降生于贫困和恶劣的条件之下,但他也许从未屈尊去练习过写作的艺术,故在犹太人那套详细记载的法律体系中,我们从未看到过出自耶稣之手的任何文字。使徒在许多问题上都有分歧。圣彼得、圣巴拿巴和外国的新基督教徒一起时吃禁吃的肉,和犹太人的基督教徒一起时则不吃。圣保罗谴责他们的这种行为,就是这个法利赛人圣保罗——法利赛人迦玛列的信徒,就是这个狂热地迫害基督徒的圣保罗在和迦玛列决裂以后,自己也成了一个基督教徒,而且从那以后,在他当使徒期间,在耶路撒冷的庙宇里献祭。整整一周时间,他公开地遵守所有他曾反对的犹太法律的仪式。他甚至加上多余的祈祷和洁身。他完全犹太化了。在整整一周里,这个基督教徒最伟大的使徒所做的事,如果别人也这样做了,就要被大多数信基督教的民族判处炮烙刑。

塞奥达斯和犹大在耶稣以前都自称为救世主。多西狄奥斯、西蒙和米南德在耶稣之后自称为救世主。在教会成立的第一个世纪,甚至在基督教这个名字为人们所知以前,在犹太就有十几个教派。忏悔祈祷的灵知派,多西修恩斯派和科林斯派,他们在耶稣的门徒用了基督教这个名字以前就存在了。很快就有了30名福音传道师,每个人都属于不同的社区,到公元1世纪末,在小亚细亚、叙利亚、亚历山大地区,甚至在罗马共有30个基督教教派。所有的这些教派都为罗马政府所鄙视,他们虽然默默无闻地躲藏起来,然而他们却互相迫害,这是他们在悲惨的境况下所能做到的一切。他们几乎都是由社会最底层的人组成的。

当有几个基督教徒终于接受了柏拉图的教义,在他们的宗教中注入了一点哲学的成分,并把他们的宗教与犹太教分开时,这些宗教逐渐变得重要起来,虽然它们还是分成了好几个派别。基督教会一刻也没有统一过。它是诞生于犹太人、撒马利亚人、法利赛人、撒都该人、艾赛尼人、约翰的门徒——尤达特和特拉普提派分裂的状况之中。它在摇篮之中就是分裂的,甚至在偶尔遭受第一批皇帝的迫害时也是分裂的,殉教者通常被他的教友看作是叛教者,基督徒卡波瓦拉蒂死于罗马刽子手的刀剑之下,被伊比奥尼斯派逐出教会,埃比奥那特因此受到撒柏里乌的诅咒。

这个持续了这么多世纪的可怕的倾轧是我们应该互相原谅错误的最惊人的教训。纷争不和是人类的大敌,而宽容则是唯一医治它的良药。

没有一个人不同意这个真理,无论他是在书斋中沉思冥想,还是和朋友在一起平静地探讨这个问题。那么为什么在私下赞同容忍、慈善、正义的同样的人在公开场合要如此猛烈地谴责这些美德呢?为什么?因为自身利益是他们的上帝;因为他们为了这个他们崇拜的怪物而牺牲了一切。

我拥有无知和轻信所造就的地位和权力。我踩在匍伏在我脚边的人的头上;如果他们站起来看着我的脸,我就不知所措;因此我必须用铁链把他们固定在地上。

就这样产生了一些有理智的人,他们由于数百年以来的狂热而变得有权有势。他们手下还有层层其他有权势的人。所有这些人都靠剥削穷人而致富,靠吸穷人的血而养肥自己,但同时他们还要嘲笑穷人的愚蠢。他们都讨厌宽容,就如同靠公众养肥的政客害怕交出他们的账本一样,如同暴君害怕自由这个词一样。糟糕的是:他们收买狂热分子,让他们大声叫喊:"尊敬我主人的荒谬!颤抖吧,讨钱吧,但不许说话!"

长期以来这是世界大部分地区的做法,但是现在这么多的教派互相争权,我们对他们应该采取什么态度呢?我们知道每个教派都存在错误的迹象。没有几何学家、代数学家和算术学家的派别,因为几何、代数和算术的所有命题都是真的。在其他任何科学上我们都可能犯错误。托马斯主义或斯科塔斯主义的神学家敢郑重其事地保证他所说都是真的吗?

如果一个教派使人回想起第一批基督教徒的时代,那它无疑是贵格派。再没有别的教派比他们更像使徒了。使徒感受到圣灵,贵格派也感受到圣灵。三四个使徒同时在3楼对公众讲话,贵格派在底层做同样的事。圣保罗认为可以允许妇女讲道,可就是这个圣保罗又认为应该禁止妇女讲道,因此女贵格派教徒根据前面的许可而讲道。

使徒用是或不是发誓,贵格派也发同样的誓。

使徒没有地位,也没有华丽的服饰,他们之间无法区别,贵格派的袖子上没有纽扣,且所有的人穿着都一样。

耶稣没有给他的任何使徒洗礼,贵格派也没有受过洗礼。

再举一些他们的相似之处是很容易的,要显示出如今的基督教和耶稣实践的基督教的区别有多大则更容易。耶稣是犹太人,我们不是犹太人;耶稣不吃猪肉,因为它不干净;耶稣不吃兔子,因为它反刍,而且没有分趾蹄;我们大胆地吃猪肉,因为对我们来说,它是干净的,我们也吃没有分趾蹄和反刍的兔子。

耶稣受过割礼,我们保留了包皮;耶稣吃逾越节宰杀的羊和莴苣,他保留了结茅节,我们则不这样做;他遵守安息日的规定,我们则改变了它;他献身了,我们却没有。

耶稣总是隐藏他化身和他地位的秘密。他没说他是代表上帝的。圣保罗在他的《致希伯来人使徒书》中明白无误地说上帝创造的耶稣等级要比众天使低。尽管圣保罗这样说,尼西亚会议还是把耶稣认作上帝。

耶稣没有把安科纳的边界地区和斯波莱托的公爵领地给予教皇,然而教皇却根据圣权拥有它们。

耶稣没有把婚姻和执事团变成圣事,而对我们而言,它们都是圣事。

如果我们仔细地观察,我们就会发现有使徒传统的罗马天主教在一切仪式和教义上都和耶稣的宗教相反。

但是否耶稣终身都犹太化了,我们也必须犹太化呢?

如果在宗教问题上可以前后一致地推理,那显然我们都应该成为犹太人,因为我们的救世主耶稣生为犹太人,死也为犹太人,因为他清楚地说过他完成了犹太教。但更显而易见的是:我们应该互相宽容,因为我们都很弱小,往往前后不一致,易变,易犯错误。一株被风吹倒在泥浆中的芦苇会对附近一个倒向相反方向的芦苇说:"像我这样倒下,坏蛋,否则我要祈求把你拔掉烧成灰!"

(余兴立　吴萍　译)

感　觉

据说，牡蛎有两种感觉；鼹鼠有四种；其他动物，跟人一样，都有五种。有些人还认为有第六种感觉，不过他们指的是肉感，这显然应属于触觉，而我们则同意有五种。我们简直想象不出还会有五官感觉以外的感觉，也不能想望着有。

在旁的星球上，也可能有人有些我们想象不到的感觉；感觉的种类可能逐球增多，而具有无数完善感觉的生物可能是生物中最高级的了。

而我们呢，虽有五官感觉，可又有什么本领呢？我们总是不由得不感觉，而从来也不是由于我们想要感觉就有感觉。我们一遇见什么东西，便不能没有我们天性给我们注定的感觉。感受虽是在我们体内，但却不由我们自主。我们接受感觉，可是怎样接受的呢？我倒还知道，在空气激荡和他人唱给我听的歌词以及这些歌词在我脑海里构成的印象之间什么关系也没有。

我们觉得思想很奇异，可是感觉也一样地奇妙。最低级昆虫的感觉里，有一种神力迸发出来，就像在牛顿的脑海里一样。可是千千万万的动物在您眼前逝去，您也没关心到他们的感觉能力将会化为什么，虽说这种能力也是万物之主的作品。您把这些动物都当作是自然界的机器，生生息息，代代接替。

为什么动物不存在以后,它们的感觉还会继续存在下去呢?又怎样存在呢?万物的创造主为什么需要保存已经毁灭了的物体的性能呢?也可以照样问为什么名叫含羞草的那种植物死了以后,它把叶子缩向枝干的那种能力还会继续存在呢?您自然也要问动物的感觉若是随着动物本身一同消灭,而人的思想怎么又不消灭呢?我无力回答这个问题,因为关于这一点我知道得不多,无法解答。也只有感觉和思想的永恒的创造主他自己知道他是怎样创造又怎样保存感觉和思想的。

古代人都一直认为我们悟性里有的东西,没有不是在感官中已经有了的。笛卡儿在他那几部幻想作品里说我们在认识乳母的乳房之间就已经有形而上学思想了。有一所神学院①禁止这种学说,并非因为这是一种错误思想,而是因为它是一种新思想。后来这所学院又采用这一错误思想,那是因为它被英国哲学家洛克给驳倒,而的确应该是英国人有错误。该神学院变更许多次意见之后,又反过来禁止这一古代真理,即感官是悟性的大门。这所神学院的做法跟那些债台高筑的政府一样,时而发行某种纸币,时而又令这些纸币贬值;不过这所神学院的纸币早已无人问津了。

世界上的一切学院都永远也阻止不住哲学家们看出我们都从感觉开始,而我们的记忆也只是一种继续着的感觉。一个人若是生而缺少五官感觉,即使能活,也不会有任何观念。形而上学式的概念,都从感觉而来:因为我们若是未曾见过或摸过一个圆圈或是一个三角,又怎么会度量它们呢?不扩展边缘,又怎么能对于"无限"获得一个大致的概念呢?可是若没有见过或是摸过边缘,又怎么能扩展边缘呢?

---

① 即巴黎大学前身索尔邦神学院。

有一位大哲学家①说过,感觉包含着我们的各种能力。

您对这一切又如何下断语呢?您既读书又会思考,就请您下一个结论吧。

希腊人为感觉想出个 Psyché[精神]能力来,为思想想出个 Noús[悟性]能力来。不幸我们不知道这两种能力是什么。我们都具有这两种能力,但是我们对于它们的根源所知道的并不比我们对于牡蛎、海葵、珊瑚虫、小蚯蚓、花草知道得更多。由于什么不可思议的机制,感觉在我们全身存在而思想却只在我们头部里存在呢?设若人家把您的头割下来,于是您就再也不能解答一道几何题了,可是您安放灵魂的那个松果体、那个胼胝体还长时间存在而没有坏,您那颗割下来的头还很有活力,就是在身首分离之后往往还会跳动。这颗头此刻似乎还有很灵活的思想,就像俄耳甫斯的头一样,当人家把它抛入埃布罗河水里,它还在奏乐歌唱他的妻子欧里狄克。

既然是您没有头之后便不思考了,您的心脏在被摘除时,怎么还跳动,像似还有感觉呢?

您要说:您感觉,那是因为各条神经都导源于大脑,倘若人家给您施了穿颅手术,用火烧您的大脑,您便什么也感觉不到。通晓这一切道理的人必是很聪明灵巧的了。

(王燕生 译)

---

① 见且迪亚克(Condillac)的《感觉论》第 2 卷 128 页。——伏尔泰

梦

> 梦幻化作飞翔的影子戏弄思想,
> 它们并非由神从庙宇或天空遣来,
> 而是自我生成。
>
> ——佩特罗尼乌斯《萨蒂利孔》54章

可是,在睡眠中五官感觉既然是全都停息了,怎么会有一种内在的感官还清醒着呢?您睡眠时既然是眼不见、耳不闻,怎么在梦中又能看能听呢?猎犬可以在梦中狩猎,这时它也吠叫,也追逐猎获物,也吃猎食;诗人常在梦乡中吟咏;数学家可以梦见几何图形;形而上学家在梦寐中苦思冥想。我们还可以举出很多惊人的实例来。

是否只有身体各部器官起作用呢?纯粹的灵魂,脱离开感官的影响,能够自由行使它的权力吗?

既然各种感官都能在黑夜产生梦,为什么不能自己在白昼思考呢?设若在五官感觉休息的时候,纯粹的灵魂不受外来干预,自己能活动,从而产生您在睡梦中所有的种种观念、思想,为什么这类睡梦中的观念、思想却又几乎总是杂乱无章、没有条理、支离破碎呢?怎么!难道灵魂在最宁静的时刻,想象反倒更混乱不清吗!

灵魂无拘无束,就会发疯了吗!倘若灵魂真像许许多多睁着眼睛做梦的作家所说的那样,生来就具有若干形而上学的观念,那么,灵魂关于"有"、"无限"和一切"基本原理"等等明澈的纯理观念,似乎就应该在肉体入睡的时候更清醒有力了:因而似乎只有在梦乡里才能做上好的哲学家啰!

不拘您研究哪一种哲学体系,不拘您怎样费尽九牛二虎之力来证明是记忆力推动了您的大脑,大脑又推动了您的灵魂,您却不得不承认您在睡梦中一切观念都是不由您自主而发生的,您的意志在其中丝毫没起作用。所以您在睡梦中甚至可以连续思考七八点钟,心中却根本没有要思考的想法,甚至您根本也不知道您是否在思考。请把这个问题衡量衡量,再努力揣度一下身体到底是由什么构成的吧。

梦一向是迷信的很大对象,再没有比这个更是理所当然的了。一个人对他情人的疾病深感关切,就会梦见他眼看他的情人临危了,第二天她果然就逝世了,便以为神明给他托的梦,预告他情人的死亡。

有一位统率三军的大将梦见自己打了个胜仗,结果他却真打胜了,便以为是神明预示他将取得胜利。

一般人总是注意到应验了的梦,把其他的梦都置之脑后了。梦和卜言占了古代史的一大部分。

《圣经》拉丁文版把《利未记》第 19 章 26 句译作:"不可圆梦"。但是梦字不见于希伯来文。奇怪的是同一书内既不赞成圆梦,可又说约瑟由于圆了三个梦而成为埃及和他全家老少的恩人。

圆梦是很普通的事,所以一般还不只限于对梦的这种领会,有时候还要猜度别人做过的梦。尼布甲尼撒把自己做的一个梦忘记了,便命令他朝中的僧侣们给他猜,并且说倘若他们猜不出来，便处以死刑。可是有个犹太人但以理，本是占卜学派，给王把梦猜出来了，并且还做了解释，便解救了这些僧侣。这段故事和其余很多类似的故事都可证明犹太法并不禁止圆梦学，即研究梦的学问。

（王燕生　译）

论先知

先知朱里安被人们用嘘声责骂,杰内尼斯的先知们被绞死或车裂,从朗格多克和多菲内来到伦敦的先知们被处以枷刑,再洗礼派的先知受到各种各样的惩罚,萨伏那洛拉先知在佛罗伦萨被烧死,施洗礼者约翰先知被人割断喉咙。

据说,扎迦利是被人谋杀的,但幸而这没有得到证实。先知杰多或阿罗被送往伯特利,生存的条件是他既不能吃也不能喝,但他不幸吃了一块面包,结果他自己被狮子慢慢地吃掉了。人们在公路上发现了他的遗骨,骨头就留在狮子和他的驴之间。约拿被一条鱼吞下了,虽然他只在鱼肚里待了三天三夜,但这依然是极不舒服的 72 小时。

哈巴谷被人拎着头发空运到巴比伦,当然,这算不上一个大灾难,但这确实是令人不舒服的运输方式。头发被人拎着走 300 英里必定是很痛苦的。我倒宁愿有一对翅膀,像牝马博拉克或者希腊神话中的半鹰半马的有翅怪兽。

伊姆拉的儿子迈凯亚看见上帝坐在御座上,左右皆有天兵,上帝命令一个人前去骗亚哈国王,于是魔鬼出现在上帝面前,接受了这个任务。迈凯亚为了上帝把天国的这件事告诉了亚哈国王。他得到的犒赏是被西底家先知狠狠地打了一记耳光,并被投入地牢几天,这些都是千真万确的。但对一个受到上帝启示的人来说,被狠狠地打一记耳光,再被塞进地牢的滋味是很不好受的。

  人们认为是阿马戈亚国王让人拔下了阿摩司先知的牙齿,以便不让他再说话。实际上,没有牙齿并不等于绝对不可能说话。人们都了解那些善言的、健康的、但却无牙齿的老太太。但是预言必须清楚地说出来,因为人们是不会以应有的尊敬去倾听一个无牙齿先知①的声音的。巴录遭受了许多迫害,以西结以奴隶身体被人用石头砸死。现在还不知道耶利米是被石头砸死的还是被锯成两半的。至于艾赛亚,人们通常以为他是被犹太一个小国王玛拿西下令锯死的。

  必须承认先知的手腕是恶劣的。像以利亚这样一个怪人坐着四匹白马拉的轻巧的马车从一个行星走到另一个行星,为了他,100人步行,并被迫挨家挨户去乞食。他们有点像荷马,据说他被迫在7个争做他出生地的镇里乞讨。他的注释者们把无数他从未想到过的寓言归功于他。同样,荣誉也常常归功于先知们。我不否认有过准确预示未来的人。人们只要求把灵魂提高到某种境界,正如我们现在的那个诚实的哲学家②或者说傻瓜令人钦佩地设想的那样,他想在两极穿一个孔,把松香抹到病人身上。犹太人把他们的灵魂升到很高的境界,足以清楚地看到所有未来的事。但是很难准确地理解先知们是否总是根据耶路撒冷来理解永恒的生活;巴比伦是否意味着伦敦或巴黎;当他们谈论高贵的晚宴时是否应理解为禁食;红葡萄酒是否意味着鲜血;红斗篷是否意味着信仰;白斗篷是否意味着博爱。要理解先知需要人类的智力作出巨大的努力,那就是为什么对此我不再多谈的原因。

(余兴立 吴萍 译)

---

  ① 伏尔泰总忍不住要开些善意的玩笑,此时他的牙齿已全部脱落。
  ② 这里指莫佩尔蒂,他既不像他自认为的那样是个伟大的哲学家,也不像伏尔泰认为的那样是个大傻瓜。

论亚伯拉罕

亚伯拉罕是小亚细亚和阿拉伯家喻户晓的名字之一。就像透特在埃及人中,第一个索罗亚斯德在波斯,赫克利斯在希腊,俄狄普斯在色雷斯,奥丁在北方的民族中,以及其他许多名声大大超过历史真实性的人物一样。我这里谈的只是世俗的历史,对于既是我们的老师又是我们的敌人的犹太人来说,我们既相信他们又痛恨他们。他们的历史显然是由圣灵自己写的,必要时,我们将去探索。这里我只指阿拉伯人,他们吹嘘说他们是通过以实玛利传下来的亚伯拉罕的后裔,他们相信这位祖先创建了麦加城并死于该城。事实是以实玛利这一族人得到的上帝的恩宠要比雅各那一族人多得多。确实,这两个民族都衍生了窃贼,可阿拉伯窃贼比犹太窃贼要高明得多。雅各的后代只征服了一个很小的国家,后来又失去了;而以实玛利的后代却征服了整个欧洲和非洲以及亚洲的部分地区,建立了一个比罗马还要强大的帝国,并且把犹太人从他们称之为希望之乡的洞穴中赶了出来。

如果我们沿着信奉当代历史书的思路,就很难相信亚伯拉罕是两个如此迥异民族的祖先。据说他出生在迦勒底,是一个以做小陶制偶像谋生的贫穷陶工的儿子。几乎令人难以置信的是这个陶工的儿子穿过无法通过的沙漠,去了位于热带300里格远的麦加。如果他是一个征服者,毫无疑问他的目标是亚述这个美妙的国家;如果他像描述的那样仅是一个穷人,他决不可能在外国的土地上建立任何王国。

《旧约全书》的第 1 卷叙述说,当他的父亲——陶工他拉去世后,他离开哈兰已 75 岁;可同样也是第 1 卷说 70 岁生下亚伯拉罕的他拉活到 205 岁,而亚伯拉罕直到父亲去世后才离开哈兰。要么是这作者叙述混乱,要么亚伯拉罕离开美索不达米亚时是 135 岁,这一点从第 1 卷中就可清楚地得知。他从一个崇拜偶像的国家走到巴勒斯坦地区另一个叫塞姆的崇拜偶像的国家。他为什么要去那里?他为什么要离开富饶的幼发拉底河沿岸地区,到像塞姆这样遥远、这样贫瘠、这样多石的地区去呢?迦勒底语言和不是贸易中心的塞姆的语言想必是很不同的,塞姆离迦勒底有 100 多里格远,而且必须穿过沙漠才能到达那里。可是上帝要他去旅行,要他去看看他的后裔几世纪以后将要占领的土地。人类的头脑很难接受这种旅行的理由。

他刚刚到达塞姆这个小小的多山的国家时,饥荒就迫使他离开那里。他去埃及寻求粮食。从塞姆到孟菲斯有 200 里格远。到那么远的地方去寻找粮食,而且去的是一个语言不通的国家,这件事合理吗?在将近 140 岁时从事这种旅行是多么令人奇怪!

他把他的妻子撒拉带到了孟菲斯。她非常年轻,和他比起来简直就像个孩子,因为她只有 65 岁。由于她非常美丽,他决心把她的美貌变成他的财富。于是他对她说:"假装成我的妹妹吧,由于你的原因,事情也许会变得对我有利。"更确切点他应该这样说:"装成我的女儿吧。"国王爱上了年轻的撒拉,给了这个自命的兄长许多牛羊、公驴、母驴、骆驼、男仆和女婢,这件事证明:埃及已经是一个非常强大、相当文明且十分古老的王国了,来到埃及把自己的妹妹献给孟菲斯国王的兄长们都会得到优厚的报酬。

据《圣经》上记载,年轻的撒拉 90 岁时,上帝向她许诺:当时是 160 岁的亚伯拉罕将在当年使她生一个孩子。

喜爱旅行的亚伯拉罕和他依旧年轻、依旧漂亮和已怀孕的妻子进入了卡叠什可怕的沙漠。这片沙漠的国王没有像埃及的国王一样爱上撒拉。虔诚的伊斯兰教徒的祖先说了和在埃及一样的谎话:他称他的妻子为他的妹妹。此举又为他挣来了大批牛羊和男女仆人。我们不妨说亚伯拉罕是利用他妻子发了财。为此,《圣经》的注释者们写了大量的书来为亚伯拉罕的行为辩护,以便使他的年表能自圆其说,并要求读者必须求助于这些注释。因为这些注释是由这样一些杰出的哲学家们写成的,他们不抱任何偏见并具有灵敏的头脑和非凡的洞察力,且他们中间没有一个是迂腐的学究。

另外,亚伯拉罕这个名字在印度和波斯也很闻名,一些学者甚至宣称他就是希腊人称之为索罗亚斯德的那个立法者,另外一些人认为他是印度人的婆罗门,可这没有得到证明。对许多学者来说只有一点可以基本确认:即亚伯拉罕是迦勒底人或波斯人。后来,犹太人吹嘘说他们是他的后代,就像法兰克人是赫克托耳的后代,布列塔人是土巴的后代一样。可以肯定的是:犹太民族是一个近代的游牧民族,它直到很晚才在腓尼斯附近定居下来,它四周都是古老的民族,因此它采用了他们的语言并从他们那里采用了以色列这个名字。根据犹太人约瑟夫斯的声明,以色列就是迦勒底语。我们知道犹太民族甚至从巴比伦人那里采用了天使的名字,他们最终只是在腓尼基人之后才称上帝为艾洛伊和艾洛瓦、阿多纳、耶和华或尧。

犹太人可能只是通过巴比伦人才知道了亚伯拉罕或易卜拉欣

的名字，因为从幼发拉底河到奥克萨斯整个地区的古代宗教都叫作基什-易卜拉欣、米拉-易卜拉欣。博学的海德在这一带所做的研究证实了这一点。

因此，犹太人对待历史和古代传说就像旧衣商处理穿破了的衣服一样，他们把衣服反过来，以尽可能高的价钱把它们当新衣服卖出去。

这是人类愚蠢的一个独特的例子。我们这么久以来竟然把犹太人看成是一个把一切教给所有其他民族的民族，尽管他们的历史学家约瑟福斯①自己也承认与此相反的观点。

要洞察古代不为人知的事实是困难的，但是很显然，在亚洲的所有王国都极为繁荣以后，这个叫作犹太人的到处流浪的阿拉伯游牧部落才拥有了地球上的一个小角落，然后才有了城镇，有了法律和一个固定的宗教。因此，当我们考虑在埃及或亚洲以及在犹太人中已固定下来的一个古代的仪式或一个古代的观点时，很自然地要猜想这个小小的新兴的民族是无知的、粗鲁的、没有艺术的，在尽其所能地模仿其他发达的、勤劳的古代民族。

在判断犹太人、巴斯克人、康沃尔人、丑角发源地贝加莫人等时也要遵循这一原则。胜利的罗马人绝对不会去模仿巴斯克人、康沃尔人或贝加莫人，这是确定无疑的。如果一个人说犹太人是希腊人的老师，那他不是一个大笨蛋，就是一个大无赖。

（余兴立　吴萍　译）

---

① 约瑟福斯是犹太史学家。生于耶路撒冷，法利赛人。在公元66年犹太起义中被推举为加利利地区指挥官，后投降罗马人，著有《犹太古代史》等。

论大卫

如果一个年轻的农民在寻找母驴时发现了一个王国,这是一件不寻常的事。如果另外一个农民用弹竖琴治愈了国王的疯病,这件事也是非同寻常的。可这个小小的弹竖琴的人因为偶然遇到了一位乡村神父,神父把一瓶橄榄油倒在他的头上,于是他就成了国王,这就是一件更令人不可思议的事了。

这些令人吃惊的事是何时由何人写下的?我不知道,但我敢肯定,这既不是波利比奥斯,也不是塔西佗写的。不管这个高尚的犹太人是谁,我非常崇敬他,他写出了希伯来人强大王国的真实历史,用以教育全世界;在万物之主的命令下,他鼓舞了优秀的犹太人。可让我感到遗憾的是:我的朋友大卫开始时纠集了400个小偷,作为这支正派人的部队的首领,他和祭司亚希米勒达成协议,后者给了他歌利亚宝剑和神圣的面包。

使我感到非常震惊的是:完成符合上帝心意的神权帝王大卫在背叛了另一个神权帝王扫罗以后,带着400名匪徒强迫国家付特别税,并去掠夺无害的拿八,拿八一死,他马上娶了他的遗孀。

如果我没错的话,他对伟大的国王亚吉——加斯地区五六个村庄的业主的行为是我不敢苟同的。大卫当时是600名土匪的头,他对他的恩人亚吉的盟友进行了几次袭击,并把所有的东西抢劫一空,他当场杀死所有的人,包括老人、妇人和儿童。他为什么要当场屠杀儿童?"因为害怕,"这位非凡的犹太作者说:"孩子会把消息告诉亚吉国王。"

这些土匪对他非常不满,想用石头砸死他。这个犹太芒德兰①做了什么呢?他向上帝请教,上帝回答说,他必须出发去打阿马莱基特人,这些土匪将在那里得到大量的战利品并可以发财。

同时,神权帝王扫罗在一次与非利士人的战斗中被打败身亡。一个犹太人把这消息带给了大卫。大卫显然不想给这个信使应有的好处,他便让人把他杀了,作为对他的报酬。

伊施波瑟继承了他父亲扫罗的王位,可大卫的力量足以向他发动战争,最后伊施波瑟被杀了,大卫夺取了整个王国。他突然袭击了拉巴的小镇和村庄,并用非人的折磨杀死了所有的居民。他们有的被锯成两半,有的被铁耙撕开,有的被放在砖窑里烧死,这是一种最高尚、最慷慨地发动战争的方法。

在这些杰出的袭击发生以后,国家连续 3 年遭到饥荒。我充分相信这一可能性,因为考虑到这个好大卫发动战争的方式,土地一定耕种得很差。请教了上帝,问他为什么会有饥荒。这是很容易回答的:无疑是因为在一片几乎不产小麦的土地里,没什么人留下来种田。而农民又被烧死在砖窑里或被锯成两半。可是上帝回答说,是因为扫罗以前杀了一些基遍人。

好大卫在这件事上做了些什么呢?他把基遍人集合起来,并告诉他们说,扫罗向他们发动战争是非常错误的,扫罗不像他一样符合上帝的心意,因而惩罚扫罗一族的人就是对的。他把扫罗的 7 个孙子交给他们绞死,他们被绞死了,是因为有饥荒。

---

① 路易丝·芒德兰是 18 世纪法国的一个罗宾汉式的人物。

看到愚蠢的卡尔梅特神父如何为这一切行为辩护,并把它们列入《圣经》的正经中是一种快乐,这些行为如果不是不可信的,那会使我们害怕得不寒而栗。

　　这里我将不说大卫对乌利亚卑鄙的谋杀以及他和拨士巴的通奸。所有的这一切都是人所共知的,上帝的做法和人类的做法的区别是如此之大,以至他允许耶稣基督从这个无耻的拨士巴身上生下来,结果整个事情都被这个神圣的不可思议的事物净化了。

　　我不打算询问传道士朱里厄如何蛮横地迫害有德行的培尔,因为后者不赞同好国王大卫的所作所为。我想问的是:像朱里厄这样的卑鄙小人找培尔这样的人的麻烦是如何被容忍的?

(余兴立　吴萍　译)

论摩西

有几个学者认为,《旧约全书》的首 5 卷不可能是摩西写的。他们说《圣经》本身即可证明,已知的第一本是在约西亚国王时代被发现的,这本独一无二的书是由沙芬大臣带给国王的。而根据希伯来人的计算,在摩西和沙芬大臣这件事之间相隔 1167 年,因为上帝于公元前 2213 年在燃烧的荆棘中降临在摩西面前,而沙芬大臣于公元前 3380 年出版了这本法律书。这本乔赛亚统治时期被发现的书一直到攻克了巴比伦以后才为人所知,据说是受到上帝启示的以斯拉,使所有的《圣经》得以重见天日。

但无论是以斯拉还是另一个人写了这本书,这些都无关紧要,因为他是受了上帝启示的。《旧约全书》首 5 卷并没说摩西是作者,因此不妨假设,如果教会没有判定此书是摩西写的,那么上帝是口述给另外某个人写的。

一些反对传统说法的人补充说,没有一个先知引用过《旧约全书》首 5 卷,在《圣经》的《诗篇》中也不可能有,在献给所罗门的书中,在《耶利米》书中,在《以赛亚》书中都没有,总之,在犹太人的任何经书中都没有提到过它们。与《创世记》《出埃及记》《民数记》《利未记》和《申命记》相对应的词在任何为他们所接受的真正的著作中也没有。

一些更大胆的人提出了以下问题:

1. 摩西在荒野的沙漠中会用什么语言写作呢? 只能用埃及语写作①,因为从这本书中我们可以看出摩西和他所有的人民都是在埃及出生的。很可能他们不会说其他的语言,埃及人还没有使用纸莎草纸,他们把象形文字刻在石头或木头上。人们甚至认为摩西十诫也是刻在石头上的,因此 5 卷书必定是刻在磨光的石头上的,这需要大量的工作和时间。

2. 在沙漠中,犹太人既没有鞋匠,也没有裁缝,上帝不得不持续创造奇迹以保存犹太人的旧衣和旧鞋,技巧熟练得足以在石头或木头上刻下《旧约全书》首 5 卷的人有可能在沙漠中存在吗? 有人会说,当时有工匠能在一夜之间造一头金牛犊,再把金碾成粉,这种工艺在普通的化学中是不可能产生的,且在当时化学还没有被发明出来;工匠能建造犹太神堂,他们用 34 根装有银柱头的铜

---

① 伏尔泰的注释:真有摩西这个人吗? 如果一个对整个大自然下命令的人真的在埃及人中存在过,这种奇异的事件对埃及的历史会不起一个重大作用吗? 桑楚尼亚松、曼内托、美加斯梯尼、希罗德么不提到他吗? 历史学家约瑟福斯收集了一切有利于犹太人的证据,可他不敢说他引用的任何作家对摩西的奇迹提到过一个字。啊! 尼罗河变成了血河,一个天使杀死了埃及所有的长子;大海分开,海水被推到左右两边,可居然没有作者提到过此事! 有关的国家都忘了这些奇迹,只有一个未开化的奴隶小国家在事件发生的数千年后告诉了我们这些故事!

直到托勒密出于好奇让人把犹太人的作品译成希腊文,世人才知道有这么个摩西,但他究竟是谁呢? 许多世纪以来,东方的寓言把犹太人听说的有关摩西的一切都归于巴克斯。巴克斯用双脚渡过了红海,一点没湿,巴克斯把水变成了血,巴克斯每天用手杖创造奇迹。在和犹太人有任何交往以前,在人们知道这个卑鄙的民族是否有书以前,人们就在祭酒神的秘密宗教仪式上唱这些事件。这个如此新兴、漫游了如此长时间、为人所知如此之少、如此迟的在巴勒斯坦定居的民族,就像所有拙劣的模仿者一样,用腓尼基语把腓尼基寓言拿过来再对它们添油加醋,这难道不是很有可能的吗? 一个如此贫穷、如此愚昧、对所有艺术如此无知的民族除了模仿它的邻国还能做些什么呢? 一切都是腓尼基人的,甚至犹太民族中意为上帝的名字阿多纳、伊巴布、艾洛伊或艾洛瓦等等都是腓尼基语,这难道不是众所周知的吗?

柱装饰神堂,编织和刺绣紫蓝色、紫色和鲜红色的亚麻帷幕,但所有这一切本身就加强了反对者的观点。后者回答说,在一切都匮乏的沙漠中不可能完成如此精工细作的东西,他们首先应该做鞋和衣服,缺乏生活必需品的人不会沉溺于奢侈;当他们既没衣服也没面包时,说他们有金属制造工、雕刻工和刺绣工,这难道不是一个显而易见的矛盾吗?

3. 如果摩西写了《创世记》的第一章,所有的年轻人都会被禁止读这第一章吗?人们会如此不尊敬这个立法者吗?说上帝惩罚父辈的罪恶,还要追究第四代的如果是摩西,以西结还敢说相反的话吗?

4. 如果摩西写了《利未记》,他会在《申命记》中自相矛盾吗?《利未记》禁止一个人娶嫂嫂,《申命记》却命令他这样做。

5. 摩西会在他的书中提到当时根本不存在的城镇吗?他会说这些城镇在约旦西部,而从他所处的角度来看,它们实际上却是在约旦东部?

6. 他会在一个从未有过10座城镇的国家里把48座城镇分给利未人,而且是在他一直漫游的、一幢房屋都没有的沙漠之中吗?

7. 当犹太民族不但没有国王,而且对国王很恐惧时,他会为犹太国王制定规则吗?注意!摩西为他死后800年才统治一切的国王的行为制定了戒律,而对于紧接着他后面的法官和教皇却只字未提。这难道不能使我们相信,《旧约全书》首5卷是在国王统治的时代写的,而摩西创立的仪式仅仅是个传统。

8. 他真有可能对犹太人说过:"我使得你们在上帝的保护下离开了埃及的土地,虽然武士人数多达60万。"犹太人难道不会回答他说:"你一定很胆小,没有领导我们反抗埃及法老的胆略,他只有20万的军队,镇压不了我们。埃及从未有过那么多的士兵,我们可以轻而易举地战胜他们,成为这个国家的主人。什么!对你讲过话的上帝为了我们的快乐杀死了埃及所有的长子;为了替我们报仇,使得 30 万人一夜之间死去。如果那个国家有 30 万家庭的话,而你却不帮助你的上帝!你不把这个不能自卫的富饶的国家给我们!你使得我们像盗贼和懦夫一样离开埃及,死在悬崖和群山之间的沙漠之中!你至少可以把我们直接带到我们无权占有的迦南,你允诺过要把它赐给我们,可我们直到现在还没能进去。

"我们应该从戈申的土地出发,沿着地中海去提尔和西顿,这才合情合理。可你却使我们穿过几乎整个苏伊士地峡,你让我们再次进入埃及,走过孟菲斯,我们现在在巴力酚或者说在红海的岸边,背对迦南的土地,在这个我们想避开的埃及走了 80 里格,最终却在红海和法老的军队之间濒临死亡!

"如果你想把我们送给我们的敌人,你难道不会走另一条路,用别的方法?你说上帝用奇迹救了我们,把海水分开让我们走过,但在得到这样一个恩惠之后.我们却应该在埃当、卡迪斯巴尼、马拉、埃利姆、霍雷和西奈可怕的沙漠中被迫死于饥饿和疲劳吗?我们所有的先辈都死在这可怕的沙漠之中,可 40 年后你却告诉我们说,上帝特别照顾我们的先辈!"

这是那些抱怨的犹太人、死于沙漠中流浪的犹太人的后代可能对摩西说的话,倘若他把《出埃及记》和《创世记》读给他们听的话,当他读到金牛犊这一节时,他们又会什么事做不出,什么话说不出呢?什么?你居然敢告诉我们说当你和上帝在山上时,你哥哥为我们的父辈做了一个金牛犊,你曾告诉我们说你面对面地和上帝说过话,接着你又说只是从他身后看见他!你还是和这上帝在一起,你的哥哥在一天之内铸造了一个金牛犊,把它赐给我们并让我们崇拜它,而你不仅没有惩罚你那可耻的哥哥,你还任命他做我们的大祭司,你甚至命令你的利米人杀死了 2.3 万你的人民!我们的父辈们会容忍这种行为吗?他们会听任嗜血的神父像屠宰牺牲品一样屠宰他们吗?你告诉我们说,由于对这次令人难以置信的屠杀的不满意,你让人又杀死了 2.4 万名你的可怜的追随者,因为他们中间的一个人和一个米甸女人睡觉了,尽管你自己也娶了一个米甸姑娘。可你还吹嘘你是最仁慈的人!再来几个这种仁慈的例子,就不会有一个人剩下了!

不,如果你能如此残忍,你就是最野蛮的人,没有一种痛苦足以赎如此恶劣的罪。

这些或多或少是学者们的反对意见,是针对那些认为摩西是《旧约全书》首 5 卷作者的人而言的,但有人回答他们说,上帝的方式不同于人类的方式,上帝用我们未知的智慧来考验、指引并抛弃他的人民;犹太人相信摩西是这些著作的作者已有 2000 多年的历史。继之犹太教堂以后也是一贯正确的教会已解决了这个争论的问题,既然教会已经这么说了,学者就应该保持沉默。

(余兴立　吴萍　译)

地球上发生的变化

人们目睹一座山在一片平原上向前移动,也就是说,这座山的一大块岩石脱落下来,盖满了田野,整座城堡陷入地下,一条大河没入地下,随后又从深渊里涌出;又有无可置疑的迹象表明一个现在有人居住的地方曾经被大水淹没,成为一片汪洋;还有地面变迁的成百个遗迹,于是便容易让人信服地以为那些破坏了地面的巨大变化是确有其事的,和一位巴黎妇人仅仅知道建造她的住宅的那块地方曾经是一块农田相比,更容易使人相信这一点。但是那波利的一位妇人,目睹赫尔居拉诺姆废墟①,就更不容易被那种令我们相信现在的一切跟过去一样亘古至今没有变化的成见所左右了。

果真有过法厄同②时代的一次大火吗?再没有比这个更像是真有其事了。但是既非法厄同的雄心,也非怒气冲天的朱庇特雷击法厄同引起的这场灾祸;同样情况,在 1775 年,根本不是

---

① 赫尔居拉诺姆(Herculanum),意大利古代城市,公元 75 年被维苏威火山岩浆埋没,1719 年被挖掘出土。

② 法厄同(Phaithon),希腊神话人物,太阳神赫利俄斯(Helios)与克利梅纳(Clymène)所生之子。一天,他要求驾驭太阳神战车,因乏经验,险些焚毁宇宙,主神朱庇特盛怒之下雷击法厄同,投之于埃立当河(即今之意大利北部波河)内。西方文学语言以法厄同比喻不自量力狂妄自大之人。

宗教裁判所经常在里斯本点燃而招致天怒神怨的火引起的地下火灾①，因为当时梅克内斯、得土安②和许多巨大的阿拉伯游牧部落遭受的灾难都比里斯本更严重，可是在那些地方并没有宗教裁判所。

不久以前，圣多明各岛③全岛天翻地覆，并非圣岛比科西嘉岛更不得神心。万物都受永恒的物理规律支配啊。

硫黄、沥青、硝石、铁都蕴藏在地下。由于这些物质的混合、爆炸，颠覆了千百座城市，炸开了千百个深潭，堵塞了千百个无底洞。我们天天都经受这个世界形成方式带来的变故威胁着，就像我们在隆冬季节许多地方都受着饿狼饥虎的威胁一样。

如若德谟克利特以为火是万物之源，火骚乱了大地的一部分，泰勒斯所谓水是万物最初的起源，也一样引起了巨大变化。

被马腊尼昂河④、拉普拉塔河⑤、圣劳伦斯河⑥、密西西比河⑦和横亘美洲大陆举世最高的巍巍崇山峨峨峻岭常年积雪所增涨的条条河流，往昔洪水泛滥，淹没大半个美洲大陆。这些洪水几乎随地积聚便成泽国。邻近土地也都沦为荒无人烟之区；而那本来人力可以使之肥沃的土地，却产生了毒害。

---

① 葡萄牙首都里斯本于1775年发生大地震，全市半毁于火。
② 梅克内斯(Méquinez 或 Meknès)与得土安(Tétuan 或 Tétouan)均系摩洛哥城市。
③ 圣多明各岛(Saint-Domingue)即今之多米尼加，中美洲加勒比海安的列斯群岛之一。
④ 马腊尼昂河(Maragnon 或 Maranón)即南美秘鲁的亚马孙河。
⑤ 拉普拉塔河(Rio de Laplata)，南美阿根廷主要河流。
⑥ 圣劳伦斯河(Saint lawrence)，加拿大南部河流，出自安大略湖，注入大西洋。
⑦ 密西西比河(Mississipi)，美国中部主要河流，发源于明尼苏达州伊塔斯加湖，注入墨西哥湾。

同样的情况也发生在中国和埃及；不知要花费多少世纪才能开凿那些运河渠道来排水。看到在这些长期灾难之外，再加上海水的泛滥，夺去了一些土地，荒芜了一些土地，又从大陆隔离开一些岛屿，您会发现海水泛滥从东方到西方，从日本到阿特拉斯山①脉，使 8 万平方古里的土地满目荒凉，人烟绝迹。

　　阿特兰蒂得岛②被大西洋吞没这件事，被人看作是一个历史问题，又有人说是一种传说，两者可能都有道理。从大西洋东岸到加那利群岛，海水不深，或许可以证实这件大事是实有其事，而加那利群岛很可能就是阿特兰蒂得岛未被淹没的残余部分。

　　柏拉图曾经游历过埃及，在他那部《蒂迈欧篇》里，说埃及教士保存的古代纪事，记载这个岛屿确实是沉没在海中。柏拉图说这场灾难是在他出生前九千年发生的。没有人能够仅仅由于信任柏拉图就把这项纪年信以为实；但是也没有人能提出任何物证，甚至任何从世俗作家作品引证的史实见证来反对柏拉图的说法。

　　普林尼③在他那部《自然史》第三卷里说，自古以来西班牙南海沿岸居民都相信海水在加尔培和阿比拉二山④之间冲过，冲出一条通道："当地居民称为赫拉克勒斯之柱，并认为它们被凿开后把以前被阻住的海水放了进来，从而改变了事物的自然面貌。"

　　一位细心的旅游者通过目睹可以深信基克拉迪群岛⑤和斯波

---

　　① 横亘北非的大山脉。
　　② 阿特兰蒂得（Atlantide），古代神话传说中的岛屿。据说曾存在于直布罗陀海峡迤西大西洋中。
　　③ 普林尼（即大普林尼，Pline l'Ancien 23—79），罗马博物学家，著有《自然史》凡册 7 卷，是一部古代自然百科全书。
　　④ 加尔培和阿比拉（Calpé et Abila），古代山名，在直布罗陀南北两岸，传说由希腊神话中伟大英雄大力士赫拉克勒斯分开二山，故名赫拉克勒斯二石柱。
　　⑤ 基克拉迪群岛（Les Cyclades），爱琴海中希腊岛屿。

拉提群岛①从前本是希腊陆地的一部分,特别可以深信西西里岛原本是跟阿布里②接连的。埃特纳和维苏威两座火山,在海底有相同的山基,加里伯得③的小漩涡是这片海洋中唯一的深处,两边陆地完全相似,这些都是这一地区岛陆接壤的颠扑不破的明证。德卡利翁和俄古革斯④时代的洪水是人所熟知的。根据这一事实而编出的寓言传说,至今仍在西方流传,成为人们谈论的话题。

古人曾谈到过亚洲的其他许多次洪水。倍楼兹⑤谈到过的一次据说是俗历纪元前四千三四百年在迦勒底发生的洪水。关于这场水灾的故事,在亚洲非常之多,到处流传,就像幼发拉底河和底格里斯河以及条条注入好客海⑥的河流的泛滥的故事一样多⑦。

这许多次洪水泛滥固然仅能淹没田野几尺深,但是酿成田荒园芜、桥断房塌、牲畜死亡的灾情,而损失却是需要几乎整整一个世纪才能恢复过来。我们知道洪水给荷兰带来很大的损失;荷兰自从 1050 年以来失去了本土的大半。这个国家现在还天天跟惊涛逼人的大海搏斗;而它用于抵抗敌人的兵力从来也不及它为了防范大海随时涨水吞没陆地而使用的劳力那么多。

从埃及到腓尼基沿锡尔崩湖的陆路从前本来是很好走的,很

---

① 斯波拉提群岛(Les Sporades),爱琴海中希腊岛屿,分南北两群岛。
② 阿布里(Apulie),意大利南端古代地名,今名布伊耶(Pouille)。
③ 加里伯得(Charybde),意大利南端墨西拿海峡中著名危险漩涡。对面就是西拉暗礁(Scylla),最为危险。船只航行至此避开漩涡又易触礁。从而得出一句法语谚语:避开加里伯得漩涡又触西拉暗礁。即灾难愈益深重之意。希腊神话传说该暗礁上有六头女妖,名西拉,故名西拉暗礁。
④ 德卡利翁(Deucalion)、俄古革斯(Ogygès),均系希腊神话人物。前者是忒萨利地区佛提亚国王,后者是底比斯国王。当时曾流传关于洪水的传说。
⑤ 倍楼兹(Bérose),纪元前 3 世纪迦勒底教士,名著有《迦勒底与亚述史》,今已佚失。
⑥ 好客海(Pontos Euxeinos),又译攸克辛海,即今之黑海。
⑦ 参阅《世界洪水》一文。

久以来,早已不能通行了。现在不过是一摊流沙饱吸了一潭死水。总之,一大片土地,没有人类勤勤恳恳的劳动,尽都成了污水遍地怪兽栖息的沼泽。

  这里我们不想再谈挪亚时代的世界洪水了。只要以顺从的精神阅读圣书就可以了。挪亚时代的洪水泛滥是一桩难以理解的奇迹。是由于一位难以用言语形容的上帝,出于正义和善心,意欲毁灭有罪的人类,并创造天真无邪的新人类。要是新的人类比原来有罪的更恶劣,一个世纪接着一个世纪传下去,改造了又改造,罪孽却越发深重起来,这依然是这位上帝所起的作用呀。而上帝的神意又是深不可测,我们也只有依照我们应该做的那样崇敬那不可思议的天机;这类天机,是几个世纪以来,通过七十人译本,传给西方人民的。我们永远也不进入这类令人生畏的庙宇内殿;而在我们那些论题中,仅仅考查考查单纯的自然罢了。

(王燕生　译)

无神论者

一

在基督教中,过去曾有过许多无神论者;时至今日,已经少多了。据说神学往往把人的心灵引入无神论里去,后来倒是哲学又把人的心灵从无神论里引了出来,这话乍一听,好像是奇谈怪论,仔细一想,又像是千真万确的道理。其实那时应该原谅人们怀疑神,因为只有向人宣告有神的人才争论神的性质。初期教会的神甫们几乎都认为上帝是具有形体的;后世的神父们,不承认上帝有广袤,可是却还认为他住在天上;按照有些神甫的意见说来,上帝在时间中创造了世界;根据另外一些神甫的话说,上帝曾创造了时间;那些神甫说上帝有一个与自己相似的儿子;这些神甫又不同意这个儿子像上帝。人们又争论从上帝和他儿子引出第三位圣体来的方式。

还有人争论圣子在尘世是否由两位合成的。所以没有人料到问题竟是:圣体是不是有五位,耶稣在人间算有两位,天上还有三位:或者是圣体有四位,世上的耶稣只算一位;要不然是三位,视耶稣与上帝同位。人们又争论耶稣的母亲,争论下地狱、入阴间、吃圣体、饮圣血的问题,又争论圣宠,圣徒以及其他许许多多问题。既然人们看到神的心腹彼此意见很少一致,世世代代互相咒骂,却又尽都是名利熏心；回过头来再看一看世间充满罪恶和灾难，其中有不少倒是由这些灵魂大师们的争论而造成的；老实说，有理性的人，因而对于一个突如其来的东西的存在似乎可以有所质疑；有感性的人似乎可以认为一位随心所欲地制造出这么多苦人来的上帝并不存在。

　　譬如说，设若有一位15世纪的物理学家在圣托马斯的《神学大全》里读到这几句话："上天的造化，不必要精液，只要用若干元素和腐化作用便可产生不完善的动物。"这位物理学家必然会这么想：既然腐烂剂只同若干元素合在一起便可产生不大完美的动物，那么显而易见，只要再多加一点腐烂剂和热力，也就可以制造出比较更完美的动物来了。这里所谓上天的造化也不过就是自然的造化罢了。所以我必然也跟伊壁鸠鲁和圣托马斯一道，以为人可以从泥土和阳光里产生出来。对于这些既倒霉又糟糕的生灵来说，这倒还有一种相当高贵的出身哩。人们把个造物主上帝说得矛盾百出令人讨厌，可我为什么又承认他存在呢？可是物理学终于出世了，跟着也就有了哲学。于是人们才认识到尼罗河的泥土既不生一只昆虫，也长不出一穗小麦，却又不得不承认随处尽是种子、关系、方法；不得不承认一切生物之间有一种惊人的对照。有人观察光线从太阳发射出来，照亮各个星球和远在三万万里之外的土星光环，又来到地球射入一只小米虫的眼睛里，形成两个对角，把自然景物绘在它的视神经网膜上。有一位哲学家出世了，发现各个星球都遵循十分简单而微妙的规律在太空中运行。因此，对于宇宙工程也就认识得更清楚了，这便证明必有一个工人，而多少永恒不变的规律，也证明必有一位立法者。所以说健康的哲学摧毁了无神论，而隐晦的神学却给无神论资助了武器。

　　有少数心灵苛刻的人，对于至高无上的神明，夸大缺点，忽视圣明，坚决否定这个原始动力。他们还有唯一的最后一招儿，说什么大自然永久存在，在自然界万物都在运动，所以万物变迁不息。既然万物永久在变更，一切可能出现的组合都会出现；所以当前一切事物的组合便可能是这种运动和永久变更的唯一结果。试取 6 只骰子来掷，实际上您只有 46 655 分之一的机会掷出六个六点儿来，可是在 46 655 回里，出六个六点儿的机会每回都是均等的。因此，在无限的岁月里，像当前宇宙这样的安排，本是无限次组合中的一次，也不是不能出现的。

我们看到有些人的心灵，本来是有理性的，却为上述论据所惑。他们却不注意有无限跟他们自己对立而绝没有无限跟上帝的存在对立。他们还应该注意既然万物都在变更，那么像很久以来始终未变的极少数种类的事物也不应该不变。他们至少没有任何理由不承认天天都会有新的物种形成。相反倒是很可能有一只全能的手，远远超越这类永无息止的千变万化，阻止种种事物越出它给它们所划定的范围。所以，承认有一位上帝存在的哲学家，有许多可能性对于他来说等于是确切无误的，而无神论者却只有怀疑。我们还可以在哲学里找到许多证据来摧毁无神论。

在道德方面，显而易见，承认有一位上帝比不承认好得多。有一位神明来惩罚人世法律所不能制裁的罪恶倒也的确是有益人群的事；但是，与其承认一位像许多民族那样要用人做牺牲来祭奉的野蛮的上帝，还不如索性不承认更好，这也依然是明显的事。

用一个明显的事例就可证明这一真理是无可置疑的。在摩西时代，犹太人丝毫没有什么灵魂永生和世外生活的观念。他们的立法者只对他们宣示了上帝对于世俗行为的赏罚，对于他们说来，只是生活问题。可是，摩西因为利未人铸了一只金的或镀金的牛犊，便命令他们杀死两万三千弟兄；在另一场合，因有人与当地妇女行淫，就屠杀了二万四千人；又因有人要支撑那道濒于坍塌的桥洞而使一万二千人死于非命。我们可以同时尊重万物主宰的神命，而又本着人道主义来断定说，这五万九千人本不相信有死后的生活，与其被人以他们所敬奉的上帝的名义杀害，倒不如干脆做个无神论者而活着。

在中国儒家各学派里实实在在并没有人宣传无神论；但是却有不少的无神论者，因为他们都不过是些并不怎么高明的哲学家。可是，跟他们一道在北京生活，浸润在他们的文雅风尚和温和法律的气氛中，却比在果阿宗教裁判所系身囹圄，最后穿着涂满硫黄、画着魔鬼的罪衣出狱，丧命在火刑架上，更妙得多。

那些主张一个无神论者的社会可以存在的人倒是不无理由的①，因为社会是由法律组成，而这些无神论者又都是哲学家，在法律保护之下，可以过一种贤明而幸福的生活。他们在一方共处的确也比那些狂热的信徒们在一地聚居容易得多了。让一个城市住上伊壁鸠鲁、西莫尼德②、普罗塔哥拉、德巴罗③、斯宾诺莎；让另外一座城市住上冉森派④和莫利纳派⑤，您以为在哪一座城市里会混乱和争吵得更厉害呢？无神论，若是仅从现世生活来考虑，在一个骁悍的民族中间必定是很危险的学说；可是虚伪的神明观念之为害并不更轻。世间大多数伟大人物生存在世，都好像无神论者一般；不论什么有见闻的人都懂得承认有一位上帝，上帝显现，上

---

① 下文又是对卢梭在《爱弥儿》第 4 篇里的一个注解的答辩。卢梭在该注解里说一个无神论者的社会不能存在。
② 西莫尼德（Simonido de C'eos，约前 556—约前 467），古希腊抒情诗人。
③ 德巴罗（Jacques Vallée Desbarreaux，1602—1673），法国诗人。
④ 冉森派，荷兰宗教哲学家冉森（Gornelis Jansen 1585—1638）所创学派，崇奉奥古斯丁学说，反对耶稣会。
⑤ 莫利纳派，西班牙耶稣会教士 Molina 所创，主张圣宠与自由意志二者合一。

帝的裁判,对于战争、对于条约、对于那些耗尽伟人们时光的野心与利欲的目标没有丝毫影响;可是却未见这些伟大人物粗暴地破坏了社会上的已有规律。跟他们在一道生活比较跟那些个迷信的狂热教徒在一道共处要惬意多了。我从信仰上帝的人那里比从不信神的人那里的确会获得更多的公正待遇,而从迷信之徒那里却只能得到苦难与迫害。无神论与狂热的信仰原是一对能够吞噬和分裂社会的怪物;但是,无神论者在错误中还保持着理性使他不致胡作非为,而狂热的信仰却无休止地疯狂下去,这就更使他会为非作歹。

二

在英国也跟别的地方一样,照理说,过去必然有过无神论者,而且现在还有很多;因为那儿的宣教讲道的教士,尽都是些个年轻没有经验的人,又都不大通达世事,硬说英国不会有无神论者。我在法国就认识过几位无神论者,他们都是很出色的物理学家,而且老实说我见这些人既很熟谙大自然的各种动力,却又决不承认有一只手明明在那儿左右着这类动力活动,不免大吃一惊。

我觉得他们被若干原则引入唯物论里边去,其中一个原则,就是他们相信宇宙是无限的而且充满物质。而物质又永恒不灭。也必然是这类原则使他们误入迷途,因为我所见过的牛顿派,个个都承认真空和物质有限,从而合情合理地承认有一位上帝。

其实,既然好多哲学家,连笛卡儿也在内,都认为物质是无限的,物质本身也就具有了最高主宰的一项属性;既然宇宙间不能有真空,物质也就必然存在了;既然物质必然存在,它也就永恒不灭;所以根据这些道理说来,也就用不着有一位创造宇宙的上帝了,也就不必有一位制造和保存物质的造物主了。

可是我又明明知道笛卡儿和大部分相信宇宙无空隙而物质本无限的学派却都承认有一位上帝，这是因为人类从来也不按照他们的原理来推理、来行动的缘故。

倘若人类果然能够合情合理地推论，伊壁鸠鲁及其门徒卢克莱修也就必然会成为他们所反对的神明的最虔诚的辩护士；因为他们既然隐约表示承认有真空、承认物质的有限性，就必然要得出结论说物质并不是必然存在的东西，也不是凭借它自身而存在，因为他并不是无限的。所以他们在他们自己的哲学里不由自主地证明有一位必然的、无限的、并且创造了宇宙的最高的主宰。牛顿哲学，承认并且证明物质有限性和真空，也明确地证明了有一位上帝。

因此，在我看来，真正的哲学家也就跟上帝的使徒一样，每一类人都要有一类使徒：一位教区里的经师告诉孩子们说有一位上帝，而牛顿却给学者们证实上帝。

在查理二世时代克伦威尔战争后的伦敦跟在亨利四世时代宗教战争后的巴黎一样，人们都喜谈无神论，因为那时候一般人从极端残酷的行动过渡到尽情寻欢取乐的生活，心灵相继被战乱和游惰所败坏，思考与推理都很平庸。后来人们越研究自然界，越认识了大自然的创造者。

有一件事我敢相信，那就是在各种宗教中，自然神教在世界上传播最广。自然神教在中国宗教中占主要地位，在伊斯兰教里成为明智者的教派，而十位基督教哲学家中便有八位是自然神论者。自然神教一直渗入各神学院，各修道院和教皇选举会议里去。自然神教是一种教派，没有团体，没有宗教仪式，既无争论也无热情，无人宣传，却传遍世界。自然神教一如犹太教，在一切宗教里都有它的踪迹。令人觉得奇异的是一派迷信透顶，遭到万民厌弃，学者轻视，又凭着金钱势力到处得到宽容，而另一派却反对迷信，不为百姓所知，只有哲学家信奉，只在中国公开流行。在欧洲再没有什么国家里自然神论者比英国更多了。有不少的人都在问这类自然神论者有没有一种宗教。

有两派自然神论者：

一派认为上帝创造了世界，却没有给人类定出区别善恶的规律来。显然这些人只能称为哲学家。

另一派相信上帝给人制定了一种自然法，显然这些人即使不举行什么外表仪式，也必定有一种宗教。这些人对于基督教说来，可说是内部的和平敌人；他们拒绝基督教，但是无意毁灭它。

其他一切宗教都想要居于统治地位，每一宗派都像那些想要吞噬别的团体而在其废墟上发展自己的政治团体一样。只有自然神论者一直是安静无事。从来也没有人看到自然神论者在什么国家搞过阴谋活动。

在伦敦有一个自然神论者的组织，有时候在沃埃尔教堂旁集会。他们有一本小书是他们自己的法典。人们在宗教问题上写了那么多巨著，而宗教问题在这本小书里还占不到两页。他们主要的座右铭就是这一原则：道德观念，人皆有之，故来自上帝；宗教仪式，各不相同，故出自人为。

第二句格言是：四海之内皆兄弟也，大家共奉一神，而因各自敬奉家长的方式不同，竟至自相残杀，实在可憎。他们说，实际上什么正人君子又因为自己的兄弟们礼拜他们共同的父亲的时候，有人行中国礼、有人行荷兰礼，便去杀死他们呢？尤其是父亲在家庭里还没有规定好应该用什么礼节向他表示敬意的时候。这样做的人，似乎与其说是好儿子，不如说是个恶弟兄。

我很明白这类格言简直会变成"令人深恶痛绝的信仰自由的

教条"，所以我仅仅报道事实。我严防自己成为教义议论家。然而还是应该承认：分裂基督教徒的各个宗派，倘若也能有这种谦虚精神，基督教界或许会少遭受几次战乱，少受几次革命的侵扰，少流几场血。

我们要怜悯那些攻击我们神圣天启的自然神论者。但是怎么会有那么多加尔文派、路德派、再洗礼派、聂斯脱利派①、阿里乌斯派②、罗马的仆从和罗马的敌手，有的那样嗜杀成性、野蛮残忍，而有的又惨遭不幸，有的迫害他人，而有的又受人迫害呢？因为他们都是"人民"。自然神论者虽然思想荒谬，怎么会从未危害人群呢？因为他们都是"哲学家"。人类为基督教曾付出了一千七百万人的生命，每一世纪还只以牺牲一百万人计算。不论是那些在法庭刽子手刀下丧生的，还是那些死于被人雇佣列身行伍的刀斧手的手里的，这一千七百万孤魂冤鬼都是为了他人的永久幸福和上帝的无上光荣而丧命的。

我见过一些人，他们都惊讶为什么自然神教既是很温和的宗

---

① 加尔文派，基督教新教宗派之一。16世纪宗教改革家加尔文（Calvin，1509—1564）所创。该派在教会内部主张民主，但对异己者进行残酷迫害，曾以火刑处死西班牙科学家塞尔维特。路德派：基督教新教宗派之一，为16世纪德国宗教改革家马丁·路德（Martin Luther 1483—1546）所创。该派反对教皇封建统治，支持德国贵族没收教会财产，但又支持封建王公对农民起义进行血腥镇压。再洗礼派：16世纪欧洲宗教改革时德国新教宗派之一。主张信徒于成年后应再次受洗，从而得名。信徒多为农民，参与1525年德国农民起义，遭到路德率领的德国贵族血腥镇压。聂斯脱利派：公元5世纪君士坦丁大主教聂斯脱利（Nestorius，约384—约440）所创教派。聂氏因否认圣玛利亚为天主之母，于公元431年被东罗马帝国以弗所公会议（即主教会议）革职充军，流放于利比亚沙漠。其信徒逃往波斯成立独立教会。该派认为耶稣一身兼神人二位。唐太宗贞观九年（公元635年）传入我国，取名景教。

② 亚历山大城教会神父阿里乌斯（Arius，280—336）所创异端宗派，反对三位一体的传统教义。视耶稣为完人，但无神性。该派为东罗马帝国数代皇帝支持，在相当长的时期曾与天主教会抗衡，后为尼西亚公会议禁止。

教，又很符合理性而却从未在民间广为流传。

在大小平民中，我们可以发现虔诚的卖草女人、热衷宗教的女商贩、莫利纳派的公爵夫人、为信仰再洗礼派而焚身的细心的女裁缝，还可遇到完全拥护路德或阿里乌斯的圣洁马车夫，而在这群人中却一个自然神论者也没有。这是因为自然神论既不能称为一种哲学体系，更不能叫作一种宗教，而大小平民也都根本不是哲学家。

洛克是一位公开的自然神论者。我在这位伟大的哲学家论述天赋观念的一章书里，发现他说人人对于正义都持不同的观念，便大吃一惊。倘若这话非属子虚，道德观念在人类中就不一致了，而上帝的声音也就不能为人所理解，也就没有什么天然宗教了，我跟他一样相信，在有些民族中，人们吃自己的父亲，而且认为跟邻居的妻子睡觉算尽到了友谊。即使真是这样，"己所不欲，勿施于人"这条规律也仍不失其为一条普遍规律；因为人们吃自己的父亲，是因为他年纪老迈，无力行动，很可能被敌人吃了，然而，对不起，与其被民族敌人把自己吃了，哪一位父亲又不情愿供自己子女饱餐一顿呢？而且吃父亲的人也希望自己轮到被子女大嚼特嚼。

倘若人们为对邻居效劳而同邻居的妻子睡觉，这是因为邻居无力生子而却想要个小孩儿，否则他就很苦恼了。在这两种情况之下和其他一切情况之下一样，"待人如待己"这一天然规律仍旧是有效的。其他一切规律，即使千变万化，也离不开这一条。所以明智的形而上学家洛克说，人根本就没有什么天赋观念，说人的是非观念也各不相同，他并非一定认为上帝没有赋给人类那种必然地支配他一言一行的自尊心的本能。

（王燕生　译）

乡村教士

一位教士,我为什么谈起一位教士来呢?就是一位伊玛姆①、一位塔拉布安②、一位婆罗门③,也都应该有体面的生活费用。教士在各地都应由祭坛供养,因为他是为公众服务的。但愿狂热的骗子不会在这里胆敢说我把一位天主教教士和一位婆罗门同等看待,说我把真理与欺骗相提并论。我仅仅是比较一下为社会做的服务工作,比较一下辛苦和报酬罢了。

我认为无论谁担任一种艰苦的职务,总应该由他的同胞们偿付他足够的报酬;我并非说他应拥有万贯家资,像吕居吕斯④那样豪华地进晚餐,像克劳狄那样盛气凌人。我同情一位乡村教士,他不得不跟他的不幸的教区信徒争一束小麦,起诉控告信徒;不得不征收扁豆和豌豆的什一税;不得不被人痛恨和痛恨别人;不得不在接二连三的争吵中度他的苦日子。这些争吵弄得他灵魂堕落,性情乖戾。

我更同情圣职俸禄仅能糊口的教士。有些称做征收什一税的

---

① 伊玛姆(iman 或 imam),伊斯兰教教长。
② 塔拉布安(Talapoin),18 世纪欧洲人把泰国佛教和尚叫作塔拉布安或译塔拉班。
③ 印度婆罗门教中的祭司。
④ 吕居吕斯(Lucullus),古罗马大将。在庞培之前,曾指挥过反击密特里达特(Mithridate)的战争。回师后,以生活豪华闻名于世。

大户修士,竟然给这位教士出 40 杜加银币①的报酬,支使他常年去离家三四公里远的地方,白天黑夜,日晒雨淋,踏雪踩冰,去完成那些最讨厌而且又常常是最无用的事务。然而征收什一税的大户的修道院长,却在那里饮他的沃尔内、博纳、香佩尔坦、西勒里②等地的名酒;吃他的山鹑和野鸡;同他的女邻居睡在鸭绒褥子上;又建造他的宫殿。两者相差悬殊,真有天壤之别呀。

在查理曼大帝时代,人们以为僧侣除开他的土地以外,还应该拥有征收他人土地什一税的权利;而这项什一税,算起耕种费用来,至少占去了收成的四分之一。为了保证什一税的缴纳,人们还规定什一税是什么神的权利。它又怎么成了神权的呢?上帝果真下降人间来把我的财产的四分之一交付给蒙·卡森、圣·德尼斯、弗尔得三个地方的修道院各位院长了吗?我不知道;但是过去人们在以倘、何烈、加底斯·巴尼亚三处沙漠荒野分给利未人 48 座城③和土地上所有产物的什一税。

好吧!征收什一税的大户们到加底斯·巴尼亚去吧;你们就住在这片荒无人烟的沙漠地带的 48 座城里去征收该地出产的鹅卵石的什一税吧,你们可就发大财了!

但是亚伯拉罕为所多玛而战斗,便向撒冷王兼祭司麦基洗德缴纳了什一税④。好吧!你们为所多玛而战斗吧;可是但愿麦基

---

① 杜加(ducat),法国古代银币名称,约值五个法郎。
② 沃尔内(Volnay)、博纳(Beaune)、香佩尔坦(Champertin)、西勒里(Silleri)都是法国汝拉(Jura)山区盛产名酒的地方。
③ 见《旧约·民数记》第 35 章 7 句:"耶和华在摩押平原……晓谕摩西说……你们要给利未人的城共 48 座,连城带郊野都要给他们。"以倘(Etam)、何烈(Horeb)、加底斯·巴尼亚(Cadès-Barné)均系沙特阿拉伯古代地名。
④ 见《圣经·创世记》第 14 章:亚伯拉罕(原名亚伯兰)听说他侄儿罗得和罗得的财物在所多玛被基大老玛等四个国王掳去,便率领家中精练壮丁前去击败敌人,夺回侄儿和财物,把所夺回的东西拿出十分之一来给撒冷王麦基洗德(Melchisédech)。

洗德别收割我所种的小麦。

在一个一百二十万平方公里的基督教国度里,在整个北方,在半个德意志,在荷兰和瑞士,人们都用公款支付僧侣的薪俸。在那些地方,法院里根本就没有封建主和僧侣之间、征收什一税的大户和小户之间、原告牧师和被告信徒之间的各种讼案,这是由于第三次拉特兰公会议①一项决议的缘故,但信徒们却从来也没听说过这次会议。

在今年1772年,那不勒斯王刚刚在他的一个行省取消了什一税;教士们薪俸从优,而全省庶民都对国王称颂不已。

据说埃及教士根本不收什一税。不收;但是有人却十分肯定地说他们把全埃及的三分之一的土地都据为己有啦。噢,真神奇啊!噢,这至少是难以置信的事。他们占有了一国三分之一的土地,却并没有在不久之后又占有其余的三分之二!

亲爱的读者,不要以为犹太人——一个永不低头的倔强民族,从来不会抱怨什一税啊。

请您读一读巴比伦的塔尔穆德古经②;您若是不懂迦勒底文,可以读出自吉尔贝·高尔曼③手笔的译文;全书连同那些注释,是由法布里西乌斯④整理出版的。您在这本书里可以读到一个贫苦的寡妇同大祭司亚伦的故事,看到这位寡妇的不幸遭遇怎么引起

---

① 1179年教皇亚历山大三世召开第三次拉特兰公会议,解决了1163年杜尔主教会议关于禁止交纳教会的封建性的什一税问题。
② 塔尔穆德古经(Talmud),犹太教经典。
③ 吉尔贝·高尔曼(Gilbert Gaulmin,1585—1665),法国语文学者,曾著书介绍摩西的一生。
④ 法布里西乌斯(J. Albert Fabricius,1668—1736),法国耶稣教神学家。

大坍、可拉、亚比兰三人和亚伦之间的争吵①。

书中说②：有一位寡妇仅有一只母羊，她要剪羊毛，亚伦便来把羊毛据为己有；他说："根据法典，羊毛应归我所有。经书上说，'你应该把第一批剪下的羊毛奉献给上帝'。"寡妇便哭哭啼啼地恳求可拉保护。可拉便去找亚伦。他的恳求没有效果。亚伦回答他说，根据法典羊毛应归他所有。可拉便给寡妇几个钱，就愤愤不平地回去了。

过了不久，母羊生了一只羊羔，亚伦又来把羊羔据为己有。寡妇又到可拉身旁哭泣，可拉徒然想要说服亚伦。这位大祭司便回答说：法典明文规定，"你的羊群头生的公羊应该是属于你的上帝的。"他便把羊羔吃了，可拉又怒气冲冲地走开了。

寡妇实在无法可想，便把那只母羊宰杀了。亚伦又来取走了母羊的前腿和肋条，可拉又来抱怨。亚伦便回答他说：明文规定，"你必须把肥肋条和前腿送给教士。"

寡妇苦恼得忍无可忍，便诅咒她的母羊。于是亚伦就对寡妇说，经书上写得明白："在以色列，一切被诅咒的都要归你所有"，他便把整只母羊拿走了。

并非十分有趣而却很奇怪的，倒是在兰斯的一件僧侣与市民之间的讼案中，从塔尔穆德古经里引证来的这个例子，竟然被公民这边的辩护律师引以为证。高尔曼还说他就是见证人。然而人们可以向他答辩说，什一税的征收户并不把人民所有的全部收了去；

---

① 大坍(Dathan)、可拉(Coré)、亚比兰(Abiron)、亚伦(Aaron)、摩西(Moise)均系《圣经》中人物。《旧约·民数记》第16章里曾提到这几个人，说大坍、可拉、亚比兰是以色列会众中的首领，因反对大祭司摩西和亚伦，被上帝使地裂口，吞没了他们三人及其人丁牲畜，下入地狱，大地裂口又重新合拢。故事见该章25—31句。

② 见该书165页297条。——伏尔泰

农户的伙计们也绝不容许。每人都分一份,这多么公道啊。而且,我们以为不拘是亚伦还是我们的哪一位教士也都并没有把我们可怜的国度里的寡妇们的母羊和羊羔据为己有呀①。

最好用我们已经印行过的那段对话作为《乡村教士》这篇公正的文章的结束语。

（王燕生　译）

---

① 什一税是在著名的 1789 年 8 月 4 日之夜宣布废除的。这是沙特莱(Châtelet)公爵在多少相互交错的提案中首先倡议的提案。这次取消什一税构成著名的法令第五条的目标：

第五条　各种性质的什一税以及代替什一税的租税,不拘以什么名称来征收,即使是一次支付的,由世俗的或正规的宗教团体、圣职薪俸领受者、教会产业、一切永久管业者等等所享有的,即使是由玛尔特修会(l'ordre de Malte,源于十字军的教会组织)和其他教会或军事团体所享有的,以及为换取圣职薪俸而让与非教会的世俗代理人的什一税,一律废除。除非考虑到用另外一种方式补助举行宗教仪式的费用,维持祭坛司祭们的生活费用,用作救济贫民、修葺和重建教堂与教区本堂神甫住所的费用,用作维持一切机关、修道院、小学、中学、医院、教会团体等的费用不予废除……至于其他的什一税,无论什么性质的,均将由国会规定其赎回方式。——乔治·阿弗内尔。

信仰自由

信仰自由是什么呢?

这是人类的特权。我们大家都是由弱点和错误塑造成的。我们要彼此原谅我们的愚蠢言行,这就是第一条自然规律。

但愿在阿姆斯特丹、伦敦、苏拉特①或巴士拉②的交易所里,拜火教徒、巴尼安派③教徒、犹太教徒、伊斯兰教徒、中国一神教徒④、婆罗门教徒、希腊基督教徒、罗马基督教徒、耶稣教徒、贵格派教徒,都在一块儿做生意:他们不会为招揽人心而彼此动刀子。可是我们却为什么从第一届尼西亚主教会议以来就一直不断相互厮杀呢?

君士坦丁大帝起初先是颁布法令允许各种宗教并存,最后却又加以迫害。在他以前,有人起来反对基督教徒,只是因为这些教徒想在国内结成一党。罗马人容许人们信仰任何宗教,就是信仰犹太教和埃及的宗教也可以,虽说他们对于犹太人和埃及人本来是很看不起的。为什么罗马容纳这些宗教信仰呢?因为无论是埃

---

① 苏拉特(Surate),印度坎贝湾东海岸一城市。
② 巴士拉(Bassora),或 Basra,伊拉克靠近波斯湾一港口。
③ 巴尼安派(les banians),婆罗门教中的一宗派。
④ 指所谓儒教教徒。

及人也好犹太人也好,他们都并不想消灭这个帝国原有的宗教信仰,并不到处奔波去招收新教徒,只是想赚钱;不过也不可否认基督教徒是想要让他们的教占优势的。犹太人不愿意叫朱庇特像立在耶路撒冷,而基督教徒却也不愿意朱庇特像立在卡皮托勒①。圣·托马斯老老实实承认基督教徒之所以没有废黜皇帝,是因为他们做不到。他们的想法是全世界都应当信奉基督教。所以他们必然是敌视全世界,直到世人都改信基督教。

基督教徒争论种种问题都互相敌视。首先要把耶稣·基督当作上帝,凡是否认的都当作是艾比雍派②异端分子而被开除出教,可是后者也把崇拜耶稣的教徒开除出教。

有的基督教徒主张一切财产都共有,因为他们认为在使徒时代财产是共有的。反对派便称他们为尼古拉派,并且硬说他们犯了滔天大罪。另外有些基督教徒追求一种神秘的崇拜,人们又说他们是直观教派,并且气势汹汹地群起而攻之。马尔西翁对于三位一体有所争论,人家就把他当作偶像崇拜者。

德尔图良、普拉克塞阿斯、奥立泽尼、诺瓦、诺瓦蒂安、萨柏利乌斯、多纳③这些人在君士坦丁大帝以前都曾经被他们教内弟兄们迫害过;君士坦丁刚一推行基督教,阿塔纳斯④派跟攸栖比乌斯⑤派便互相残杀起来,而从那时起直到现在,基督教会内简直是

---

① 卡皮托勒(Capitole),罗马七座名山之一,上有朱庇特庙。
② 艾比雍派是公元1世纪由艾比雍(Ebion)创立的宗派,他们否认耶稣的神性。
③ 德尔图良(Tertullien)、普拉克塞阿斯(Praxéas)、奥立泽尼(Origène)、诺瓦(Novat)、诺瓦蒂安(Novatien)、萨柏利乌斯(Sabelius)、多纳(Donat)等人都是基督教初期的主教或神学家,各立异说,故受迫害。
④ 阿塔纳斯(Athanase,295—373),亚历山大城主教,著名神甫。
⑤ 攸栖比乌斯(Eusèbe 即 Eusebius,267—340),塞扎雷主教,名著有《教会史》,是宗教史的鼻祖。伏尔泰《哲学通信》中,译为欧瑟伯。

血流成河。

我老实说,犹太民族本是一个很野蛮的民族。他们把一个不幸的小地方的居民无情地杀光①,而他们对于这个地方跟他们对于巴黎和伦敦是一样无权过问的。可是,当乃缦在约旦河里浸了七次治愈了他的麻风病,为感谢以利沙告诉他这个秘法②,便对以利沙说他由于感激,愿意崇奉犹太人的上帝,但是他要保留仍旧崇奉他国王所信仰的上帝的自由。他请以利沙允许他这样做,而这位先知便毫不迟疑地答应他了。犹太人信奉他们自己的上帝,却从来也不奇怪每个民族都有自己的上帝。他们认为沙摩斯曾经划给摩押人一个地区是对的,只要他们的上帝也给他们划拨一块地方就好了。雅各并不迟疑娶一位偶像崇拜者的女儿为妻。拉班③跟雅各一样都信自己的上帝。这就是整个古代最心胸狭隘而残忍的民族中的信仰自由的实例。我们却模仿了他们那些糊涂的凶狠行为,而没有学习他们的宽恕之道。

任何人,由于一个人,他的兄弟,跟自己信仰不一样,便迫害他,显然是个怪物。这一层不难理解。但是,政府、检察官、国王们又怎样对待与他们自己信仰不同的那些人呢?如果是强有力的外人,一位国王必然会与他们联合。弗朗索瓦一世虽然笃信基督教,定然会与伊斯兰民族联合来反对那位也很笃信基督教的查理·昆特。弗朗索瓦定然会资助德国的路德派支持他们来反对德皇,可是,他又照例在他国内开始焚烧起路德派来。由于政策,他在萨克

---

① 见《圣经旧约·出埃及记》第 17 章。
② 乃缦(Naaman),《圣经》人物,犹太亚兰王的元帅。以利沙(Elisée)犹太先知。故事见《圣经旧约·列王纪下》第 5 章。
③ 拉班(Laban)是雅各的岳父,崇拜偶像。《圣经旧约·创世记》第 31 章 19 句说雅各妻子"拉结偷了他父亲的神像"。

斯赏路德派钱；由于政策，他又在巴黎焚烧他们。然而结局又如何呢？越是迫害，皈依路德派的就越多。没有多久，法国便到处是新入教的耶稣教徒。起先，他们被人绞杀，后来他们又绞杀他人。发生内战是必然的事了，继之而来的，自然会发生圣·巴泰勒米之夜大屠杀，而在世界的这个角落里，比古往今来世人谈论过的地狱的情况还更糟。

  丧心病狂的人，你们从来也没能对创造你们的上帝表示纯洁的崇敬！不幸的人，你们从来也不学习挪亚后裔、中国通儒、波斯教徒和一切圣贤的模范言行！怪物，你们需要迷信，好似乌鸦的嗉囊需要臭肉一样！如若你们有两种宗教，它们就会彼此誓不两立；如若你们有30种宗教，它们就会相安无事。请看土耳其皇帝，他统治着拜火教徒、巴尼安派婆罗门教徒、希腊基督教徒、景教徒、罗马教徒。谁若是敢煽动骚乱，就处以木桩穿身刑，人人也就都安静了。我们已经对你们说过这些了，再没有别的话对你们好讲了。

（王燕生　译）

论灵魂

如果能看见一个人的灵魂,当然是件幸事。"认识你自己"确是一句至理名言,可是只有上帝才能付诸行动,因为除了他谁能知道自己的本质?

我们认为灵魂是有生命的东西,由于我们智力的限制,对它的了解只能局限于此。人类的四分之三不再继续探索,也不再为这个思想本质而操心,可剩下的四分之一仍在寻找答案,但没有人找到过,将来也不会有人找到。

可怜的哲学家,你看见一株生长的作物,于是你就说"生长",或者甚至说"生长的灵魂";你觉察到人体有运动而且传递运动,于是你就说"力量";你看见猎狗在你的指导下学会了工作,于是你就惊呼"本能","灵敏的头脑";你有复杂的思想,于是你就说"智力"。

真是天可怜见,你对这些词理解了些什么呢?这朵花在生长,是否有一个真正的本质叫"生长"?这个人体推动着另一个躯体,它自身是否具有一个叫"力量"的独特的本质?这条狗叼回一只斑鸠,是否就存在一种叫"本能"的本质?如果一个智者(明智的人,假设他是亚历山大的老师)①告诉你:"所有的动物都活着,因此他

---

① 这里暗指亚里士多德的泛灵论。

们内部有一个本质，一个实体的形式，这就是生命。"你会不嘲笑他吗？

如果一株郁金香能说话，告诉你："我的生长和我是两个存在，尽管我们看上去是联系在一起的。"你会不嘲笑郁金香吗？

让我们首先来看看你知道的东西和你能肯定的东西：你用脚走路，用胃消化食物，用全身去感受，用头脑去思考。让我们看看，在没有超自然力的帮助下，单凭你的理智，你是否有足够的理解力能得出这样一种结论：你有一个灵魂。

第一批哲学家，无论是迦勒底人还是埃及人都说："我们身体中一定有某种东西在产生思想，这种东西一定很微妙，它是气，是火，是以太，是（空气、水、火、土之外的）第5种基本物质，是幻虚的影像，是生命的原理，是数，是和谐。"最后，据神圣的柏拉图说，灵魂是由不可分的、不可变的东西与可分的、可变的东西所合成的。伊壁鸠鲁在德谟克利特以后说，"是我们身体内的原子产生了思想。"可是我的朋友，原子怎么能思考呢？这是承认你对此一无所知吧。

我们无疑应该接受这种观点，那就是灵魂是一种非物质的东西，可是你们肯定想象不出这个非物质的东西是什么。"不，"博学的人回答说，"我们知道它的本质是思考。"你是怎么知道这一点的？"我们知道它，是因为它在思考。"啊，圣人！我非常担心你们和伊壁鸠鲁一样无知：向下落是石头的本质，因此它向下落，但请问是谁使它向下落的呢？

"我们知道，"他们继续说，"石头没有灵魂。"确实如此，这一点我同意。"我们知道否定和肯定是不可分割的，不形成物质的组成部分。"是的，我也这样认为。但对我们来说是陌生的物质的其他部分拥有无形的和不可分割的特征，它有上帝赋予的万有引力的特性,这个万有引力没有部分,不可分割。人体的运动力不是由部分组成的存在,也不是有机体的生长,它的生命、它的本能并没有独特的、可分割的本质;你不能把一朵玫瑰的生长、一匹马的生命和一条狗的本能一分为二,就像你不能把感情、把否定和肯定一分为二一样。因此,你们那援引自思想的不可分割性的动听的辩论什么也证明不了。

那么,你们称之为灵魂的是什么呢?你们对它有什么见解?没有启示,仅靠自己你们不可能得到其他任何东西,除了一种未知的感受和思考的能力之外。

现在请坦率地告诉我,这种感受和思考的能力和使你们消化和步行的能力是一样的吗?你们会同意我的观点说不是的,因为你们的理解力可以无止境地对胃说:"消化",如果胃生病了,它就不会服从;如果你的脚生了痛风,即使你的非物质的本质命令你的脚步行也无济于事,它们只会待在原地不动。

希腊人清楚地看到思想在器官活动时什么也不做,他们把动物的灵魂赋予这些器官,并赋予思想一个更优美、更精妙的灵魂。

但是,请注意:这个思想灵魂常常支配动物灵魂。思想灵魂命令它的手抓东西,手便抓东西,但它没有叫它的心脏跳动,叫它的血液流动,叫它的胆汁形成,所有这些没有它也会产生,因此在这里我们有两个令人非常困惑、无法做主的灵魂。

这个动物灵魂肯定不存在,它只不过是你器官的运动。啊,人类,你微弱的理智不能更好地提供另外一个灵魂存在的证明。你只有通过信仰才能了解它。你出生了,你生活,你行动,你思考,你醒了,你睡着了,却不知道它们是怎样进行的。上帝给予了你思想的功能,就如他给了你其他的一切一样,如果在上帝宠幸的那些年代里,上帝没有告诉你有一个非物质的、永恒的灵魂,你就不会有丝毫灵魂存在的证明。

让我们来仔细探讨一下你们围绕这些灵魂所构造的优美的哲学系统。

一个人声称人类的灵魂是上帝本体的一部分;第二个人声称灵魂是大整体的一部分;第三个人声称灵魂是从所有永恒的事物中创造出来的;第四个人声称灵魂是制造出来的,而不是创造出来的;其他人断言上帝塑造了灵魂,因为人类需要灵魂,灵魂在交媾的时候到来。"它们停留在动物的精液里。"一个人叫道。"不,"另一个人说,"它们占据着输卵管。""你们错了,"一个新来的人说,"灵魂花 6 周的时间等待胎儿的形成,然后占据松果腺,要是它碰到了流产,它就转回来等待一个更好的机会。"最近的观点是灵魂在大脑内部,这是拉·贝罗尼①给它指定的位置,一个人首先要成为法国国王的首席外科医生,然后才能确准灵魂的位置。不过一般人的大脑内部不存在像他那样的外科医生这样伟大职业的前提。

圣托马斯 75 岁时在他的文章中说,灵魂是维持生命之物,是一切的一切,它的本质不同于它的力量,有三种生长的灵魂,那就是:有营养的、有增加力的和有生殖力的;他还说对精神事物的记忆是精神方面的,对肉体事物的记忆是肉体方面的;并说理智的灵魂具有"功能是非物质的,存在是物质的"形式。圣托马斯写了 2 000 页如此有力,如此清晰易懂的文章,因此他称得上是经院哲学家的天使。

许多体系已经被创造出来,都是有关灵魂离开了它感觉的身体时的感受:没有耳朵它怎么听,没有鼻子它怎样嗅,没有手它怎

---

① 拉·贝罗尼是当时的脑外科专家。

样摸,后来,灵魂又重新回到身体里去——一个两岁时的身体或80岁时的身体;这个和我一样的人,将如何生存下去;一个在15岁时变成低能儿,到70岁死时还是低能儿的灵魂怎样重新找到青春期的思绪;一个在欧洲砍断了腿,在美国失去了胳膊的灵魂用什么样的绝技才能恢复这条腿和这条胳膊,因为早就变成植物的这条腿和这条胳膊已经成为某个动物的血液。如果有人想把这个可怜的人类灵魂自己想象出的所有的夸夸其谈都记录下来,那是绝对做不到的。

非常古怪的是:在上帝臣民的所有法律中,竟对灵魂的精神性和不朽性只字不提。在十诫中,在《利未记》和《申命记》中也没有提到过①。

毫无疑问,摩西从未向犹太人允诺过来世会有奖赏和惩罚,也从未向他们谈起过灵魂的不朽性,因为有关来世的字眼一个都找不到。

一些杰出的注释者们相信摩西十分清楚地意识到了这两条伟大的教义,他们用雅克的话来证明这一点,雅克在以为他的儿子被野兽吞噬后,悲惨地说:"我将和我的儿子一起进坟墓,下地狱。"也就是说,既然我的儿子死了,我也要死。

他们用(《圣经·旧约全书》中的)《以赛亚书》和《以西结书》中的片断来进一步证明这一点,可是摩西告诫的希伯来人既不可能读到《以西结书》,也不可能读到《以赛亚书》,因为他们不可能活到几个世纪以后。

为摩西晦涩的观点而争辩是毫无价值的。事实是他在公共法律中从没提到过来世,他把所有的奖惩都局限于现世。如果他知

---

① 《利未记》和《申命记》均出自《圣经·旧约全书》。

道来世，他为什么不清楚地宣布这条伟大的教义呢？如果他不知道来世，他传教的目的又是什么呢？许多伟人都提出过这个问题，他们的答案是：摩西和人类的主人在当时保留了向犹太人解释任何一条教义的权利，因为那时犹太人生活在沙漠里，尚无理解这些教义的能力。

如果摩西宣布了灵魂的不朽性这条教义，对犹太人来说就一定会有过去和未来的奖赏和惩罚之说，可他从未向他们谈起过灵魂的不朽性，他从未提出过天堂的希望，也从未用地狱威胁过他们，一切都是现世的。

在他去世以前，他在他的《申命记》中告诉他们：

如果你们在有了子女和子孙后行为不端，你们将从大地上被消灭，或被贬低到一些非犹太的民族中去。

我是一个要求绝对忠实和崇敬的上帝，凡恨上帝者，由父及子，罪究三四代。

孝敬父母你们就会福寿绵长。

你们会有充足的食物，永无匮乏之虞。

如果你们跟从陌生的神祇，你们将被毁灭……

他们坚持灵魂是不朽的：据他们说，灵魂从天空最高处以空气的形式降入人体，它们再由一股强烈的吸引力带回天空；好人的灵魂死后生活在大洋彼岸的一块土地上，那里既不冷也不热，既没有风，也没有雨，坏人的灵魂则去一个气候十分恶劣的地区。这就是犹太人的神学。

只有摩西一个人教育所有人去谴责这三个宗派。没有他，我们绝对不可能知道有关我们灵魂的任何事，因为哲学家们对它从来没有使用过固定的概念。由于这个在我们之前的世界上唯一正式的立法者，这个和上帝当面谈过话、仅从后面看见上帝的摩西，在这件大事上使人们处于极度无知的状态,因此,我们可以肯定灵魂的存在及它的不朽性之说只有 1 700 年的时间。

西塞罗只是怀疑,他的孙子和孙女从来到罗马的第一批伽利略家族的人那里才了解到真相。

可是在那以前以及在那以后,在传道士没有到过的世界的其他地方,每个人一定对自己的灵魂说过:"你是谁?你从哪里来?你在干什么?你要去哪里?我不知道你是什么,可是你在思考,在感受,如果你思考和感受亿万年而没有上帝的帮助,凭你自己的智力,你对此绝不会有更多的了解。"

啊,人类!上帝赐给你们理解力是为了让你们行为得体,而不是为了让你们去看穿他创造出来的东西的本质。

洛克是这样想的,在洛克以前,伽桑狄也是这样想的,在伽桑狄以前许多聪明的人也是这样想的,可我们当中的一些后人还知道这些伟人所不知道的一切。

理智的一些狡猾的敌人竟敢跳出来反对这些被所有聪明人承认的真理。他们厚颜无耻到了这种地步:竟把灵魂就是物质这一断言栽赃到本书①的作者身上。天真无邪的迫害者们,你们非常清楚地知道,我们说的都是些反话。你们一定看到过这些字眼:"可是我的朋友,原子怎么思考呢?承认你对此一无所知吧。"很显然,你们是造谣中伤者。

没有人知道叫作灵魂的真正的本质究竟是什么,尽管你们也给它起了一个物质名称,意思是风。像我们这样才智有限的生物要想知道我们的智力是物质还是功能是不可能的,因为我们既不能完全知道广延的物质,也不可能知道思想的本质,也不可能知道

---

① 即指《哲学辞典》这本书。本书选译自该书。

思维的机制。

尊敬的伽桑狄和洛克,我们向你们保证,我们对创造者的秘密一无所知。那么你们是无所不知的诸神吗?我再说一遍,只有通过启示,我们才能知道灵魂的本质和归宿。还有什么要说的呢?!这个启示对你们来说还不够吗?你们一定是我们所坚持的启示的敌人,因为你们迫害期待从启示中得到一切并且只相信启示的人。

我再说一遍,我们相信上帝的话,而你们是理智和上帝的敌人,你们辱骂别人,你们对待哲学家的谦卑的怀疑和谦卑的顺从就像伊索寓言里的狼对待羊羔一样,你们告诉他:"去年你说了我的坏话,我必须吸干你的血。"这就是你们的行为。你们很清楚,你们迫害了智慧,因为你们认为聪明的人鄙视你们。众所周知,你们这样说过:你们感觉到了你们自己的长处,你们想为自己报仇。哲学不想报仇,她平静地嘲笑你们徒劳的努力,她温柔地启发人类,而你们却想残酷地对待人类,让他们变得和你们一样残酷。

(余兴立　吴萍　译)

论命运

在所有流传下来的西方书籍中,《荷马史诗》是最古老的。正是在《荷马史诗》中我们发现了不敬神的古代风俗、世俗的英雄和以人的形象出现的世俗的诸神。可是也是在那里,我们发现了哲学的开端,其最重要的是命运的概念,因为命运是诸神的主人,如同诸神是世界的主人。

当高尚的赫克托耳寸步不让地坚持要和高尚的阿基里斯战斗,并且为此在战斗前竭尽全力绕城跑三圈以增加活力;当荷马把追逐赫克托耳的、步履轻捷的阿基里斯比作一个在睡觉的人时(达西埃夫人对这段描写的艺术和深刻含义心醉神迷地欣赏);朱庇特想拯救赫克托耳,但这是徒劳的;他请教了命运,他在天平上称了赫克托耳和阿基里斯的命运,他发现这特洛伊人注定要被这个希腊人杀掉,他无法抵抗。从那时起,赫克托耳的保护神阿波罗就被迫抛弃了他。

荷马的诗歌里确实含有大量截然相反的思想,这在古代是允许的,可他是第一个描写了命运这个概念的人。因此,这个概念在他的时代必定是非常流行的。

小小的犹太人中的法利赛人直到7个世纪以后才接受了命运的概念,因为这些法利赛人是第一批识字的犹太人,他们自己也刚刚出现不久。在亚历山大,他们把斯多葛派的部分教义和古代犹太人的思想混合了起来。圣哲罗姆甚至断言他们的教派不比公元早多少时候。

哲学家们不需要用《荷马史诗》和法利赛人来使自己相信:所有事件都是由不可改变的规律制约的,一切都是安排好的,一切都是一个必然的结果。

世界要么靠它自己的本性和它的物质规律而存在,要么是一个万能的主根据他至高无上的规律造就了世界。在这两种情况下,这些规律都是不可改变的,而且一切都是必然的。重体向地心落,它不能停留在空中;梨树绝对长不出菠萝;长毛垂耳狗的本能不可能是鸵鸟的本能;一切都是安排好的、搭配好的、并受到限制的。

人类只能有一定数量的牙齿、头发和思想,总有一天他必须失去牙齿、头发和思想。

说昨天的情况不代表昨天,今天的情况不代表今天是矛盾的,说必然发生的事不一定发生也是矛盾的。

如果你能改变一个苍蝇的命运,就没有什么东西能阻挡你创造所有其他苍蝇、所有其他动物、所有人和所有自然的命运。当一切都说了并做了以后,你就会发现你自己比上帝更强大。

傻瓜说:"我的医生把我的姊姊从一个致命的病中救活了,他使她比命中注定的要多活了 10 年。"

假装比前者懂得多的傻瓜说:"谨慎的人创造自己的命运。"

"如果我们明智的话,命运就不会有神力。是我们让她成了女神,并把她放在天堂里的。"

"命运什么都算不上,崇拜它是徒劳的。谨慎是我们唯一应该向之祈祷的神。"①

但是谨慎的人根本不能创造自己的命运,他们往往是屈服于命运的,也就是说谨慎的人是由命运创造的。

渊博的政治家们说,如果克伦威尔、拉德路·敦尔顿和其他十几个国会议员在查理一世被砍头前一周被谋杀,这个国王就会继续活下去,并在床上寿终正寝。他们说得对。他们也能宣称:如果整个英国被大海淹没,这个君主就不会死在白房间的断头台上。可是事情就是这样安排的,查理一世必须被砍头。

多塞特红衣主教无疑比珀蒂特——迈松里的一个疯子要更谨慎,可是聪明的奥萨特的器官和疯子的器官构造是不同的,就像狐狸的器官和鹤与云雀的器官不同一样,这难道不是很明显的吗?

你的医生救了你婶婶的命,可他这样做肯定没有否定自然的意愿,他只是服从了它。很显然,你的婶婶不能阻止自己出生在一个特定的镇上,她不能阻止自己在一个特定的时间生某种疾病,而那个医生也只能在他所在的镇上;你的婶婶不得不去请他;他不得不开治愈了她病的药。

农民认为冰雹是偶然落到他田里的,可哲学家知道没有偶然,由于世界是像目前这样组成的,冰雹不可能不在那天落到那个地点上。

有些人害怕这个真理,只接受一半,就像欠债的人把一半钱还给债主,要求免掉剩下的一半那样。他们说,有必然的事件,还有其他不是必然的事件。这个世界的一部分是安排好的,另外一部分则不是,如果说发生的一切的一部分是必然发生的,另一部分则不是必然发生的,那是可笑的。当人们仔细研究这一点时,就可以

---

① 引自罗马讽刺诗人尤维纳利斯的讽刺诗。

看到反对命运的学说是荒谬的。可有许多人命中注定其思考能力很差,而其他人命中注定根本不需要思考,还有人命中注定要迫害思考的人。

有些人告诉你:"不要相信宿命论,因为,如果一切都显得是不可避免的,你就不会致力于任何事,你就会对一切都漠不关心,你将不会喜爱财富、荣誉和赞美;你将不想获得任何东西;你将相信自己既没有价值、也没有力量。你将不去培养才能;一切将在漠然中消失。"

不用害怕,先生们。我们将永远拥有激情和偏见,因为受偏见和激情的支配是我们的命运。我们非常清楚:能否拥有许多优点和杰出才能并不取决于我们自己,就如同能否拥有一头秀发和漂亮的手不取决于我们自己一样。我们深信不该对任何事情存有虚荣心,可我们将永远是好虚荣的。

我写这文章时必定有激情,而你,你谴责我时也有激情,我们两人都同样愚蠢,同样是命运的玩物。你的本性是作恶,我的本性是热爱真理,不管你的看法如何,我都要把真理写出来。

在窝里吃老鼠的猫头鹰对夜莺说:"不要在你那棵荫凉的树上唱歌了,到我洞里来让我吃掉你。"夜莺回答说:"我生来就是为了在这里唱歌并嘲笑你的。"

你问我自由意志的情况如何,我不理解你,因为我不知道你说的这个自由意志是什么。关于它的本质你和别人已争论了这么长时间,因此你肯定不知道它。如果你想心平气和地和我探讨它是什么,或者说如果你能够这样做。去看看字母 L[①]。

(余兴立 吴萍 译)

---

① 自由意志的法语词是 liberté。

论宗教法庭

众所周知,宗教法庭是一个令人钦佩的、彻头彻尾的基督教的发明物,它使教皇和教士更有权势,使整个王国更虚伪。

人们通常认为,我们该把这个神圣的机构首先归功于圣多明吾。实际上,这个伟大的圣徒在这些话中也显示了他的专利:

"我,多明吾兄弟使教会宽恕一个带来这些礼物的罗歇,条件是连续3个星期天,他都要让一个神父用鞭子抽着他从城门走到教堂门口;他要终生不吃肉;一年中要大斋3次;不准喝酒;要穿上带十字的神圣的贝尼托①,每天要背祈祷书,白天10遍,夜里20遍;从今以后要节欲,每月要去见教区神父,等等;这一切都是对他作为异教徒、作伪证、悔悟不改的惩罚。"

虽然多明吾是宗教法庭的真正奠基人,但却是最可敬的作家之一,宗教法庭最杰出的人物之一卢多维克斯·德·帕拉莫②在他书中的第2卷第2版中写道,是上帝首先设立了宗教法庭,他行使了教士的权力来审判亚当。亚当是第一个被传上法庭的人,"亚当,你在哪里?"而且他补充说,实际上,如果亚当没有被传上法庭,

---

① 一种忏悔的外衣。
② 这一切都是讽刺,帕拉莫是一个默默无闻的编年史作家。世人只知道他写过一本荒诞的历史书。

上帝的法律程序就会变得无效。

上帝给亚当和夏娃做的皮衣是宗教法庭强迫异教徒穿的神圣的贝尼托的样板。确实,这种断言证明了上帝是第一个裁缝,但同样显而易见,他又是第一个审判官。

亚当被剥夺了他在尘世的伊甸园里所拥有的一切不动产,因此宗教法庭没收所有被定罪的人的财产。

卢多维克斯·德·帕拉莫说,所多玛的居民被作为异教徒烧死了,因为鸡奸是一种确认无疑的异教。接着他又谈到犹太人的历史,在他们的历史上,他到处发现宗教法庭。

耶稣基督是新法律的第一个审判官。教皇是神权所授的审判官,他们最后又把权力交给了圣多明吾。

接着他又计算了所有被宗教法庭处死的人,发现其人数竟超过10万。

他的书于1598年在马德里印刷出版。此书得到了神学家的赞同,也得到了主教的称赞和国王的准许。如今我们已无法立刻想象出当初的放肆和可恶的恐怖,但是接着就会明白,没有什么事情比这更自然、更启发人了。当人们变成宗教狂时,他们和卢多维克斯·德·帕拉莫一模一样。

这个帕拉莫说话浅显易懂,对日期记载得也很准确,他没有忽略任何有趣的事实,他一丝不苟地计算出了所有国家的宗教法庭所杀戮的受害者的人数。他以最清晰明了的方式描述了葡萄牙建立宗教法庭的经过,他完全同意记载这同一事件的其他四个历史学家的看法。下面是他们一致的记载。

在15世纪初期,教皇卜尼法斯九世长期以来一直委派传教的修道士从葡萄牙的一个城镇走到另一个城镇,烧死异教徒、穆斯林和犹太人。但他们是巡回执法的,甚至国王们有时也抱怨说他们是令人头痛的。教皇克雷芒七世想给他们在葡萄牙安一个定居的家,就像他们在阿拉贡和卡斯蒂利亚的那样。但罗马宫廷和里斯本宫廷素有不和,积怨加深了,宗教法庭深受其害,也就没有完全建立起来。

1539年,一个罗马教皇的使节出现在里斯本。他说他来是为了在不可动摇的基础上建立宗教法庭。他给约翰三世国王带来了保罗三世教皇的信。他还从罗马带来了给宫廷主要官员的其他信件;他的使节证书是正式地封口、签了名的;他展示了任命宗教法庭庭长和所有法官的委任状。实际上他是一个叫萨韦德拉的骗子,他能模仿任何人的笔迹,伪造并贴上假封印和邮票。他在罗马学会了这门手艺,并在塞维利亚使这门手艺达到了炉火纯青的地步,他和其他两个无赖从塞维利亚一起来到里斯本。他的生活极讲排场,随从由120多名雇员组成。为了维持这项巨大的开支,他和他的两个同谋在塞维利亚以罗马使徒议院的名义借了巨款。整个事情是以令人目瞪口呆的手段来策划的。

起先,葡萄牙国王对教皇不预先通知他就派一个使节来的做法感到吃惊。这个使者傲慢地回答说,在建立稳固的宗教法庭这样紧急的事上,教皇陛下不能容忍任何耽搁,国王能第一个从教皇派来的使者那里得知这一消息,这已经是够荣幸的了。国王不敢再说什么。就在当天,这个使节建立了一个很大的宗教法庭,到处派人去征收农产品什一税,在宫廷接到罗马的回复以前他已经烧死了200人,收集到20万克朗。

这个使节在塞维利亚用伪造的期票向一个西班牙贵族比利亚诺瓦侯爵借了大量的钱,后来,比利亚诺瓦侯爵认为最好还是直接采取行动追回欠款,以免和里斯本这个骗子有牵连。这个使节当时正在西班牙边境巡回,比利亚诺瓦带着50人赶到那里,把这骗子带到了马德里。

这个骗局很快在里斯本被揭穿了,马德里议会判处这个萨韦德拉使节鞭刑,并在单层甲板大帆船上划10年桨。但奇妙的是:保罗教皇四世后来批准了这恶棍所建立的一切。通过充分地使用他神圣的权力,他纠正了法庭程序中所有细小的不规范的条文,把完全是人性的东西神圣化了。

"上帝屈尊使用他的权力,这有什么关系?"①

于是宗教法庭就在里斯本建立起来了,整个王国对此天意无不感到迷惑不解。

至于其他,这个法庭的程序大家都很熟悉。我们知道它们和世界上所有其他法庭的假公道和无理智没有多大区别。人们一旦告发最臭名昭著的人物就会受到监禁。儿子可以告发父亲,妻子可以告发丈夫。人们从来不能和控告者对质。为了法官们的利益,财产被没收,至少宗教法庭直到现在为止一直都是这样做的。这里想必有某种神圣的东西存在,因为人们居然有耐心忍受这种枷锁,这确实令人不可思议。

终于,阿兰达伯爵受到整个欧洲的祝福,因为他剪掉了这个怪物的指甲,锉平了它的牙齿,但它还在呼吸。

(余兴立　吴萍　译)

---

① 这句话引自伏尔泰自己的著作《扎伊尔》。

论迫害

我不会把戴克里先叫作迫害者,因为他保护基督教徒有整整18年;如果说在他统治的最后一段时期内,他没能把他们从加莱里乌斯的敌意中救出来,那是因为他在那件事上只是一个国王,就像许多其他国王一样,阴谋导致他叛离了自己真正的性格。

我更不会把迫害者的名字加给图拉真和马可·奥勒利乌斯,那样我会觉得自己像一个亵渎神明的人。

什么样的人才是迫害者?就是那些自尊心受到伤害的冲动的宗教狂,他们激怒国王或行政官以反对无辜的罪人,所谓有罪仅仅在于持有不同观点。"鲁莽的家伙,你崇拜上帝;你宣传美德,实践美德;你为人类服务,安慰人类;你给孤女找到了家;你帮助了穷人;你把几个奴隶苟延残喘的沙漠变成了居住着幸福家庭的富饶的农村。但我发现你鄙视我,你从未读过我已发表的辩论文章;你知道我是个恶棍,你知道我伪造了 G……的笔迹,你知道我偷了……;你可以这么说,但我必须先发制人①,因此我要到首相或法官的忏悔神父那里去。我将低声下气地用我的如簧之舌向他们显示:你在谈到70岁的人被关押的牢房时持有错误的观点;10年

---

① 受迫害人的形象是伏尔泰自传的一部分。

前你以毫不尊敬的态度谈论托拜厄斯的狗,并坚持认为它是一种长毛垂耳狗,但我却可以证明它是一种善于赛跑的狗;我将谴责你是上帝和人民的敌人。"这些就是迫害者的语言,如果他嘴里没说出这些话,那它们就是被用饱蘸妒忌、刻毒、狂热的雕刻刀刻在他的心上的。

耶稣会会士勒泰利耶迫害诺阿耶主教,朱里厄迫害培尔就是这样的。

法国开始迫害新教徒时,不是弗朗西斯一世,不是亨利二世,也不是弗朗西斯二世先对这些不幸的人进行监视,蓄意迫害,并狂怒地对他们开枪,把他们烧死来报仇的。那时,弗朗西斯一世正忙于应付埃唐普公爵夫人,亨利二世正忙于应付他的老戴安娜,而弗朗西斯二世还太年轻。那么是谁引起这些迫害活动的?是嫉妒的神父们!是他们引出了行政官的偏见和大臣们的政治花招。

如果国王们没有受到欺骗,如果他们预见到迫害会引起50年的内战,国家的一半会被另一半消灭,他们的泪水会熄灭被点燃起的第一堆火葬用的木柴。

啊,仁慈的上帝!如果有人像这个不停地忙于毁掉你劳动的恶人,他难道不是迫害者吗?

(余兴立 吴萍 译)

论暴政

　　无视法律，只知道随心所欲的君王，只知道攫取他臣民财产的君王，强征人民当兵去掠夺邻国财产的君王就叫作暴君。欧洲没有这样的暴君。

　　一人暴政和数人暴政是有区别的。几个人的暴政是侵犯他人权利、依据颠倒的法律施行专政的团体。欧洲也没有这样的暴君。

　　你愿在何种暴政下生活？一种也不愿意。但是如果我必须选择，我对一人暴政的反感要少于数人的暴政。一个暴君总有些好的时刻，一群暴君则从无好的时刻。如果一个暴君对我做了一件不公正的事，我可以通过他的情妇、他的忏悔神父或他的侍童去使他罢休；但所有诱惑都不可能接近一群严肃的暴君。即使它没有不正义时，它至少也是严厉的，它从不给人……

　　如果我只有一个暴君，当我看见他走过时，我可以用以下的方式逃脱：紧贴墙边，匍伏在地，用前额碰地，或使用其他无论哪个国家的风俗习惯。但如果有100个暴君，我就有一天重复100次礼仪的危险，如果膝盖很硬的话，长期下来就会有厌倦的感觉。如果在我们君主之一的附近我有一个农场，我就会被碾碎。如果我和某个君主的亲戚打官司，我就会破产。如何是好？我害怕在这个世界上注定只能当铁砧或榔头，躲避了这种选择的人是幸福的人！

（余兴立　吴萍　译）

国家·政府

什么是最好的国家和政府？——直到现在我还没有认识曾经治理过什么国家的人物。我不谈那些实际上执政两三年或执政六个月、六个星期的阁员先生们；我来谈谈别的人们，这些人他们在吃晚餐的时候，或是在他们书房里，议论风生地谈论他们为政之道，改革军队、教会、司法和财政等等。

布尔择斯①的修道院长在将近1645年的时候，以红衣主教黎塞留的名义开始治理法国，著了一部《政治遗书》。在这本书里他主张把贵族征入骑兵，服役三年，要求国会和审计局征收人头税，不许国王动用盐税；他肯定以为用五万人开始作战，必须征募十万人来作后备兵。他肯定说："只要普罗旺斯一省就有比西班牙和意大利合起来更多的最优良的港口。"

布尔择斯的修道院长没有旅行过，而且他的著作错误百出，记时紊乱；他签署红衣主教黎塞留的署名，笔迹是他从来没有用过的，而他借这本书的口气发表议论，也好像他压根儿没有发表过议论一样。此外，他用整整的一章书来说明理性应该是一国的准绳。并且他努力想证实这一创见。这本晦涩难懂的书——布尔择斯修

---

① 布尔择斯(Bourzeis)，法国地名。

道院长的这个私生子,有很长一个时期被人视为红衣主教黎塞留的合法的儿子;法兰西学院各位院士人人都在他们的入院演说里过分地称赞这本政治名著。

迦先·德·库尔蒂兹先生眼看黎塞留的《政治遗书》的大获成功,就在海牙印行了一本《柯尔柏①的遗书》,附了柯尔柏先生上国王的一封书信。若是这位大臣真的著了一部类似的政治遗书,显然必会被禁止出版;然而这本书却曾为几位作家引用过。

另外有一个卑鄙的小人,不详其姓名②,也出了一本《鲁瓦③的遗书》,比《柯尔柏的遗书》还更坏得多;有一位名舍甫勒蒙的修道院长给洛林的公爵查理也出了一本政治遗书。我们还有红衣主教阿尔贝罗尼④、贝勒-伊斯勒元帅⑤以及芒德兰⑥等人的《政治遗书》。

1695 年印行的《法国的行政》的作者,德·布阿吉贝尔先生⑦托名沃邦元帅⑧,制定了一项不能付诸实施的王家税收计划。

---

① 柯尔柏(Jean-Baptiste Colbert,1619—1683),法国路易十四王朝首相,当时以推行柯尔柏主义经济政策闻名。又长于财政。
② 即上文所提的迦先·德·库尔蒂兹。
③ 鲁瓦(Michel Le Tellier, marquis de Laurois,1641—1691),法国路易十四王朝大臣,以改善军事给养和军火供应闻名。
④ 阿尔贝罗尼(Jules Alberoni,1664—1752),原为意大利一修道院长,后任西班牙腓力五世王朝红衣主教。
⑤ 贝勒-伊斯勒(Charles Fouquet de Belle-Isle,1684—1761),法国历史人物,曾任法国元帅,以善于指挥法军从普拉格退却闻名于时。
⑥ 芒德兰(Louis Mandrin,1724—1755),法国历史上著名强盗首领,于 1755 年在瓦朗斯城被处轮磔刑。
⑦ 德·布阿吉贝尔(Pierre de Bois-Guiliebert,1646—1714),法国经济学家,系沃邦元帅之侄。
⑧ 沃邦元帅(Sèbastien le Prestie, Seigneur de Vauban,1633—1707),17 世纪法国著名元帅。

有一个疯子名字叫拉·戎晒尔①,因为没有饭吃,便在1720年代,制定了一项财政计划,有四大本之多。有些个傻瓜曾经把这部作品当作是国库总管拉·戎晒尔作的,以为一位国库总管该不至于写出一部恶劣的财政著作来。

但是应当承认,有些很贤明或许很适宜于执政的人,或是在法国,或是在西班牙,或是在英国,都曾经写过论述国家行政管理的作品。他们的书起了不少的良好作用,这并非说这类书籍出版能够改正那时在位的大臣们的错误,因为一位大臣是毫不自改其过的,他也不可能自我整改,他已飞黄腾达了;他再也听不到忠言,再也听不到劝告了;他也没有时间来听这些,因为日常的事务把他缠住了;但是这些好书却培养着行将走上仕途的后生,培养着那些亲王,而第二代人是会受到教益的。

各国政府的优点和弱点,近来都曾经过仔细研究。您既已遍游四方,博览群书,见多识广,愿请您告诉我,您究竟愿意生在哪一个国家,哪一种政府的统治下?我想法国的一位封建领主不会不高兴生在德国,在德国他就可以为王,不必再做臣民。法国的一位上议院议员倘若有英国上议院议员的特权,他或许很满意了,因为他就可以是立法委员了。

法官和财政家在法国比在别的国家好得多。

但是一个开明贤达、思想自由的人,一个财产微薄而没有成见的人又选择哪一种国家呢?

本地治里②议会的一位欧洲议员,颇有学识,同着一位比较平

---

① 拉·戎晒尔(La Jonchère),法国历史人物,财政家,身世不详。
② 本地治里(Pondichery),印度东南沿海一大城市,曾沦为法帝国主义殖民地,1954年获得解放。

常的更有文化修养的印度婆罗门教徒沿着大陆回到欧洲。"您觉得蒙古政府怎样?"议员说。"讨厌,"婆罗门回答说,"您说一个国家怎么能由鞑靼人治理得好呢?我们的刺查王、昂拉官、伊斯兰教巡抚都很兴高采烈,可是公民们却一点也不高兴;几百万公民非同小可啊!"

议员和婆罗门一路上辩论着,经过整个亚洲内地。婆罗门说:"我有一点感想,就是在世界上一块这么大的地方,没有一个共和国。"议员说:"过去曾经有过推罗①共和国,但是这个国家没有存在多久;还有另外一个共和国,在石地阿拉伯的一个名叫巴勒斯坦的小角落里,倘若我们可以把一帮贼盗和放高利贷的人的国家也美其名为共和国的话。这帮人时而由一些法官治理着,时而由一种类似国王者统治着,时而又由一些大祭司治理,曾经七八次沦为奴隶,而且最后终于从他们篡夺过来的地方被驱逐出去。"婆罗门说:"我以为地球上只能有很少的共和国。人是难以称得上能自己管理自己的。这种自治的福气只能由一些弱小民族享有,他们隐藏在一些岛屿上或大山里,就好像逃避猛兽的兔子一样;但是日子久了,他们仍旧总是被发现、被吃掉。"

当这两位旅行家到达了小亚细亚的时候,议员就问婆罗门教徒说:"在意大利的一个角儿上有一个共和国,已经存在五百多年了,它拥有小亚细亚、亚洲、非洲、希腊、高卢、西班牙和意大利全境,您真相信有吗?"婆罗门教徒说:"那么这个共和国很快就会转变为君主国啦?"那个议员就说:"您猜对了;但是这个君主国已经垮了,我们天天在写漂亮文章来探讨它衰亡的原因。"印度人说:"您未免太劳神了。这个帝国崩溃了,因为它本来存在着嘛。一切

---

① 推罗(Tyr),黎巴嫩沿海古代一大城市,今名苏尔。

当然都有个衰亡;我很希望大蒙古帝国也一样要崩溃。"

"提起这个来,"欧洲人说,"您相信在一个君主国家里更需要有声誉,在一个共和国里更需要有品德吗①?"印度人问清楚所谓声誉是指的什么,便回答说在共和国里比较更需要有声誉,在一个君主国里却更需要有品德。"因为,"他说,"一个人想叫人民选举他,没有声誉是不成的;至于在宫廷里,他很容易得到一官半职,依照一位伟大亲王②的格言说来,一个侍臣,要想掌握权势,就不应该毕露锋芒,盛气凌人。说到品德,那倒是很要有点品德才敢在宫廷里坚持真理。有品德的人在一个共和国里是泰然自若,因为他不必奉承任何人。"

欧洲人说:"您以为法律和宗教也像在莫斯科需要皮货,在德里需要纱罗一样,都是随着气候改变的吗③?"婆罗门说:"是的,不错,各项法律都关系到物理,都是按照人民居住的纬度计算好的;一个德国人只需要一个老婆,一个波斯人就得有三四个女人。宗教的礼仪性质也一样。在我们那一省,既没有面包,又没有葡萄酒,倘若我是个基督徒,您可叫我怎么做弥撒呀?说到教义,又当别论:气候对它没有什么影响。你们的宗教不是在亚洲发起的又从那里被驱逐出去的吗?它现在不是在靠近波罗的海的地方存在了吗?在那里它本来是不为人所知的。"

议员说:"您最喜欢在什么国家、哪一种政权之下生活呢?"他的旅伴说:"除了我国以外,到处我都喜欢,并且我遇到很多暹罗人、东京人①、波斯人和土耳其人,他们也都这么说。"欧洲人说:"但是,再问您一遍,您到底选择哪一种国家呢?"婆罗门回答说:

---

① 孟德斯鸠的名言。
② 指奥尔良公爵 Le duc d'Orléans。
③ 这是孟德斯鸠的学说。

"选择人们唯法是守的国家。"议员说:"这仍旧是句老生常谈。"婆罗门说:"这话也并不更坏呀。"议员说:"这一国在哪儿呀?"婆罗门说:"还得去寻找。"

(王燕生　译)

故乡·祖国

一

我们在这里,依照我们的习惯,仅仅提出若干我们不能解答的问题来。

一个犹太人也有故乡也有祖国吗?倘若他出生在科英布拉城①,那就是处在一群什么也不懂的人当中了,这些人可能提出什么论据来反驳他的意见,而他自己即使敢于答辩,也只会提出一些愚蠢的答词来。他由宗教裁判所的法官们监视着。这些法官若是知道他一点肥猪肉也不吃,就会把他用柴火活活烧死,而他的全部家当也就要归法官们所有了。他的故乡是在科英布拉吗?他会热爱科英布拉吗?他能够像高乃依的悲剧《贺拉斯》(第一场第一幕和第二场第三幕)里那样说吗?

> 阿尔伯②,我亲爱的故乡,我初次热情的向往,
> 为故乡祖国而死是很值得的终场,
> 人们会成群地去争取如此美好的死亡,

---

① 科英布拉(Coimbre 即 Coimbra),葡萄牙西部一城市。
② 阿尔伯(Albe),古罗马城市,高乃依悲剧《贺拉斯》中贺拉斯兄弟三人与阿尔伯城护城卫士居里亚斯三兄弟战斗于此城前。

——塔拉尔①啊!

这个犹太人的故乡是耶路撒冷吗? 他隐隐约约听说过当初他的祖祖辈辈,不拘是些什么人,都曾经在这块荒芜不毛的石地居住过,四境包围着讨厌的沙漠,而现今由土耳其人做了这个小小地方的主人,他们也几乎丝毫无所收获。耶路撒冷并非他的故土。他根本没有故乡,没有祖国。他在大地上寸土皆无。

波斯祆教信徒盖勃尔人,比那当过土耳其人、波斯人或蒙古大可汗的奴隶的犹太人更古老、更可尊敬千百倍,对于他来说故乡能顶得上几头他私自在山上牧养的比利羊吗?

巴尼安人②,还有亚美尼亚人,他们毕生走遍中东一带,以做掮客为业,能够说我亲爱的故乡,我亲爱的祖国吗? 他们除了钱囊和账本子之外别无他物呀。

在我们欧洲各民族中,一切杀人犯都夸耀自己的功绩,不拘是哪个国王出钱,他们都会为他流血卖命,这些人也有他们的故土吗? 也有他们的祖国吗? 他们还不如那些猛禽呢! 猛禽每天日落归巢,还有它们母禽在峭壁悬崖的石穴里为它们准备下的巢窝呢,而这些杀人犯却什么也没有呀。

那些隐修士们敢说他们有个故乡有个祖国吗? 他们说故乡啊,祖国啊,都在天堂上。好极了,不过在这个世界上,我不知道他们有祖国。

祖国这个词,在一个不知有米太亚得③、也不知有阿热西拉

---

① 塔拉尔(Tarare),法国里昂西北一城市。
② Le Banian,印度婆罗门教徒,善于经商。
③ 米太亚得(Miltiade,前? —前499),古雅典大将,曾在马拉松战役击败波斯侵略军。

斯①而仅仅知道自己是土耳其近卫军一名士兵手下的奴隶的希腊人口里,含义是否恰当呢?而且这名土耳其近卫军士兵还是一个奥斯曼帝国大臣手下的奴隶,这位大臣又是奥斯曼帝国皇帝在巴黎我们称之为大土耳其苏丹的人手下的奴隶。

故乡、祖国到底是什么呢?是否就是随便一块土地,主人舒舒服服住在一院整整齐齐的住宅里,可能会说:我耕种的这块田地,我盖的这院房子都是属于我的。我在这里生活,受到任何蛮横专制的家伙也不能违反的法律的保护。当其他的人也像我一样拥有田亩和住宅,为了他们大家的共同利益集合在一起,我便在这个集会中占有一票,我便是整体的一部分,共同体的一部分,主权的一部分;这就是我的家乡,我的祖国。凡不是这样群居的人,有时候不就像是一名马伕手下的一厩马匹,由他任意鞭打的吗?人们在一位有道明君治理之下才有一个祖国,在一个昏君统治之下就根本谈不上有什么祖国了。

二

一个糕点铺小伙计,曾经在中学读过书,还记得几句拉丁作家西塞罗的名句,有一天装出一副热爱故乡热爱祖国的神态。一位邻居便问他:你说你的故乡、你的祖国,是指的什么呀?是你那座烤点心的烤炉吗?是你自出生后就从来没有再见过的那个村子吗?是你那两位破了产弄得你只好去做糕点来谋生的父母住过的街道吗?是你永远也当不上那里警卫官的一名小书记的市政厅吗?是你在那里永远也当不上一名抱蜡侍童而一个愚蠢的人却做

---

① 阿热西拉斯(Agésilas),前398—前359年时期斯巴达国王。前394年曾在科罗内击败敌军,在曼蒂内战役失利后挽救了他的国家。

了总主教和公爵有两万金路易年俸的那座圣母院大教堂吗？

那个糕点铺小伙计却不知如何回答是好。有一位思想家听了这次交谈，便得出结论说在一个国土略微辽阔一点的国家里，却常常有好几百万人根本就没有什么故乡、什么祖国。

你，你这个贪恋享乐的巴黎人，一生除了到第厄普①去吃海鲜外，从未去它处旅行过；你也只认得城里油漆过的住宅、乡间漂亮的别墅和你在这座全欧都坚决为之生厌的歌剧院里的一个包厢；你讲你自己的语言颇以为快，因为你根本也不懂其他语言；你喜欢这一切，你还喜欢你所收养的女孩子，喜爱从兰斯为你运来的香槟酒；你喜欢市政厅每六个月付你的一笔年金收入，而你便说你爱你的故乡、爱你的祖国！

凭良心说，一位财政家果真是衷心爱他的国家吗？

军官和士兵们，要是任他们性子去干的话，会把冬令宿营地劫掠一空，而他们对于那些被他们弄得家破人亡的农民真还有一点温情爱意吗？

吉兹·勒·巴拉弗雷公爵②的故乡、祖国在哪里？是在南锡、巴黎、马德里，还是在罗马？

拉·巴吕、迪普拉、洛莱、马扎兰诸位红衣主教们③，哪里是你

---

① 第厄普（Dieppe），法国加莱海峡沿岸一渔港。
② 吉兹·勒·巴拉弗雷公爵（Duc de Guise-le Balafré 即 Francois de Lorraine，1519—1563），克洛德长子，能征善战的军人，曾抵御查理·坤特侵略军保卫了梅兹重镇；曾从英军手中夺回加莱；在第一次宗教战争中统率过天主教军队。
③ 拉·巴吕（Jean La Balue 或 Jean Balue，1421—1491）红衣主教曾任路易十一的国务秘书；迪普拉（Antoine Duprat 1463—1535）红衣主教，法国政治家，以可耻的手段致富；洛莱（Due de Guise，Jean de Lorraine，1498—1559）红衣主教，巴拉弗雷之兄；马扎兰（Giulio Mazalini，1602—1661）意裔法籍政治家，任路易十三首相，精明外交家，惟贪婪成性，靠侵吞国币致富。

们的故土,你们的祖国呢?

哪里又是阿提拉①和上百个长年奔驰不离征途的这类英雄的故乡、祖国呢?

我很希望有人能告诉我,亚伯拉罕的祖国在哪里?

我想,第一个写道哪里生活舒适哪里便是故土、祖国的人,就是古希腊的欧里庇得斯,他在《法厄同》一书里写道:

因为家乡的土地,在任何地方,总是那哺育着人们的土地。

但是,最先第一个从出生地出来去它处寻求幸福的人,早在他以前就说过这话了。

三

故乡是由许多家庭构成的组合体;因为人通常出于自爱而维护自己的家庭;在没有利害冲突的时候,也是出于这种自爱而维护所谓故乡的自己那个城市或自己那个村镇。

这个故乡越大,人们爱护它的程度也就越小,因为爱情分散开来就薄弱了。一户人口过多的家庭,家里的人彼此之间认也认不清,便不可能有亲亲热热的爱慕之情了。

凡是野心勃勃,想做市长、议员、法官、执政官、独裁者的人,都叫嚷着他爱故乡、爱祖国,而其实也只爱他自己。人人都想要确保能安睡家中,无人滥用职权把他赶到另外一个地方去睡。每人都愿意财产生命有保障。人人都这么想望着,个人利益也就成了一般人的利益了。人们为祖国、为家乡的繁荣祝愿,也只是为他自己祝愿。

---

① 阿提拉(Attila,432—453),匈奴首领,异常剽悍,侵入高卢,被罗马军击败,退守多瑙河流域,不久病死。

世上不会有什么国家不先是按照共和制度治理的,这原本是人类天然趋向。若干家庭先联合起来抵御熊罴豺狼;有粮食的人家拿出粮食来跟有柴草的人家交换。

我们发现美洲的时候,察觉到那里所有土族都划分成许多共和国。在世界这一部分,通共只有两个王国,千百民族当中,我们也才发现有两个是受人压制的。

古代世界也是这样:欧洲在伊特拉里亚①与罗马的两个小国王以前,各地都是共和国。当今在非洲,我们还见有若干共和国。的黎波里、突尼斯、阿尔及尔,靠近我们北方这边,都还是些个强盗共和国。靠南部,霍屯督人还像世界初期原始时代那样生活着,自由,平等,没有主子,没有臣民,没有银币,也几乎没有什么需要。他们吃羊肉,穿羊皮,土木结构的小屋就是他们藏身之所;他们是人类中气味最大的人,可是他们自己却嗅不到;他们生死存亡比较我们恬静得多。

在我们欧洲,还剩下八个共和国没有君主:威尼斯、荷兰、瑞士、热那亚、卢卡、腊古扎、日内瓦、圣马利诺②。我们可以把波兰、瑞典、英国都视如在国王治理之下的共和国;但是波兰是唯一采用了共和国名称的国家。

不拘您现在的祖国是君主国还是共和国,究竟是哪一个好呢?人们争论这个问题已经争论了四千年了。征求富人们的意见,他们各个都喜欢贵族政治;问问人民,人民却要民主;只有国王们才更爱王国。怎么会几乎全球都由君主们统治着呢?问问那些建议给猫脖子上吊一只铃的老鼠们吧。但是,的确,真正的理由,正如

---

① 伊特拉里亚(Etrurie),古代意大利中西部台伯河与阿诺河之间、亚平宁山脉以西、第勒尼安海以东一带地区。

② 这是在1764年写的。——伏尔泰

人们所说的,人很少是配得上自己治理自己的。

令人苦恼的是常常为了做一位爱国志士,却成了众矢之的。古代的加图,那位善良的公民,在元老院发表演说时,最后总要表示说:"这就是我的意见,希望我们摧毁迦太基。"做一个爱国志士,就是渴望他的城市由于经营商业而繁荣、整备武器而强盛。显然,有一国胜利,就有一国败仗,而且是一将成名万骨枯,一国取胜必使多人遭殃。

这就是人类的状况,盼望自己的国家伟大,就是盼望邻国倒霉。凡是愿意自己的祖国永远既不大也不小,既不富也不穷的人,也就是世界公民了。

(王燕生 译)

论中国

我们为了瓷器而去中国,好像我们自己没有瓷器;我们为了纺织品而去中国,好像我们缺乏纺织品;我们为了一点草药汤而去中国,好像我们的土地里不生长药草。作为回报,我们想让中国人皈依基督教。这是非常值得称道的热心,可我们不应该怀疑他们的古代,并告诉他们说他们是偶像崇拜者。事实上,如果一个嘉布遣会的人在蒙莫朗西的一间农舍里受到热情接待,他试图使他们相信他们就像国王的秘书一样,是新加封的贵族,他指责他们是偶像崇拜者,因为在他们的屋子里发现了二三尊备受尊敬的古城堡堡主的雕像,我们会同意他的看法吗?

哈雷大学的数学教授,有名的沃尔夫一天发表了一篇称赞中国哲学的非常精彩的演讲。他称赞中国古代的人种,他们的胡须、眼睛、鼻子、耳朵和思维方式都和我们不同。正如我所说的,他称赞中国崇拜一个至高无上的神,因为他富有爱的美德。他为中国的皇帝、高力士、法庭和学者说了公道话。当然,为和尚说的公道话则是另一种了。

可欣赏的是:这个沃尔夫把 1 000 名学生从各国吸引到了哈雷大学。而就在这所大学里,有一个叫朗格的神学教授,他却连一个学生也吸引不了。他很绝望,因为他独自在课堂里快要"冻死了",他自然想毁了数学教授。如同他这种人的一贯做法一样,他必然要指责他不信上帝。

一些从没去过中国的欧洲作家宣称:北京政府是无神论者,沃尔夫赞扬了北京的哲学家,因此沃尔夫也是无神论者。嫉妒和仇恨产生了最好的诡辩。朗格的辩论受到了一个阴谋小集团和一个幕后人的支持,因而致使该国国王①相信了他,国王给数学家下了一道最后通牒:勒令他24小时内离开哈雷大学,否则就要被绞死。由于沃尔夫明智地思考了此事,他按时离开了。他的离开使得国王每年要损失二三十万克朗,这是这个哲学家由于学生成倍增加而带给国王的收入。

这个例子应该使君王们认识到:不应该总是听信谗言,为了蠢人的怒火而牺牲一个伟人。还是让我们回到中国的话题上。

我们这些西方的居民,激烈地、面红耳赤地争辩中国的伏羲皇帝前面是否有14个诸侯,这个伏羲是否生活在公元前3000或2900年,我们到底想干什么?我倒想看看两个爱尔兰人如何心血来潮地为12世纪都柏林的一块地产的所有权而争吵,这块地产如今归我所有。既然我手中有档案,很明显他们应该向我请教。在我看来,这方法也同样适用于中国的第一个皇帝:我们必须向该国的宫廷请教。

随便你们怎么去争辩有关伏羲以前的14个诸侯,你们的精彩辩论只能成功地证明中国当时人口众多,法律健全。现在我问你们,一个有法律和诸侯的统一的国家是否意味着没有悠久的历史?各种因素的独特结合导致了在矿井中发现铁,并把它运用到农业生产中去;导致了发明织布梭和其他工艺,请你们考虑一下这一切

---

① 普鲁士国王腓特烈·威廉。

需要多少时间。

那些大笔一挥就能使孩子出生的人发明了一种很有趣的计算方法。通过这种计算,珀托(耶稣会会士)①认为大洪水285年后,地球上的人口是我们大胆设想的100倍。坎伯兰和惠斯顿,做了同样可笑的计算。这些"伟大"只要去查阅一下我们美洲殖民地的登记簿,他们就会大吃一惊,他们会了解到人口增长是多么缓慢,人口往往是在减少而不是在增加。

让我们这些昨天出生的人,这些凯尔特人的后裔,这些刚刚清除了原始地区森林的人,听任中国人和印度人平静地享受他们可爱的气候和他们悠久的历史吧。重要的是:我们不该把中国皇帝和德干的帕什瓦叫作偶像崇拜者。当然,我们不能一味崇拜中国人的长处。确实,他们帝国的宪法是世界上最好的宪法,是唯一完全建立在家长权威上的宪法(家长权威不阻止官员随意打他们的孩子);是唯一对不受人民欢迎的离任知府进行惩罚的宪法;是唯一规定了奖励美德的宪法,而其他各地的法律仅仅局限于惩罚罪行;是唯一使它的征服者接受了它的法律的宪法,而我们还受征服了我们的勃艮第人、法兰克人和哥特人习惯法的管辖。可必须承认的是:那些受和尚控制的普通人民和我们的人民一样无赖;他们就像我们一样把一切物品以高价卖给外国人;在科学方面中国人还停留在我们200年前的水平上,就像我们一样,他们有着种种荒谬的偏见;如同我们过去长期的做法一样,他们相信避邪物和司法上的占星术。

让我们承认他们对我们的温度计感到惊奇,对我们用硝酸钾凝固液体的方式感到惊奇,对托里拆利和奥托的所有实验感到惊

---

① 他用拉丁文写的编年史有许多版本,书名为《世界历史或时间的记载》。

奇,就如同我们首次看见这些有趣的科学发明一样。我必须补充一点,他们的医生治愈不治之症的效果并不比我们的医生好,在中国,小病听其自然,就如同我们这里一样。可是所有的这一切改变不了这样的事实:4 000 年前当我们不识字时,中国人就知道了所有我们今天吹嘘的必不可少的有用的东西。

  让我再说一遍,学者的宗教是令人钦佩的。没有迷信,没有荒谬的传说,没有那些侮辱理智和自然的、和尚给予 1 000 个不同的解释的教义,因为他们本来就没有教义。4 000 多年以来,最简单的崇拜在他们看来是最好的。他们和我们过去认为的塞特以诺和挪亚一样。他们满足于和世界上所有的智人一起崇拜一个上帝,而在欧洲,人们分裂成托乌斯派、詹森派、加尔文派、路德派和莫利纳派。

(余兴立 吴萍 译)

文学和作家

当法兰西人、日耳曼人、布列塔尼人、伦巴族人、西班牙人和穆扎赖卜人在野蛮的昔日既不会阅读,也不会书写时,学校和大学就建立起来了。它们几乎都是由教士组成的,而这些教士只懂得自己的行话,并把这些行话教给那些愿意学习的人。专科院校是在很晚以后才出现的,它们鄙视经院的胡说八道,但不敢反对它们,因为有些胡说八道是受到尊敬的,原因是它们和体面的事联系在一起。

为散布在世界各地的少数思想者提供了最多服务的文人是孤立的作家,是关在书斋里的真正的学者。他们既不坐在大学的板凳上辩论,也不在专科院校里含糊不清地讲解一些事物,这些人几乎都受到迫害。我们可怜的人类就是这样被制造出来,以至这些在踏平的路上行进的人总是向那些指引新路的人扔石头。

孟德斯鸠说,西徐亚人挖去奴隶的双眼,这样他们在搅拌黄油时就会更专心,这就是宗教法庭的做法,在这个怪物统治的国家里,几乎每个人都是"盲人"。在英国,100多年以来,人人都拥有双眼。法国人开始睁开一只眼睛,但有时政府官员会不许人们睁开这只眼。这些可怜的官员就像意大利喜剧中的伦彼斯医生,他只想让愚蠢的哈乐根来侍候他,却害怕有一个目光太敏锐的男仆。

弗德斯,如果你写一些颂歌称颂国王陛下,并为他的情妇写一些情歌,再把一本关于地理的书题献给他的守门人。这样,你就会得到很好的款待。否则,英国人,你将会被碾得粉碎。

笛卡儿被迫离开祖国,迦桑狄受到诽谤中伤,阿诺德在流放中度日如年。每个自由思想家受到的遭遇都如同犹太人对待先知一样。谁会相信在18世纪,一个哲学家①会在非宗教法庭前受到折磨,会被教会法庭称为不敬神的人,仅仅因为他说了如果人没有手,就不能施展他们的技艺?如果谁第一个傲慢地说人没有头脑就不能思考,那他必定会立即被遣送去做苦工,对此我确信无疑。"因为,"一个学士会告诉你,"灵魂是纯精神的,头脑只是物质的。上帝能把灵魂放进脚跟里,就像把它放进头里一样容易。因此,我谴责你是不敬神的人。"

作家最大的不幸也许不是成为同事嫉妒的目标,不是成为阴谋诡计的牺牲品,也不是被这个世界的有权势的人鄙视——而是被蠢人评判。蠢人有时走得很远,特别是当愚蠢加上狂热,报复心理加上愚蠢时。作家通常是孤立的,这也是他们很大的不幸。一个市民如果买下一个小职位,他会随之获得同事的支持。如果他成为一桩不公平事件的受害者,他马上就会有辩护者。文人是孤立无援的,他就像一条飞鱼:如果他升出水面一点点,飞禽就会吞噬他;如果他潜到水下,鱼就会吃掉他。

许多人当众称赞恶毒的言行,但他们有名利作为补偿。作家作出同样的称颂,可是什么也拿不到;他是为了自己的乐趣而进入竞技场的,他把自己送入了野兽的口中。

(余兴立 吴萍 译)

---

① 指受伏尔泰保护的人爱尔维修,他的书《论精神》使他遭受此难。

论哲学家

哲学家是智慧爱好者,也是真理爱好者。所有的哲学家都有这种双重性格:远古时期的哲学家们在传播道德真理时,无一不在德行方面给世人树立了榜样。虽然哲学家们对自然哲学难免会有不正确的认识,但这些不正确的认识对生活的行为规范影响很小,因此他们完全不必过分认真,忧心忡忡。过去要了解自然规律的一部分需要几百年的时间,而对于一个睿智之人来说,了解人类所肩负的义务,一天也就足够了。

哲学家并非一个热心人,他既不给自己树立一个先知的形象,也不声称诸神赋予了他灵感。因此,我不愿意将远古时期的索罗亚斯德、赫耳里斯、古代的俄耳甫斯,或者将迦勒底、波斯、叙利亚、埃及以及希腊的大言不惭的立法者中的任何一个划入哲学家之中。那些自称为诸神之子的人是蒙骗的鼻祖。如果他们将谎言当作真理来传播,那他们就是卑鄙可耻的,他们不是哲学家,他们至多不过是些非常精明的骗子罢了。

6个世纪以前,世界的最东方生活着一位不喜欢抛头露面而喜欢说实话的圣贤,他教会世人幸福地生活了600年,而在当时,整个北方却对字母一无所知,希腊人几乎还没有以智慧而著称于世。到底是由于什么厄运——这话说起来也许会使西方国家感到惭愧——有必要到世界的最东方去寻找这样一位圣贤?这位圣贤便是孔夫子。在所有古代的立法者中,唯有他从不愿欺骗人类。地球上还有什么能比得上这种更好的行为规范吗?

"要像管理你的家庭一样管理一个国家,一个人只有以身作则方能管理好他的家庭。"

"人人都要有德,上至君主,下至庶民百姓。"

"要把事先制止犯罪当作一项任务,防微杜渐,以便减少对犯罪进行惩罚的必要。"

"中国人在尧和舜两位贤明的君主统治下是好人,而在昏庸的君主统治下则是邪恶之人。"

"要像对待自己那样对待他人。(己所不欲,勿施于人)"

"广施博爱,爱戴好人;忘记别人的过错,但决不可忘记别人的恩惠。"

"我只见过不能致学之人,从未见过不能行德之人。"①

我们必须承认:没有哪位立法者说出过比孔子所说的对人类更有用的真理了。

后来,一群希腊哲学家也传播了同样纯净的道德,假如他们当时把自己局限在不真实的自然系统中,那么他们的名字现在就会成为人们谈话的笑柄。倘若他们现在仍然受到人们的尊敬,那是因为他们当时是正直的,同时也教会了人们做正直之人。

人们在阅读柏拉图的著作的某些章节时,尤其是在拜读扎里尤科斯定律那令人赞赏不已的开头部分时,心中都不会不体验到他们对正直、诚实和慷慨行为的热爱。古罗马人有西塞罗,他也许是所有希腊哲学家中唯一值得人们称道的。在他之后,又涌现出了一些更值得人们崇敬的人,比如处在统治地位的奴隶爱比克泰

---

① 这些确切的原文没有找到,考虑到它是相继通过中文、法文再到英文,也就不感到奇怪了。《论语》中有类似的思想,但没找到相应的条文,为忠实原著,此处仍然直译。

德、马可·奥勒利乌斯和尤里安,但要仿效他们几乎是不可能的。

我们当中的哪位公民愿意像尤里安·安东尼以及马可·奥勒利乌斯那样丧失我们柔情蜜意的生活呢?谁愿意像他们那样坐卧不宁呢?谁愿意把他们的俭朴强加于自己呢?谁愿意像他们那样在酷暑或严寒中赤足光头行进在军队前列?谁又愿意像他们那样抑制自己的感情?我们当中不乏虔诚之徒,但我们当中的贤人都到哪里去了?那些坚定无畏、正直清廉、宽容为怀的伟人都到哪里去了?

法国有许多空谈的哲学家,他们当中除蒙田外,所有的人都遭到了迫害。在我看来,企图压制这些要制止迫害的哲学家是我们本性中最可恶之处。

我很容易理解一个宗教派别的狂热教徒杀掉另一派宗教的狂热者的行为,也很容易理解圣芳济会的教徒们是如何憎恨圣多明吾教会的教徒们的,或是一个良心泯灭的艺术家有意地诋毁另一个超过他的艺术家的行为。但是这样一来,贤明的卡隆的生活便无从保障,博学而慷慨大度的拉穆斯便被谋杀,笛卡儿就得被迫逃往荷兰以逃避无知者的愤怒,而伽桑狄早就不得不被迫回到迪涅,远远离开在巴黎所受到的诽谤和中伤——这是一个国家永久的耻辱。

受迫害的哲学家中遭难最深的是不朽的培尔,他的存在是人类的荣誉。人们将会告诉我朱里厄这个名字,也就是诽谤中伤和迫害培尔的人的名字。它已经变得令人憎恶,我承认这一点:耶稣会会士勒泰利耶也已成了人们所憎恶的名字。但那些受他迫害较少的哲学家们是不是已经结束了他们流放和贫穷的生活?

打倒培尔,并使他贫穷的借口之一便是他那本有价值的辞典[①]中《论大卫》一文。他之所以受到非难是因为他没有赞美那些不正义的、血腥的、残暴的、不光彩的或者那些使谦逊之人脸红的行为。

---

① 指培尔的《历史批判词典》。

根据希伯来人的书中记载，培尔没有赞美大卫，是因为大卫纠集了 600 名负债累累或犯罪的流浪汉，并带领这些土匪抢劫他同胞们的财物；他策划残杀了拿八以及他整个的家庭成员，因为拿八拒绝向他缴纳各种苛捐杂税；大卫还出卖了阿希斯国王，屠杀村民，甚至连刚出生不久的婴儿也不放过，因为他担心将来有一天会有人将他烧杀抢掠之事公之于众，好像这些尚在襁褓之中的婴儿也会揭露他的罪行似的；他还指使人用锯子，用铁耙、铁斧在砖窑里杀害了其他村庄的村民；他用背信弃义的手段篡夺了扫罗的儿子伊施波瑟的王位；他还抓来并处死了扫罗的孙子梅弗波塞斯以及萨乌尔的好友兼保护人约拿单的儿子；他甚至还将萨乌儿的另外 2 个儿子和 5 个孙子一起交给了基遍人，结果他们全都死在断头台上。

我还只字未提大卫的放纵，他的情妇们，他与拨士巴的通奸，以及他对乌利亚下的毒手。

难道培尔的对手们希望他去颂扬所有这些暴行和罪恶吗？难道他应该说："世界上所有的王子们，效仿这位正合上帝旨意的人吧，你们要毫不留情地屠杀你们恩人的盟友们，杀戮你们国王的家庭成员或指使人去杀死他们；你们要所有的女人与你们同床共寝而让男人们去流血死亡；你们是德行的楷模，而人们必须写赞美诗来歌颂你们。"

培尔终究还是受到了迫害，那么是谁迫害他的呢？是那些其他地方的被迫害者，是那些当时如果在本国生活就会被火烧死的亡命之徒。这些亡命之徒所遭受的迫害又来自一些被称为詹森主义者的被耶稣会士驱赶出他们国家的亡命之徒，而耶稣会士最终也被赶了出来。

因此，迫害者们之间展开了一场你死我活的战争，而遭这些人迫害的哲人培尔则以可怜他们来聊以自慰。

人们也许并不十分清楚 1713 年，丰特奈尔险些丢了他的养老金、他的办公室以及他本人的人身自由。原因是他 20 年以前曾在法国编辑过学识渊博的范·戴尔所著的《神谕的特征》一书。丰特奈尔曾仔细地删去了所有可能会惊恐狂热主义者的字眼。一个耶稣会士曾写过文章攻击丰特奈尔,丰特奈尔无意写文章与之唇枪舌战,这就足以促使耶稣会士列·泰利耶——路易十四的忏悔神父向国王指控丰特奈尔为无神论者。但是对于阿尔让松侯爵来说,最好由维雷的一位律师,一个伪造者的好儿子在高乃依的侄子年老之时剥夺他的公民权,虽然阿尔让松侯爵自己也以伪造者著称。

忏悔神父去引诱忏悔者太容易了,我们应该感谢上帝泰利耶没做更大的坏事。世界上有两处避难所,在那里人们抵制不了引诱和诽谤:床和忏悔室。

我们知道哲学家总是受到宗教狂的迫害,但作家是否会涉及此事,亲自去磨尖相继射向他们兄弟的暗箭?

卑鄙的作家!你们难道要成为告密者吗?想想看,罗马人的加拉斯、肖梅克斯和阿伊尔是否指控过卢克莱修、波西多尼斯、瓦罗和普林尼?

做个伪君子,多么可耻!既虚伪又邪恶,多么可怕!认为我们是它国中一小部分的古罗马从未有过伪君子。他们中有恶棍,我承认,但没有最胆小、最残忍的宗教伪君子。英国为什么没有伪君子,而在法国却仍然有一些这样的人?自由思想家,你们将很容易地解决这个问题①。

(余兴立 吴萍 译)

---

① 伏尔泰这篇文章以哲学家开头,而以特定意义的哲学家结束,即自由思想家。弗朗索瓦、加拉斯、亚伯拉罕、约瑟夫·德、肖梅克斯和让·尼古拉斯、海耶都是自由思想辩论中赫赫有名的教士。

致卢梭

先生,我收到了你抨击人类的新书①,为此,我对你表示感谢。人们将欣赏你的直言不讳,可是你不可能使他们改弦易辙。谁也不会用更加强烈的色彩描绘人类社会的劣迹,而我们由于无知和软弱对此是惯于逆来顺受的。

从来没有人为了把我们说得愚不可及如此用尽心机;读完你的书,我们不禁萌生用四条腿爬行的欲望。可是,很遗憾,由于六十多年前我已经丧失了这种习惯,我是无法返老还童的。因此,我把这种天然的行走方式让给那些比你我更适合的人。我也不能远航到加拿大的野人②那儿去;首先,因为我受疾病的折磨、被迫留在欧洲最著名的医生身旁,而我在米苏里人③那里得不到这样的治疗;其次,战争也蔓延到这些国家,而我们民族的榜样使野人也几乎变得同我们一样凶残了。我乐于待在我自己选择的、离你的

---

① 卢梭以 1750 年发表的《论科学和艺术》闻名遐迩;1755 年他又发表了《论人类不平等的起源和基础》。伏尔泰收到卢梭寄给他的这本新书后,给卢梭写了这封著名的信。信中伏尔泰有意歪曲《论人类不平等的起源和基础》的某些观点,着重驳斥《论科学和艺术》中卢梭对人类文明和文学艺术的非难。这封信广征博引,文笔犀利,诙谐刻薄,但伏尔泰在他惯有的冷嘲热讽之中,对他的论敌仍然保持亲切友善的感情。

② 指新大陆的印第安人。

③ 北美土著印第安人的一支。

祖国不远的偏僻的乡村里,做个与世无争的村民。

我同意你的看法:文学和科学有时是苦难的根源。塔索①的敌人使诗人的一生变成一连串的痛苦;伽里略因为发现地球的转动(即地动说,为哥白尼所创立,伽里略加以证明)在70高龄被敌人投入监牢,哀苦呻吟;而更可耻的是,人们强迫他改变观点。从你的朋友们动手编纂《百科全书辞典》开始,那些胆敢与他们为敌的人把他们当作自然神论者,无神论者,甚至冉森派教徒……

在人类蒙受的种种苦痛之中,这是最微不足道的了。文学和盛名招引的芒刺同无论何时充斥大地的其他苦难相比简直是鲜花。你得承认,无论西塞罗、瓦罗、卢克莱修、魏吉尔、荷拉斯②都不曾遭遇被放逐的命运;马略③是一个无知的人;野蛮的苏拉④、荒淫无耻的安东尼⑤、愚蠢的李必达⑥未必读过柏拉图和索福克勒斯⑦的著作;至于被卑怯无耻者捧为奥古都斯⑧的那个维克努·塞比亚,只是在疏远文人那段时间里变成狰狞的杀人犯。

你得承认,彼得拉克、薄伽丘⑨并非意大利骚乱的罪魁祸首;你得承认并非马罗⑩的"诙谐"引起圣巴托罗梅大屠杀⑪,而悲剧

---

① 塔索(1544—1595),意大利诗人。
② 西塞罗、瓦罗、卢克莱修、魏吉尔、荷拉斯等都是古罗马的诗人或哲学家。
③ 马略(前157—前86),古罗马政治家、统帅。
④ 苏拉(前138—前78),罗马统帅,独裁者。
⑤ 安东尼(前83—前30),古罗马统帅。
⑥ 李必达(—约前13),罗马统帅,恺撒部将。
⑦ 索福克勒斯(前496—前406),古希腊悲剧诗人。
⑧ 奥古都斯(前63—14),古罗马皇帝,恺撒姐姐的外孙,恺撒嗣子。原名为屋大维安努塞·比亚,公元前27年罗马元老院奉以"奥古都斯"(拉丁文,意为"神圣的","至尊的")的称号。
⑨ 彼得拉克(1394—1374)、薄伽丘(1313—1375),两人均为意大利诗人和作家。
⑩ 马罗(1496—1544),法国诗人。
⑪ 圣巴托罗梅大屠杀,指查理第九统治时期对新教徒的大屠杀(1572年8月24日晚)。

《熙德》并非投石党暴动的缘由。最昭彰的罪愆都是由那些愚昧无知的人犯下的。这就注定这个世界永远是凡人的尘世。从目不识丁的达马斯·古立-汗①开始一直到只懂得点数的海关职员，到处是无法填满的欲壑和无法驾驭的骄傲。文学培育心灵，扶匡它、安抚它；先生，在你用笔锋针对文学的当儿，文学正在为你效劳：你就像大发雷霆非难荣誉的阿希尔②，和以自己充满想象的文字反对想象力的马尔布朗谢神甫③。

如果有谁抱怨文学，那应该就是我，因为无论何时何地，它都是对我进行迫害的工具；但是，虽然存在这些流弊，我们仍然应该热爱文学，就像虽然有那么多恶人破坏社会的安宁，我们仍然应该热爱社会；就像人们无论受过何等不公正的待遇，仍然应该热爱自己的祖国；就像应该爱上帝并且侍奉他，虽然迷信和狂热常常损害对他的信仰。

夏普伊先生告诉我贵体欠佳，你应该回到故乡的空气中恢复健康，享受自由，同我一道喝我们饲养的奶牛挤的奶，啃啮我们庄园的青草。

我非常达观地、并怀着最亲切的敬意……

---

① 达马斯·古立-汗(1688—1747)，波斯国王，冒险家出身。
② 阿希尔，希腊神话中的著名英雄。即阿喀琉斯。
③ 马尔布朗谢神甫(1638—1715)，法国雄辩家和玄学家。

查第格

一、独眼人

在古巴比伦有个名叫查第格的青年人,天生一副优良品性,受过良好教育,家道殷实,虽说年轻,却很俭朴。他一无嗜好,为人谦逊,从不自以为是,对别人的缺点也能体谅。他自己颇有才气,对那些世俗庸人的无稽喧嚣、胡乱议论,从不去攻击,也不去冷嘲热讽,对那些狂妄的毁谤、无知的谈论、粗俗无耻的戏谑,所谓巴比伦式清谈也置之不理,从不去指斥。他牢记古波斯教主查拉图斯拉在《经典》第一卷中说过的话,自尊心是个充足气的大气球,扎上一针就会发出大风暴来。查第格一向宽怀大度,他自命为从不轻视女性和压制女性。按照查拉斯图拉的有名训条,对无情无义的人也给予恩惠;训条说:在你吃东西时,总会分点给狗吃,即使它们会咬你。查第格是出了名的明哲保身者,简直无人能与之相比,因为他专同哲人们交往。他深通古加尔提人①的学问,当时人们所知道的自然天理,他无所不知;他还通晓从古到今人们所知道的玄学,也很细致入微。不管时髦的新派哲学怎么说,他却深信一年总是三百六十五天又四分之一,太阳才是宇宙的中心。大司祭们神

---

① 加尔提人即古代巴比伦人,因巴比伦平原古代亦称加尔提平原。

气十足地说他是别有用心,说相信太阳自转,相信一年有十二个月,都是与国家为敌。查第格听了,不发一言,既不生气动怒,又不笑他们无知。

查第格家财万贯,也有许多朋友;他身体强壮,相貌堂堂,心性平和,待人宽厚,感情真诚,他自以为尽可以快乐地生活。他和一位叫赛弥尔的姑娘订了婚。她美貌无比,出身名门。家有钱财,在巴比伦算得第一等亲事了。查第格对赛弥尔的情意,既深厚又高尚;赛弥尔对查第格的爱情也很热烈。婚期将近,他俩在幼发拉底河畔的棕榈树林中散步,向巴比伦城方向走去;忽然迎面来了几个手执刀箭的人。他们是少年奥刚的打手。奥刚是一位当朝大臣的侄儿,在他叔叔的门客簇拥下,以为自己可以为所欲为。他与查第格相比既无风度又无品德,但他自以为比别人高明。看到赛弥尔爱查第格而不爱他,恼火极了。由虚荣而嫉妒使他怒火中烧,他觉得自己爱赛弥尔已爱得如痴如狂,所以决定把她抢走。一伙抢亲的人抓住赛弥尔,兽性大发动武伤害了她,使一个连伊摩斯山上的老虎见了也会怜情的少女流了血。她声声哭喊道:"哎哟,亲爱的夫君呀!他们要把我同心爱的人拆散了呀!"她不顾自身安危,只想着心爱的查第格。当时,查第格凭着勇敢和爱情给予的力量,用全力来保护赛弥尔。他在两个仆人的帮助下打退了强人,把满身血迹、昏迷不醒的未婚妻送回家。她睁开眼睛,看到了情人说:"噢,查第格,我过去爱你,只因为你是我的丈夫;现在我爱你,更因为你是保护我名节、救我性命的恩人了。"世上没有一个人的心能像赛弥尔的心更受感动。也从没有一张更迷人的嘴巴,能像赛弥尔那样,吐露出那些火热而动人的感情;那是查第格的大恩大德和纯正的爱情激起来的,赛弥尔的伤势很轻,很快就好了。而查第格的伤势却很危险:左眼旁中了一箭,创口很深。赛弥尔祈求上帝保佑她所爱之人早日康复。她一双眼日夜流泪,盼望着查第格的眼睛重见光明。但他那只受伤的眼生疮化脓了,情形十分危险。他们从孟斐斯请来了名医埃尔曼斯。埃尔曼斯带着一批随从助手为病人作了诊断。他说那只眼必瞎无疑,连眼瞎的日期和钟点都预言了。医生说:"要是伤在右眼,我可以医治,但伤在左眼就无法救治了。"全巴比伦人都可怜查第格的不幸,同时对神医埃尔曼斯的高深医道十分佩服。两天之后,创伤出脓了;埃尔曼斯写了一本书,说明查第格的伤是不可能好的。查第格根本不相信也不看那本书。当他能出门的时候,他立刻打点一番,准备拜访情人;他一生幸福全寄托在赛弥尔身上了,他想保住眼睛也无非是为了赛弥尔的爱情。赛弥尔已经在乡下住了三天。查第格在途中就听说这位美人已明确表示,对于瞎了一只眼的男人有一种无法抑制的厌恶;她在前一天夜里已经嫁给了奥刚。听到这一消息,查第格当场晕厥过去,痛苦得死去活来。为此他大病了一场,但理智终究战胜了悲伤,残酷的遭遇反倒给他指点了一条道路。

他说:"一个在宫殿里长大的女子对我如此无情狠毒,还不如娶一位平民女子为妻。"于是查第格便挑选了一位城里最本分、身家清白的姑娘,名叫阿左拉,和她结了婚,在甜蜜弥笃的情爱中他享受了整整一个月的温柔。可是他发现阿左拉有点轻佻,喜欢把相貌漂亮的青年当作最有思想最有品行的人。

二、割 鼻 子

有一天,查第格的妻子阿左拉散步回来,怒气冲天,咋咋呼呼地直嚷嚷。查第格问她:"亲爱的妻子,你怎么啦?谁让你生气啦!"她说:"唉!我亲眼看到一件事,要是你见了,也会像我一样生气的。我本想去看看高斯罗的年轻寡妇。前两天她替年轻的丈夫盖了座新坟,就在那片小溪环境的草地上。她真是悲痛欲绝,她向神明发誓,只要溪水从旁边流一天,她就在坟上守一天。"查第格赞美地说:"真难得。这才是一位可敬的女子,真正爱她的丈夫!"阿左拉回答说:"你可想不到,我去看她的时候,她在干什么呢?"查第格道:"美丽的阿左拉,她在干什么呢?""她在把溪水引向别处去。"——阿左拉说着就把年轻的寡妇骂得狗血喷头。她满嘴道德贞操,说了许多难听的责备的话,叫查第格听了很不高兴。

查第格有个朋友叫加陶,就是阿左拉认为比别人更老实更优秀的那样的青年。查第格把自己一番计划告诉加陶,送了他一份重礼,希望他帮助自己实现计划。有一次,阿左拉在乡下一位女友家住了两天,第三天回来,仆人们哭着告诉她,主人前一天夜里得了暴病死了,他们不敢去向她报凶信,现在她的丈夫已被葬进花园尽头的祖坟里。阿左拉听了痛哭不止,扯着头发,赌咒寻死,要跟丈夫一道去。当天夜里,加陶来安慰她和她谈话,两人都哭了。第二天,他们的哭声稍止,一同用了午餐。加陶告诉阿左拉说,查第格送了他一大份财产,加陶的意思是,要与阿左拉一起享受这笔财产才会觉得快活。这位太太听了又哭了一番,十分气恼,后来就渐渐缓和了。夜饭吃得比中饭更长久,彼此间谈得很亲密:"阿左拉称赞已故的丈夫,但也承认她丈夫的一些缺点是加陶所没有的。"

夜饭吃到一半,加陶忽然叫苦说,他的脾脏剧烈疼痛。阿左拉又是着急,又是心疼,殷勤地把她化妆用的香精全部拿来,试着替加陶医治脾脏痛。她很懊恼神医埃尔曼斯已经不在巴比伦。她甚至不顾体面地伸手摸摸加陶痛得最厉害的胸部一侧,十分同情地问:"这样痛苦的病,以前是否常犯?"加陶回答说:"有时痛得几乎把我的命送掉;只有一个办法可以医好,就是要找一个上一天新死去的人的鼻子,放在我胸部侧面。"阿左拉道:"这个医法倒很古怪。"加陶说:"不见得比用小口袋治盲肠炎更古怪。"①这一解释加上这一青年的了不起的品德,让阿左拉下了决心。她说:"归根结蒂,我丈夫要渡过奈何桥往未来世界去,不见得因为少了鼻子,阿斯拉埃神就不让他过去!"于是她拿一把剃刀来到丈夫坟前,把眼泪洒了一遍,看见查第格直挺挺地躺在墓穴内,便走近他,俯下身准备割他的鼻子。查第格却坐了起来,一手捂着鼻子,一手挡住阿左拉的剃刀,说道:"太太,别再把那年轻的高斯罗寡妇骂得一文不值了;割我鼻子的主意和将溪水改道的主意,不是半斤八两一个意思吗!"

三、狗与马

查第格体会到《兰特经》上说得真有道理:新婚的第一个月是蜜月,第二个月是苦草月。过了一些日子阿左拉的脾气变得越来越叫你难以忍受,查第格在无奈之后只得与她离婚。从此,他觉得一个人要求得幸福还不如研究大自然。他说:"上帝在我们面前摆着一部大书,能够读懂这部大书的哲学家才是天下最快乐的人。"哲人发现的真理是别人拿不走的。于是他潜心修养,注意培养自己的灵性,修身修德,安心度日,既不用提防人家,也不会有娇妻来割自己的鼻子。

心里有了这种念头,他就离开城市,住到幼发拉底河边的一所别墅里。他在那里所关心的不是桥洞下的每秒钟河水流量,也不去研究鼠月里下的雨比羊月里下的雨多出几毫米。他既不打算用蛛丝结网②,也无意把破瓶子做成磁器③。他只研究动植物的属

---

① 当时巴比伦有人曾在报纸上宣传说头颈里挂个小口袋能医治并能预防盲肠炎。——伏尔泰原注。
② 1710年,有个名叫蓬·特·圣·伊兰尔的人向法国科学院提出一篇《论蜘蛛网》的文章。
③ 这里原在讽刺法国物理学家雷奥修(1683—1757),对不透明玻璃和磁器研究。

性。他的观察力很快就训练得十分敏锐,可谓能洞察一切:别人看来相同的东西,他能发现无数的区别。

有一天,查第格在一个小树林附近散步,迎面来了一个王后的太监,后面还跟着好几位官员,神气紧张地东寻西找,像是丢了什么贵重的东西,总管太监问查第格:"喂,年轻人,可曾看到王后的狗?"查第格十分谦逊地回答:"噢,那是一只母狗,不是雄狗。"总管太监说:"对,是只母狗。"查第格又说:"而且是一条小卷毛狗,不久才生过小狗,左前脚是瘸的,耳朵很长。"总管太监气急地问:"那么你是看到的了。"查第格回答:"不,我什么也未看到,也不知道王后有什么母狗。"

正在这时候,又出来一件巧事:王上御马厩中有一匹最好的马溜出来,逃到巴比伦的旷野里去了。大司马和所有的官员一路追来,他们和寻找王后母狗的总管太监同样焦急,大司马叫过查第格,问他是否见到御马跑过。查第格回答说:"那匹马奔跑时的步伐是极好的,身高五尺,蹄子很小,尾巴长三尺半;金嚼子的成色是二十三克拉;银马掌的成色是十一钱。"大司马着急地问:"它在哪儿?往哪里跑了?"查第格回答:"我根本没见到马,也未听人说过。"

大司马和总管太监认定王上的御马和王后的狗是查第格偷的,便将他带到了总督衙门。经过会审,判决先吃鞭打,再送往西伯利亚流放。刚宣判完,狗和马都找到了,诸位法官只得忍着气取消重刑,罚查第格四百两黄金,因为他把看见的事说成未看见。查第格必须先缴足罚金,然后才能获准在总督大堂上为自己辩护。在公堂上他说出了缘由:

"诸位大人都是智慧化身,知识渊博、洞察秋毫、正直公道、凝重大度、铁面无私、品性高尚,如黄金钻石,光明磊落,当今世界上无人能与之比拟。今天既然允许我在这神圣庄严的大堂上说话,我原以天神奥洛斯玛特的名义起誓,我从未看到什么宝犬,也从未看到过什么御马神驹。事情是这样的:一天我正在树林中散步,就是大司马和总管太监几位大人所到的那个地方。我看到沙地上有动物的足迹,看上去就知道是小狗的脚印。脚印间的小沙堆上,轻轻地印着两条细长的条纹;我知道那是一只刚生过小狗崽的乳房下垂的母狗,在另外一个方向还有些痕迹,好像有什么东西老是在两只脚印旁边掠过。这就提醒我那只狗的耳朵很长。我还注意到沙土上的脚印三个较深而一个较浅,我就断定王后的爱犬的一条腿有点儿瘸。

"至于王上的御马,请诸位大人听禀:我在林子里散步时,发现路上有马蹄的痕迹,距离很相等;我想:这真是一匹步伐极好的奔驰的好马。林子里的路很窄,只有七尺宽,两旁的树离路中心是三尺半,而树上的尘土都被扫了一些。所以我说:"这匹马的尾长是三尺半,在奔跑时马尾巴左右摆动刷掉了路边树上的尘土。林间道路两旁树木交接,形成一个半圆的环洞形树阴,离地面有五尺高,树阴下有些新落下的叶子;我明白那是给马碰下来的,可见那匹马身高五尺。至于马的口嚼子,一定是用二十三克拉的黄金打的,因为嚼子在一些石头上碰擦过。我认得那是一块试金石,我还把那块石头作了试验,又因为马蹄在另一块石子上留下痕迹,所以我可以肯定马掌是成色为十一钱的银子打的。"

法官们都十分佩服查第格的细致的洞察力;消息传到王上和王后那里,王宫内、会议上到处都在谈论查第格的聪明,有几位大司祭认为应当把查第格当作妖人烧死;王上却下令发还查第格四百两黄金的罚款。检察官、书记官、执行官,排着仪仗,把四百两黄金送回查第格家,不过扣掉了三百九十八两诉讼费;路随的衙役们又向查第格讨了赏钱。

查第格觉得一个人太博学了有时真危险,便打定主意以后再不会把看到的事情说出来了。可是,时隔不久,监狱里逃掉了一个被判重刑的犯人,从查第格窗下路过。查第格受到了盘问。他一言不答,但有人证明他当时曾向窗外张望过。为了这个罪名,他被罚了五百两黄金,按照巴比伦的规矩,他还得向诸位法官谢恩,感激他们的宽大。查第格心里在想:"天哪!树林跑过王后的狗和王上的马,你再去散步就该倒霉了!在窗口站一会也会有危险!在这个世界上要找到点快乐真难啊!"

四、红 眼 病

查第格受了命运的折磨后,想用哲学和友谊来排遣。他在巴比伦近郊有所房子,布置得十分幽雅,他搜罗了所有与上等人身份相称的艺术品和乐器陈设其中。日间,学者们可以到他的艺术室里看书;夜晚,上等人都可以到他家里晚餐。但他不久就发现学者非常危险。为了查拉斯图拉禁食葛里凤①的戒令,他们有一场激烈的辩论。有的说:"要是世上没有这种动物,就不用禁止人吃了!"又有的说:"既然查拉斯图拉禁止人吃,那一定有这种动物。"查第格有意为他们调解,就说:"如果真有葛里凤我们就不吃;如果没有,我们更不会吃,这样我们大家都不会违背查拉斯图拉的戒令了。"

有一位学者写过十三部关于葛里凤属性的专著,又是自称能与神灵沟通的巫术大师;他诡秘地到总司祭叶甫面前控告查第格。叶甫是个最愚蠢、最偏执的加尔提人。他决定用残酷的木柱穿腹

---

① 神话中一种半狮半鹫的怪物。

的刑罚处死查第格,用他来祭祀太阳神。他在念查拉斯图拉经文时,语调也很得意。好朋友加陶(一个朋友胜过一百个教士)去见老爷叶甫。和他说:"太阳万岁!葛里凤万岁!您千万不要责罚查第格:他是位圣者,在他养牲口的院子里就有葛里凤,可绝对不吃它。控告他的人倒是在妖言惑众,胆敢胡说兔子的脚属分蹄类,还说这动物并非不洁。"①糊涂又愚笨的叶甫摇晃着秃头说道:"好吧,既然查第格对葛里凤怀有恶意,控告他的人对兔子出言荒谬,两个人该受洞腹的极刑。"加陶又托一位姑娘从中斡旋,把事情平息了。那姑娘曾经和加陶生过一个孩子,在祭司总会里颇有影响和势力。结果谁也没有受洞腹之刑;好几位博士都在私下议论,说这是巴比伦王国气数将尽的预兆。查第格生气地叫嚷着:"一个人究竟靠什么才能幸福?这个世界上的一切,连莫须有的东西也要害我?!"他咒骂学者,从此决定只跟上等人来往。

　　查第格结交的都是一些巴比伦最高尚的男人和最可爱的妇女。以精美的晚餐招待他们。饭前还常常有个音乐会。饭桌上谈吐风雅、兴致甚高,查第格总想让大家在谈论时不要互相争辩,或卖弄才情;因为那样容易伤人和气、也有些俗气。他对朋友和菜肴的选择不图虚荣,不讲表面,而求实际;这使他赢得了真正的敬意,而这一点又不是他故意做作刻意追求的。

　　他房子对面住着一个名叫阿利马斯的人,粗俗的脸上活生生地画出他凶恶的内心。他一肚子坏水,经常发牢骚装成一副骄傲的神气,称得上是一位讨人厌的才子。因为他在交际场中很不得意,就常用诽谤来报复。尽管他家里也很有钱,可是连最爱拍马屁

---

① 《圣经旧约·申命记》第十四章云:凡蹄分为两瓣而又反刍的走兽均可食。又说:骆驼、兔子、沙番不可吃,因为它们反刍而不属分蹄,所以是不洁之物。

的小人也不肯招惹他。查第格家每天晚上宾客盈门,欢声笑语,使他很不舒服;颂扬查第格的声音更使他气恼。有时他到查第格家里去,不经邀请就上了桌子,让客主都很扫兴,就像传说中的妖精哈比,要是他碰到肉,肉也会腐烂掉。有一天阿利马斯预备大办筵席,款待一位太太,谁知这位太太不领情,拒绝了,反而去了查第格家吃饭去了。又有一回,他在宫中和查第格谈话,遇到一位大臣、大臣请查第格吃饭而不请阿利马斯。世界上最难化解的仇恨,往往并不是由于什么重大原因。这个在巴比伦被称为害红眼病的人,存心要陷害查第格,因为查第格被称为福人。正如查拉斯图拉说的那样:每天都有一百个机会作恶,一年只有一个机会行善。

看别人眼红的家伙有一次到查第格家:查第格正陪着两个朋友和一位太太在园中散步;他喜欢对那太太说些殷勤的话,除了随口说说,并无他意。那天谈的是新近结束的战事。巴比伦王把属下的诸侯伊尔加尼打败了。在那次短暂战役中表现得很勇敢的查第格,极力颂扬王上,尤其歌颂那位太太,他当场作了四句诗,拿起石板写了下来,给那位美丽的太太看,朋友们争着要传阅;查第格为了谦虚,也为了爱惜文名,拒绝了,他知道,即兴诗只有对题赠的人才有意义;他把石板裂为两半,随手扔进了蔷薇花丛,大家白找了一阵就过去了。接着下起了小雨,众人都进了屋子。眼红的阿利马斯却在园中四处搜寻,终于找到了两块碎片中的一块。半块石板上的残留诗句每行都有意义,竟是句子短小的诗。更让他惊奇的是,这首小诗的意思是对王上最恶毒的侮辱,念起来是这样的:

罪大恶极的暴行,
高踞着宝座。

为了大众的安宁,
这是唯一的敌人。

眼红的阿利马斯生平第一次觉得快乐了。他觉得手中的把柄足以断送一位有德有望的人。他泄愤的目的快要实现了,心里有说不出的痛快,托人把查第格亲笔写的诽谤诗送给王上。查第格和他的两个朋友,还有那位太太,一起下了狱。案子未经审判就定下了。宣判那天,阿利马斯等在路上,大声地对查第格说他的诗一文不值。查第格从不自命不凡说自己是高明的诗人,但判他大逆不道之罪,一位美丽的太太和两位朋友也受牵连关进大牢,不由得悲痛万分。不容他开口争辩,因为那半块石板就是他的罪证和口供,这是巴比伦的法律。他被押上法场,路旁挤满了人,但没有谁敢可怜查第格;人们在打量着他的脸,看他是否能从容赴死。伤心的只有他的家属,因为他们不能得到遗产。按法律,查第格的家财四分之三归国王,四分之一要赏给举报人眼红的阿利马斯。

就在查第格被押赴刑场的时候,国王的鹦鹉飞出了回廊,飞向查第格家的园子,在蔷薇丛中停下。因为近旁一株树上有只桃子落到蔷薇丛中间,粘在一块写了字的石板上。鹦鹉衔着桃子,连同石板一径飞到国王的膝上。国王觉得奇怪,觉得石板上的文字好像是诗句的结尾,单看它毫无意义。国王一向喜欢诗歌;遇到爱诗歌的国王,事情总是好办的。国王为此事左思右想。还是王后记录了查第格写在石板上的句子,便叫人把石板拿来,两块拼在一起,完全相吻合,于是查第格的原诗也全部看清楚了:

罪大恶极的暴行,搅乱了朗朗乾坤;
高踞宝座,圣主降服了所有邪魔。
为了大众的安宁,为了爱民而出征;

这是唯一的敌人,使叛逆者胆战心惊。

国王立即召回了查第格,下令把他的两个朋友和美丽的太太释放出狱。查第格伏在国王和王后御前,五体投地,诚惶诚恐地请求王上宽恕他写的那首拙劣的诗。国王和王后见他谈吐文雅,才思敏捷,又切中事理,便决定再度召见他。他去了,应对自如更加使国王满意。将诬告者阿利马斯的全部家产处罚给查第格;查第格却分文不取。阿利马斯并不感激,只为能保全自己财产而高兴。国王对查第格宠信日隆,一切娱乐都召他参加,大小国事都向他咨询。从此王后瞧着查第格的眼神都含有一种异样亲切的表情,这事对王后,对她尊严的丈夫、对查第格,对国家都可能是一种危险。查第格却开始认为,一个人要得幸福也并不难。

五、侠义的人

这一年正逢五年一次的大庆,按照巴比伦一向惯例,每五年一次大庆,每五年要选拔一个行为最侠义的公民,并在庆典大会上宣布姓名。各位大臣和各位祭司担任评判。管辖京城的大都督推荐他在任期间发生的最高尚的事,作出报告,然后举行投票,再由国王决定。连世界上最偏远的地方都有人来参观这个大典。优胜者由国王亲赐一只装满宝石的金杯,还加上几句话:我赐你这件奖品,表彰你的侠义,但愿神明多给我几个像你一样的子民。

隆重的节日到了:国王登上宝座,周围是大臣、祭司和各国来的观光代表。获得这项荣誉,不是依仗骏马的矫健、也不凭武士的勇力,而要凭个人的德行。大都督报告了一些事迹,都是够得获此至高无上的大奖的,他绝不谈查第格宽怀大度,退还阿利马斯全部家产的事;那件事不足以使他有资格参加竞选。

他先介绍一位法官,由于不需要他负责的失误,使一位公民打输了官司,损失巨大;法官拿出自己全部财产补偿了那位公民的损失。

接着又推荐了一位青年,他如痴如狂地爱着未婚妻,但他有一个朋友对他的未婚妻害着相思病,快要死了。这青年就把未婚妻让给了自己朋友,还送了一份陪嫁。

接着又讲到一个小兵,在战役中表现得更有义气。几个敌人跑过来抢他的情人,他奋勇抵抗;忽然有人报告,说他的母亲被敌人掳走;他哭喊着丢下情人,赶去救出母亲;回头再找到爱人,爱人已经快死了。他想自杀;母亲说要是他死了她就无依无靠了,于是他便鼓足勇气忍着痛苦活了下去。

一般评判员倾向选这个士兵。国王却说:"这个士兵和其他两个人,行为固然高尚,但我并不觉得惊奇;昨天查第格做了一件事,却在我意料之外。前几天我罢黜了宠臣高兰勃,把他骂得狗血喷头;所有朝臣都火上加油,竞相讲高兰勃的许多坏话,还说我心肠太软。我征求查第格意见,他居然敢说高兰勃的好话。拿家产补偿过失,把情人让给朋友,为了母亲而牺牲爱人:这类例子在历史上都有过;但从来没有一个朝臣敢替一个失宠之臣,国王正在震怒而大加责骂时说好话。刚才提到的几个义士,我每人赏两万金洋;可是那只金杯,我赐给查第格。"

查第格答道:"真正有资格获得金杯的是陛下;是陛下作了旷古未有的事;陛下身为国王,听了臣子的逆耳之言,竟不以为罪。"

大家都赞美国王和查第格。捐献家产的法官,把爱人让给朋友的青年,为救母亲而牺牲情人的士兵,都得到了国王的奖赏,在侠义录上留了名。查第格得了金杯。国王得了圣主的英名,可惜这英名未能保持长久。那天的庆典超过了法律规定的时间;直到今天,亚洲人还记得。查第格说:"啊,我终于幸福了!"可惜他想错了。

六、宰　　相

原宰相病故,国王命查第格接任。巴比伦所有漂亮的太太们都很欢迎,因为自开国以来从未曾有过这样年轻的宰相。所有的大臣都为此而气恼;眼红的阿利马斯气得吐了血,连鼻子也肿了。查第格向王上、王后谢恩,又向鹦鹉表示感谢,说道:"美丽的鸟儿,是你救了我,今天才当上宰相;陛下的马和王后的狗害得我好苦,你却赐福于我。真想不到人的命运会受这些动物操纵!"鹦鹉答道:"是的!"查第格听了大吃一惊;但他是聪明的唯物论者,不相信鹦鹉能预言,一会儿就不放在心上了,尽心竭力地履行宰相职责。

他教每个公民都感到法律的神圣,而不让任何人感到他爵位的威严,对枢密院的舆论决不干预,所有大臣都可以发表任何意见,他决不会感到不快。审理案件,依照法律判决;法律太严时,他给予减轻;没有法律可引,他就另立新法,其公正合理,人们竟以为是查拉斯图拉订立的。

"罚一无辜,不如赦一有罪。"这个流传各国的伟大格言,就是从查第格来的。他认为法律作用就是惩恶扬善,使百姓们既感到需要法律保护,又感到法律威严,很多人都喜欢隐藏事实,查第格明显的才能就是辨明真相。接任不久,他就运用了这一了不起才能。巴比伦一个有名商人死在印度;他生前嫁了女儿,把余下的财产分给两个儿子,还留三万金洋,预备赏给两个儿子中公认为更孝顺的一个。大儿子替他造了一座坟;小儿子拿出一部分遗产送给妹妹。大家都说:"大儿子孝父亲,小儿子爱妹妹;三万金洋应当给大儿子。"

查第格分别找来了两个儿子。他对大儿子说："你的父亲没有死,是生了一场病,最近好了,就要回巴比伦来了。"大儿子听了说:"感谢上帝!只可惜一座坟花了我很多钱!"查第格接着又对小儿子照样说了一遍。小儿子听了说:"感谢上帝,我要把全部财产还给父亲;但我已给了妹妹一份,希望父亲能给她留着。"查第格说:"你什么也不用还,另外再给你三万金洋;更孝顺父亲的是你。"

一个很有钱的女子对两个祭司都许了婚事,在与他们交往一段时间中,她怀孕了。两个祭司都要娶她。她说:"我要嫁给能为我们国家多添一个公民的男人。"一个说:"她怀的孩子是我的。"另一个说:"这该归功于我。"女子说:"你们两人之中谁能给孩子受最好的教育,我就承认他是孩子的父亲。"她生下一个儿子。两位祭司争着要领养。他们告到查第格那里。查第格把两人叫来,先问一个:"你对你将要监护的孩子预备教他些什么?"一个较为博学的祭司说:"我要教他八种辞类,教他辩证法、占星学、魔鬼附身术;教他何谓本体、何谓偶然、何谓抽象、何谓具体、何谓单元、何谓先天和谐。"另外一个祭司说:"我要努力使他做一个正直的人,能与他人交朋友的人。"查第格判道:"不管你是不是孩子的父亲,你可以娶他的母亲。"

七、调解与接见

由于查第格的仁慈心肠和他卓越的才能,人人敬佩他,他受到一致爱戴。他被认为是世界上最有福气的人;全国的人没有不知道他名字的;妇女们争相打着手眼镜看他;国民们都颂扬他的正真,学者也奉他为博学多才的权威,教士们也说他比老的总祭司叶甫还有学问。再没有谁会拿葛里凤之类案子告他了;大家相信他认为可信的事。

一千五百年以来，巴比伦有件争论不休的大事，全国为此而分成两派，各不相让。一派认为跨进太阳神庙只能用左脚；另一派则痛恨这种习惯，主张用右脚先进庙门。大家都在等圣火节的到来，看看查第格属于哪一派。所有的眼睛都盯着查第格的一双脚，看他怎样进入庙门。结果查第格在走近门槛时，把双脚并起来，跳进了庙门，然后发表一篇雄辩的演说，证明天地的主宰对人是一视同仁的，不会对先用左脚或先用右脚有什么偏爱。

眼红的阿利马斯和他的女人，认为查第格的演讲毫无文采。他们说："查第格的语言贫乏缺少才气：我们既看不到海洋咆哮，星辰的坠落，也看不到月球像蜡一样融化；美妙的东方文体，他一点也没有学到。"但查第格的风格是只求入情入理。众人都赞扬他，并非因为他知书达理，为人正派又和蔼可亲，而是因为他是一人之下万人之上的宰相。

查第格还圆满地处理了白衣祭司与黑衣祭司之间的一桩大公案。白衣派祭司认定面向东方祈祷是在亵渎上帝；黑衣派祭司则坚持说，上帝最恨祈祷的人面向西方。查第格则下令宣布，面向何处，各听其便。

查第格有自己的处理事务的习惯：把例行的公事和特别事务都在早上办完。其余时间则用来规划巴比伦市容。让人伤心落泪的悲剧和使人发笑的喜剧，都久已过时，但查第格趣味高雅，又重新提倡。他并不认为比艺术家懂得更多，他只是赐给他们以恩惠和荣誉，对他们的才华从不忌妒。晚上，他在宫中娱乐国王，尤其是王后，王上说："多了不起的宰相！"王后说："多可爱的宰相！"两人都又补充说："若是当初把他处死，那就真太可惜了！"

从来没有一位宰相要接见那么多太太。她们要见查第格尽谈些无关紧要的事，目的是要和他有点事。眼红的女人在第一批中求见,她手持查拉斯图拉经典,用太阳神的名义赌咒,说她对丈夫的行为深恶痛绝;说他是醋罐子,是粗暴的男人。她还透露说,男人所以能像神仙一样快活,全靠圣洁的火焰给他带来奇妙的效果,而她丈夫受到了天罚,得不到那个法宝。最后她把吊袜带掉在地下,查第格很有礼貌地捡了起来,但未替她扣在膝上。这小小"过失",竟在后来给他带来空前的大祸。而查第格是事过即忘的,眼红的女人却怀恨在心。

　　巴比伦野史上说,天天都有太太们求见,查第格投降过一次。但他并无快感,拥抱情妇时心不在焉,连自己也感到奇怪。受到他这种莫名其妙宠幸的,是王后阿斯达丹的一个侍女。这个多情的巴比伦女子为自己辩解说:"他脑子里有许多事,连谈情的时候还在想问题。"在和女人亲热时有些男人一声不吭,有些人则山盟海誓,而查第格却情不由己地叫了声:"王后!"那位侍女以为查第格太快乐了,把她叫作:"我的王后!"查第格始终心不在焉,又叫出了阿斯达丹的名字。这位太太却往好处想,甚至有点得意忘形,她以为查第格的意思在说:"你比王后阿斯达丹还美!"她带着精美的礼物离开查第格寝处,把自己的得意告诉了她的好朋友、眼红的女人听。眼红的女人原因为没有勾搭上查第格,又见别人得宠,又气又恨,说道:"他连这根吊袜带都不肯替我扣上,我从此不再用它了。"——"噢!噢!"得意的女人对眼红的女人说:"你的吊袜带和王后用的一个样子,是不是同一个女工做的?"眼红的女人听了,立刻出了神,一言不答,回家与她的丈夫商量去了。

　　近来查第格无论是会客,还是审案子,老觉着心猿意马的,不知是什么缘故。这是他唯一的烦恼。

　　他做了一个梦:先是睡在干草堆里,觉着有些刺人;后来是躺在满是蔷薇花的软软的床上,花瓣里钻出一条蛇来,伸出毒舌咬了他一口。他说:"唉!我在有刺的干草堆里睡了很久,后来又躺在蔷薇花上;可那条蛇表示什么呢?"

八、嫉　　妒

十年河东十年河西,过分好的运气会给查第格带来灾难,而他的优异才华更会使灾难来得更快。每天与王上和王后谈天。漂亮的服饰能衬托人的美貌,存心讨好也是一种才华;查第格的谈吐越来越能打动人。他少年风流,无形中给阿斯达丹一个好印象,而她自己并不觉得。情爱之念在她的心田滋长起来,她只觉得和一个国王与国家都倚重的人时常见面、聊天,非常有趣。她常在国王面前夸赞查第格,也常对侍女们讲他好风度,她们就极力附和,这种种情形联系起来,就把爱神的箭扎向她的心,而她像是一点也未察觉,她送礼给查第格,也没有想到有什么别的意思;她以为自己是王后,只在和一个臣子有着令人快意的交往而已;但她还是时不时地表现出她已动了感情。

阿斯达丹的姿色,远是背叛查第格的赛弥尔和想割掉丈夫鼻子的女人所不能及的。阿斯达丹十分亲昵,羞怯地讲些温柔的话,假装看着别处,眼神却不离开查第格,这使查第格神不守舍,心中涌起一阵阵热情。他竭力克制;向一直帮助他的哲学求救;他找到了理性,理性却排解不了他心中的烦闷。责任心、感恩之心冒犯君王的罪名,在查第格心目中是威严赫赫的神魔。他无法战胜这一切,他用眼泪和呻吟克制感情,痛苦地挣扎着。他和王后都喜欢无拘无束地谈话,那样极其快乐;而现在他不能再用这种态度了。眼睛蒙了一层雾;说话前言不搭后语,说话很拘谨;低着头,偶尔不由自主地抬抬眼,看到王后眼里含着泪水,眼神火辣辣的;仿佛彼此心里都在说:"我们相爱又害怕表露,我们心中都有一股被看成罪恶的热情。"

查第格见了王后出来，如醉如痴、神思恍惚，心事沉重；他把心事告诉了好友加陶。

加陶对他说："你想瞒着自己感情，那太痛苦了。我早就察觉到了。情欲自有一些迹象表现出来，别人总会看得出来。亲爱的查第格，我都能看透你的心思，难道王上就发现不了你心中那股冒犯他的感情吗？他是天底下最嫉妒的男人，这是他唯一的缺点。你是哲学家，所以你比王后更能压制感情。阿斯达丹是女人，她觉得自己没有犯罪，所以眉目之间表情一无顾忌。她的清白使她过于自信，在人前就不知检点。她越是问心无愧，就越叫人担心。如果你们之间有了默契，倒能瞒过众人耳目。勉强克制初生感情，反而惹人注意，得到满足的爱情容易隐藏。"这一番话等于劝查第格欺骗王上；查第格听了浑身哆嗦。他对王上无意冒犯了，但确实忠心耿耿。可是王后提到查第格的次数越来越多，一提到查第格名字她就脸红，在国王面前和查第格谈话表情那么兴奋，有时显得慌张，查第格退朝回去了，她像是若有所失的一味出神：国王看在眼里，心中十分烦恼。他对看到的一切全部相信；没有看到的，用想象来补充。他特别注意到，王后的拖鞋是蓝的，查第格的拖鞋也是蓝的；王后的丝带是黄的，查第格的便帽也是黄的。这些对于爱多心的国王是多么触目惊心！他心里已经有了醋意，猜疑自然就成了事实。

国王和王后的奴仆们，个个都会揣摩主子的心事，时隔不久大家都看出了阿斯达丹动了爱情，国王摩勃达起了妒性。红眼人阿利马斯唆使他的老婆把她那和王后同样的吊袜带送给国王。偏偏那袜带也是蓝的。国王决定要报复了。一天夜里，他命令一个专为他泄愤的十分狠毒的太监，要他第二天黎明前毒死王后，绞死查第格。宫中有个哑而不聋的小太监,没人会提防他什么,所以他能看到宫中一切秘密,小太监对王后和查第格素有好感,听到国王要将他俩处死,十分惊骇。考虑再三,决心救这两人性命,给他们通风报信。他不会写字,可他会画图,而且画得很像。于是他费了半夜工夫,把要告诉王后的事画出来。图中国王大发雷霆,向太监发令;桌上有一根蓝色的绳子,一个瓶子,几副蓝色吊袜带、黄丝带;王后在图的中间,倒在宫女怀里奄奄一息;查第格横在王后脚下,已经被绞死。以旭日方升作背景,说明残酷的死刑将在黎明时执行。图画完后小哑巴赶紧去找王后的侍女,把她叫醒,用手势要她马上把画送给王后。

半夜有人敲查第格的门,把他叫醒,递给他王后的一封信。查第格以为在做梦,用发抖的双手拆开信,读了之后大惊失色,其诧异、惊骇与绝望程度无法形容。信上写道:

>你得马上逃走,有人要取你性命。查第格,你快逃吧,看在你我爱情和我的黄丝带的份上,你非听我的话不可,我自知无辜,不得不含恨含冤而死!

看完信查第格连说话力气都没有了,他派人找来了好友加陶,给他看了王后的信。加陶劝他照办,要他立刻逃往孟斐斯。他说:"倘若你冒险去见王后,等于要她快死;倘若你去见王上,也还是送她性命。她的命运由我负责,你管好自己就行。我会透出风声,说你逃往印度。我不久会来找你,告诉你巴比伦的情形。"

加陶立即叫人在秘密的通道口套好两匹快速的单峰骆驼,把查第格扶上去。由一个仆人陪着出走。加陶又惊骇又难过,看着朋友的身影在夜幕中消失。

查第格,这位出逃的名人,来到郊外一座山冈上,居高临下俯瞰巴比伦城,望着王后的宫殿,他晕倒了。当他醒来时还在痛哭流涕,但求速死。想到自己心爱的人、世界上第一位王后的悲苦的命运。又想到自己的遭遇,大叫道:"人生啊!你是怎么一回事!德行啊德行!你对我又有何用?!两个女人无耻地欺骗我,第三个清白无辜,长得那么美,倒要死掉!我一生做好事,竟都成了祸根,荣华富贵叫我在苦海中陷得更深。要是我和别人一样用心险恶,也不是和他们一样快乐吗?"人间种种不平,许多往事使他悲愤不已;眼前是一层痛苦的帷幕面色惨白,整个心灵陷入了绝望的深渊,他继续朝埃及的方向进发。

九、挨打的女人

查第格照着星辰方位向前赶路。猎户星和天狼星的光亮指点他向加诺波口岸前进。他欣赏这些巨大的光球,虽然在我们肉眼看来不过只是些微弱的光亮;其实,我们的地球也只是宇宙中细微难辨的一个小点点,人类的贪心却把它看作硕大无边、高贵至极。查第格想到人类的实际情形,也不过是些虫蚁而已,挤在一棵小小泥丸上互相吞食。这幅真切的图画使他觉得自己的生命和巴比伦的存在都毫无意义,于是所有的苦难也就无所谓了。他的心灵飞向无垠的太空,摆脱了肉体,只管对着宇宙之间永恒不变的法则出神。一旦他神志清醒,感情又恢复了,他又想到阿斯达丹已为他而死;宏大的宇宙消失了,天地之间他看到的只是将死的阿斯达丹和遭难的查第格。

他心神不定地向埃及边境进发,一会觉得心情豁达,一会儿痛苦万分。进入埃及境内,忠实的仆人到一个小村落替他找住处去了。查第格在村外信步走走,忽然看到路边有个女子在啼哭,呼天叫地地喊救命,一个狂怒的男人追赶过来,她抱住男人的腿,男人对她又打又骂。查第格看到男的又凶又狠而女的一再求饶，便知道一个是拈酸吃醋，一个是另有所欢。女的娇艳动人，真有点像阿斯达丹；查第格把她打量一番，很是同情她，十分痛恨那埃及男人。女的又哭又喊："救救我啊！这野蛮的男人快把我打死了，救命啊！"

查第格看到此情，奔了过去把身子挡在她和埃及人之间，他懂点埃及文，就用埃及话对他说："她是个弱女子，如此娇美，你应爱惜她才是，如何这样打她，你还有点人性吗？你等于把一件天生的宝物踩在脚下，她只会啼哭，不会反抗，你怎能这样忍心糟蹋她呢？"那疯狂了的男人答道："啊！原来你也喜欢她！那我就跟你算账。"他本来揪着女人的头发，那时松开了手，拿起标枪向查第格刺来，想一下子戳死这个外国人。查第格很沉着，灵活地躲过了他的袭击，转手抓住了标枪，一个想夺回，一个想抢下，结果标枪被折成两截。埃及人掣出佩剑，查第格也以剑相迎；两人斗在一团。一个接二连三地攻击，一个身手矫健地招架。女的坐在草地上整着发髻，看他们厮杀。埃及人勇猛；查第格灵巧。他的手是听大脑指挥的；对方却只像疯子一样，凭着一股无名之火乱攻乱打。查第格抢上一步，夺下他的武器。埃及人愈加疯狂，向查第格直扑过来；查第格趁势抱住对方，用力将他翻倒在地，用剑指他胸口要他讨饶。埃及人发火了，掏出匕首，正当查第格有意饶他时刺伤了查第格。查第格盛怒之下，一剑戳进了他的胸膛；埃及人一声惨叫，挣扎一会儿，死了。

查第格走到那女人面前，声气柔和地说："他逼得我没有办法，只能把他杀了。我替你报了仇；你这下子可以逃出蛮横人的手掌了。现在，太太，我还能为你做些什么呢？"她说："坏蛋，我要你死！你杀了我的情人，我恨不得撕碎你的心。"查第格说："太太，你找的情人太古怪了,会狠命地打你。是你向我求救,他还要伤害我的性命。"女人大叫大喊地说:"他要能够再打我,我才高兴呢;那是我活该,是我惹得他嫉妒的。我要他打我,我要他活过来,要你死!"查第格听了,觉着一辈子都没有这样惊奇,这样生气;他说:"太太,你虽然长得好看,可你荒唐透顶,无怪那个男人打你,连我也要揍你了;但我不愿意费这个劲!"说完,他跨上骆驼朝村子去了。走不几步,四个巴比伦差役的声音使查第格回过头去。他们骑着马飞奔而来。其中一个见了那女的嚷道:"准定是她,她跟人家说的相貌很像。"他们不顾地下的尸体,抓住那个女的。女的连声叫唤查第格:"侠义的外国人,再救救我吧!我刚才错怪了你,请你原谅!救救我罢,我一辈子跟着你好了。"查第格再没有兴致为她打架,答道:"找别人去吧!我再不会上当了。"

查第格受了伤,流着血,需要救护。四个巴比伦人大概是国王摩勃达派来的,查第格见了也很惊慌。他赶忙转身向村子走去,他猜不透那四个差役为什么要抓走这个埃及女人,但他更奇怪的还是那个女人的性格。

十、奴 役

查第格走进埃及的小村,立刻就被村民们围住了。他们嚷着:"是他拐走了美人弥苏芙,刚才又杀了克莱多斐斯!"查第格回答说:"诸位先生,我要拐走美人弥苏芙才叫倒霉呢!她太任性了。克莱多斐斯并非我谋杀的,我不过是在自卫,他要杀我,因为他毒打弥苏芙,我客气地为她求情。我是外国人,到埃及来要找个栖身之所;我正要投奔你们,哪有先拐走一个女人,谋杀一个男人的道理?"

那时的埃及人是公正的,讲情理的。他们把查第格带到村公所,先为他包扎了伤口,再把他和仆人分开,分别盘问,调查实情。大家承认查第格不是故意杀人,但他犯了人命,依照法律应当罚做奴隶;两匹骆驼被卖了,充作公款;带着的黄金全部没收,分给村民。查第格和他的仆人被陈列在广场上插标出售。一个叫赛多克的阿拉伯商人出价最高,买下了。但能吃苦的仆人卖的价比主人贵得多。主仆同是奴隶,查第格还得受仆人管辖。他们脚上套着链条缚在一起,跟着阿拉伯商人回家。查第格在途中安慰仆人,劝他忍耐。又照例对人生发表了许多感慨。他说:"我时运背了,连累了你,到此为止,所有事情都很奇怪。因为一只母狗,我付了罚金;为了葛里凤,我差点儿受洞腹极刑;写诗颂扬王上,被送上断头台;因为王后用了黄丝带,我几乎被绞死;这回因为一个蛮子殴打情妇,我和你同做了奴隶。好了,别灰心,说不定会有出头之日的。阿拉伯人做买卖非要奴隶不可;我跟别人一样是人,也就能跟别人一样做奴隶。这商人不至于太狠心的,他要奴隶好好为他当差,就得好好对待奴隶。"他这样说着,心里却还挂念着巴比伦王后的命运。

两天后,商人赛多克带着手下的奴隶和骆驼,向着荒凉的阿拉伯进发。他的部落住在奥兰勃沙漠附近。路途艰难又遥远。路上赛多克对查第格的仆人要比对查第格客气得多。因为仆人套骆驼的本领比主人强得多;有点小恩小惠也是赏给他的。

离奥兰勃还有两天路程,死了一头骆驼;它驮的东西都分给了下人们负担。查第格也分了一份。赛多克看到所有的奴隶都弓着背走路感到可笑。查第格不怕唐突,给他解释说:这是为了保持平衡的道理。商人听了很惊奇,便对他另眼相看了。查第格发现主人有好奇心,越发在这方面下工夫,告诉他许多与买卖有关的知识;如体积相同的各种金属与各种货物的比重,几种对人有用的动物的特性,怎样使无用的动物变得有用,等等。后来赛多克察觉出查第格是一个大智大慧,学问渊博的人了。他原先很看重查第格的同伴,现在却更加喜欢查第格了,待他很好。当然,赛多克的这番好意并没有落空。

回到自己部落,赛多克要向一个希伯来人讨还五百两银子的债。当时的两个证人都已死了。这个希伯来人想吞没赛多克的钱,企图赖账。查第格已经成了主人的顾问,主人便向他诉说了此情。查第格问:"你在哪里把五百两银子借给那骗子的?"赛多克回答:"在奥兰勃山脚下的一块大石头上。"——"你的债务人是怎样的性格?"——"还不是骗子那种性格?"赛多克回答。——"我问他的脾气是急躁的还是冷静的,是谨慎的还是冒失的?"——赛多克说:"在所有赖债人中,他是最急躁不过的。"查第格便请求说:"那好办,请让我代你去向法官申诉。"他果然设法把希伯来人传到庭上,然后向法官说:"当今圣主临朝,全靠大人代行公道。这个人欠我主人五百两银子,不肯归还,我代表主人追讨。"法官问:"可有证人?"——"证人都死了;不过当时借银是在一块大石头上点交的;只要大人下令,叫人把石头搬来,我想上面一定有凭据。我和希伯来人留在这儿,等石头搬来,搬运费可由我主人承担。"——"好吧!"法官说完就审理别的案子了。

等审完另一宗案子,法官问查第格:"怎么!你的石头还没有搬来?"希伯来人笑道:"大人等到明天,石头还不会来呢!它离这儿有几十里地,要十五个人才能搬动。"查第格叫道:"对啦,我早就告诉大人,石头可以作证的;他既然知道石头在什么地方,就是承认借银是在石头上点交的。"希伯来人听着慌了,不得不全部招认。法官命令把希伯来人缚在石头上,不给饮食,直到把五百两银子还清。就这样,查第格为主人讨回了欠债。

奴隶查第格和大石头的故事,传遍了整个阿拉伯。赛多克更是高兴,从此把查第格当成了知己,就像以前的巴比伦王一样,已经少不了查第格了。

十一、殉　　夫

阿拉伯曾有一个惨无人道的风俗,源出于大月氏,那是受婆罗门僧的影响,在印度已经根深蒂固,大有蔓延全部中东国家的危险。一个已婚男子死了,他的妻子若要成为圣女,就得当众抱着丈夫的尸体一同火化,这是一个十分庄严的典礼,叫作节妇殉夫。殉夫的寡妇最多的部落最受尊敬。赛多克的部落里有个阿拉伯人死了,他的遗孀阿莫娜是个虔诚的信女,宣布当于某日某时在鼓乐声中投火殉夫。查第格向赛多克解释,这种残酷的风俗与人类的利益完全不符;年轻的孤孀还能为国家生儿育女,至少可以抚育原有的孩子,不该让她们投火自焚。他劝告赛多克,要是可能,应当改变这一陋俗。赛多克觉得有理,但却又说:"节妇投火的习俗已有上千年历史,习惯就像是钦定的法律,谁敢改变?还有什么东西能比古老的习俗更不可侵犯呢?"查第格答道:"要讲古老,理性才最古老。你去和部落的首领谈谈,让我去见见那个年轻的孤孀。"

他叫人带他到寡妇家;极力称赞她的美丽,博取她的欢心;再对她讲把这迷人的风韵付之一炬是多么可惜;然后又赞美她的贞节和勇气。他说:"看来你是非常爱你的丈夫的了?"那位阿拉伯女子却回答:"我才不爱他呢,他是个又粗暴又嫉妒、叫人受不了的汉子;可是我已经拿定主意要跟他一同火葬。"查第格说:"那么,想必一个人被火活活烧死是非常快乐的事了。"那位太太说:"啊,我一想到就胆战心惊;但事到如今已是非这样做不可了。我是信女,不为夫殉葬那是要名誉扫地的,会遭众人耻笑。"查第格向她解释,她去殉葬是为了别人,图个虚名。接着又和她谈了半天,使她对人生有所留恋,甚至对和她谈话的人也产生了好感。查第格问她:"要是你肯放弃节妇殉葬的虚名,打算怎么办呢?"那位太太回答:"唉,我想会请求你跟我结婚的。"

查第格一心只想着阿斯达丹,便把她的话扯开了。但他立即去见了部落首领,告诉他经过情形,劝他们定下规矩,寡妇先得跟一个青年单独谈一小时话,才准她殉葬。从此以后,阿拉伯再没有一个投火殉夫的妇女。这个残酷的陋俗流行了上千年,靠着查第格的智慧,一日之间就取消了。可见他是阿拉伯妇女的恩人。

十二、晚　　餐

赛多克觉得查第格聪明过人智慧非凡,再也少不了他,便带着他去赶巴左拉的庙会;那真是个大集镇,天下富商巨贾无有不来此地的。查第格看到不同地域的人会到一处,非常快慰,觉得世界像个大家庭,都在巴左拉团聚了。第二天他就在饭桌上遇到了各式各样的人:一个埃及人,一个孟加拉地方的印度人,一个中国人,一个希腊人,一个赛特人;还有几个别的外国人,都是常来阿拉伯海湾作客的,懂得阿拉伯文,所以彼此都能交谈。埃及人火气十足,说道:"巴左拉这地方太不识货了,我带来天下最珍贵的宝贝,要价一千两黄金都没人要。"赛多克问:"是什么宝贝,人家不肯出这个价?"埃及人回答:"是我姑母的遗体。她生前是埃及最好的女人,一向和我一起生活;这回死在路上,我把她做成一具最好的木乃伊;如在我们埃及拿她做抵押品,要什么都会得到。这儿的人真怪,这样上品可靠的货色,他们连一千两金子都不愿出。"他一边生气,一边正在吃一只白煮肥鸡;印度人却抓住他的手,一副痛苦的样子嚷道:"啊!你这是干什么呢?"那个卖木乃伊的人说:"吃鸡啊!"孟加拉人叫道:"使不得!使不得!说不定死者的亡灵就附在这只母鸡身上,你总不能大逆不道地吃你的姑母吧!何况吃鸡也是对天地的不敬呢。"埃及人有些火了,他说:"什么吃鸡就不敬天地,这是什么意思?我们崇拜牛,不是照样吃牛肉!"印度人说:"崇拜牛?怎么可能呢?"埃及人答道:"当然可能了,这习惯我们已经有了十三万五千年,谁也没有异议。"印度人道:"十三万五千年,你太夸张了。八万年前印度地方才有居民,可是我们确实比你们古老。婆罗门教禁止我们吃牛肉的时候,你们还没有想到把牛放到祭坛上呢,别说人去吃牛肉了。"埃及人说:"比起我们的圣牛阿比斯神,你们的婆罗门简直是可笑的混蛋!他做过什么了不起的事?"婆罗门教徒回答:"婆罗门教读书、识字;全世界的人会下棋,也是由他传授的。"坐在旁边的一个加尔提人插嘴说:"你错了,这些功德都是圣鱼奥纳斯所为,敬它才是正理。谁都会告诉你,这位神道长着漂亮的人头,后面有一条金色的尾巴,它每天出水三次,向人间布道,它有好几个孩子,大家都知道是国王。我家里就供奉它的像,对它顶礼膜拜,牛可以尽吃无妨;吃鱼才是大不敬的事,并且你们两人出身低微,辈分也晚,没有资格跟我争辩。埃及人的历史只有十三万五千年,印度人再夸口也只有八万年;我们却有四十万年的历史。相信我的话,放弃你们的邪教;我可以送你们每人一张美丽的奥纳斯神像。"

中国人开言道:"我十二分敬重埃及人、加尔提人、希腊人、赛尔特人、婆罗门神。圣牛阿比斯、美丽的奥纳斯鱼;但也许理或者像有些人所谓的天,如同牛和鱼一样有价值。我不炫耀自己祖国;它的土地有埃及、加尔提和印度合起来那么大。我不说我们立国的古老;只要人民快乐,古老与否并不相干。但要提到历史,整个亚洲都是我们的,而且在加尔提人还不会做算术的时候,我们已经有了完美的历法。"

希腊人叫道:"你们这些人太没知识了。难道你们不知道混沌为万物之母,不知道这个世界是形与物造成的吗?"他说了半天,被赛尔特人打断。赛尔特人在大家争辩的时候喝了很多酒,便自以为比谁都博学。他连咒带骂地说,值得谈论的只有我们的条太斯神和寄生于橡树的圣树;并把它带在身上,从古以来,世界上只有他的祖先大月氏人是好人;固然他们吃过人,但不能因此而不尊敬他们的民族。谁要敢诽谤条太斯神,非受他教训一顿不可。由此大家争论得更激烈了。赛多克眼看饭桌就要变成了战场了。自始至终不吭一声的查第格这时站了起来,先向火气最大的赛尔特人开口,说他理由充足,向他要了寄生树,然后又把希腊人说的话恭维了一番;于是平息了众人的怒气,查第格又向中国人说了几句,因为他是全场中最讲理的一个。接着他对大家说:"各位朋友,你们差点儿白吵了一场。你们的意见原是一致的。"听了这句话,他们一齐叫了起来。查第格对赛尔特人说:"你崇拜的并非寄生树,而是寄生树和橡树的创造者,对吗?"赛尔特人回答:"当然啰。"——"至于你,埃及先生,大概你是借某一种牛,敬奉一个给你们生出许多牛的主宰吧?"——"是的。"埃及人回答。查第格又道:"比奥纳斯圣鱼更应受尊重的是创造鱼和水的主宰。"加尔提人道:"我同意这话。"查第格又说:"印度人和中国人,跟你们一样承认有个万物的本源;希腊人的高论,我听不大懂,但我断定他也敬重一个造出形与物的,那就是最高的主宰。"大家钦佩的希腊人说查第格完全理解他的想法。查第格接着说:"可见你们的意思都一样,没有什么可争执的。"在场的人都拥抱了查第格。赛多克的货卖了很好的价钱,带着朋友查第格回部落去了。查第格一到,就知道他出门的时候被人告了一状,被判决要用文火烧死。

十三、约　　会

因为查第格破了阿拉伯人节妇殉夫的习俗，所以在查第格随赛多克去巴左拉旅行时，供奉星辰的祭司们商量着要惩罚他。按当地的惯例，这些祭司们在把青年孤孀送去殉葬以后，节妇留下的珠宝首饰都归他们所有。查第格如此可恶地断了他们财路，罚他受火刑还算便宜他呢。他们控告查第格对天神不尊，他们一起作证，赌咒发誓地说听查第格讲过，星辰早上不是落到海里去的。这种大逆不道的言论，把法官们气得浑身发抖，差一点把自己衣服撕破；要是查第格有钱赔偿，他们早就撕破了；他们极度愤怒之下，仅仅判决将查第格用文火烧死。赛多克闻讯又惊又急，到处走路子、托人情救他，可是到处碰壁；后来连他自己也不敢开口了。那时，年轻的寡妇阿莫娜觉得活着很有意思，对查第格真是感恩不尽；她听说有人要加害查第格，就盘算着如何救他性命，但未露一点风声。第二天就要处决查第格，阿莫娜只有当夜去营救。这位善良而细心的女人想了一个好办法。

她本来就年轻漂亮，着意把自己打扮了一番，搽了香水，装扮得极其风流华丽，愈加衬托出她的美貌。她跑去见那供奉星辰的大祭司，要求密谈，来到年高德重的长老面前，她说道："大熊星的长子，金牛星的兄弟，天狼星的堂弟（这些都是大祭司的别号），我要告诉你我心中的顾虑。我没有和亲爱的丈夫一同火葬，怕是犯了天条，我有罪呀，我浑身上下有什么值得保留的呢？不过是一堆现在已经凋残，早晚就要腐烂的肉。"她撩起丝绸衣衫的长袖，露出雪白粉嫩的美丽的手臂。她说："你瞧，这有什么可留恋的呢？"大祭司心里觉得非常可留恋，他先用目光表示，又用嘴巴证实，发誓说他一辈子也没见过如此美的手臂，寡妇叹道："哎。也许手臂还不像别的部分那样丑;但你不能不承认,我的胸部确实不会令人爱惜。"说着她便露出一对天下无双的乳房。与之相比,就是像牙球上放一朵蔷薇花苞,也好比黄杨木上插一根茜草;哪怕是刚洗过澡的羔羊也好像黄里带黑的了。除了这酥胸以外,她那含情脉脉大大的黑眼睛射出温柔的火焰;鲜艳的绯红色和纯洁的乳白色在她的脸上交相辉映;小巧的鼻子;那嘴唇好比两片红珊瑚,含着阿拉伯海中最美的珍珠。老祭司看着,已经飘飘然了,觉得自己已返老还童,只有二十岁了。他结结巴巴地说了几句痴情话。阿莫娜看他已动了情欲,就趁机替查第格求情。他说:"唉,美丽的太太,即使我答应饶他也无济于事;赦免状还得找另外三个同事签字才有效。"阿莫娜道:"不管,你签了再说。"祭司道:"我很愿意,只要你能行个方便,作为我通融的代价。"阿莫娜道:"真是承蒙抬举了;请你等太阳下山,明亮的希望星在天边出现时到我家去;我准定在一张粉红色沙发上恭候,像奴婢一样侍候你,尽你享受。"她带着签了字的赦免状走了。丢下那位老人,任其神魂颠倒。直到晚上,他唯恐精力不济,特意洗了热水澡喝了一种用锡兰的桂皮和两种名贵香料合成的酒,好不心焦地等着希望星出现。

美丽的阿莫娜跑去见第二位祭司。这位祭司见她如此美貌动人,向她保证说,太阳、月亮、明星和天上所有的光辉,跟她迷人的风韵相比,都不过是磷火罢了。阿莫娜替查第格求情,对方要她付出代价,阿莫娜应允了,约他在阿月尼勃星升起的时候相会。从第二位祭司家出来,她又去见了第三、第四位祭司,要他们签字,挨着一颗颗星定了约会。然后她叫人通知法官,说有要事请他们到她家里去。他们来了,阿莫娜拿出四个祭司签了字的赦免状;同时说出了他们赦免查第格所索要的代价。四位祭司都准时来赴约了,一个一个祭司都很惊奇,不但遇到了同事,还有法官在场,不禁满面羞惭。查第格得救了。赛多克对阿莫娜的聪明智慧钦佩不已，娶了她为妻。查第格扑在救命的美人脚下谢了恩，动身往别处去了，临别时，赛多克和他相抱哭了一场，发誓与查第格结为生死之交，相约谁要发了大财，一定和朋友共享。

　　查第格朝叙利亚方向走去，他始终挂念着阿斯达丹，也始终忘不了老是捉弄他、磨难他的命运。他说："怎么！看见一只母狗走过，就罚了四百两金子，写了四行打油诗歌颂国王，便要砍头！因为王后的拖鞋和我便帽颜色相同，就得绞死！救了一个挨打的妇女，就得充当奴隶；又因为从陋俗中救了阿拉伯所有青年孤孀的性命，差点儿又要被活活烧死！"

十四、强　　盗

　　查第格来到与叙利亚接壤的边界，这里是阿拉伯半岛上一片尽是石头的荒原；他走过一座坚固的城堡；从里面走出一群阿拉伯人将他团团围住，喝道："你的财物都归我们了，你的人是我们主人的。"查第格一言未发，拔出剑来；他的仆人也很勇敢，跟着也拔出了剑来。为首的几个阿拉伯人冲上来。被他们刺死了；围攻的人越来越多；他们俩毫无惧色，决意同这群人周旋到底。两个人对付一大群人，这种战斗当然无法持久。城堡的主人名叫阿蒲迦，从一扇窗里看到查第格勇猛非凡，顿生爱慕之心。他急忙走来，拨开手下的人，救出两位旅客。他说："凡打我地面上过的都是我的，在别人地面上碰上的也是我的。我看你是一条好汉，我为你破一次例。"他请查第格进他的城堡，吩咐手下人好好款待。晚上还请了查第格共进晚餐。

　　城堡里的大王是绿林好汉式的阿拉伯人，他干了许多杀人越货的坏事，也偶尔做些好事；他大肆抢劫，也大量施舍；行事为所欲为，待人倒也算温和；大碗喝酒，大口吃肉，十分快活，也豪爽无比。他对查第格颇有好感，查第格原本是很健谈的，一顿饭吃了好半天。最后阿蒲迦说："我劝你在这儿入伙吧，没有更好的出路，这一行不坏，将来你也能跟我一样。"查第格问："请问你干这一行有多久啦？"大王回答："我年轻时就干了。我在一个精明的阿拉伯人手下做跟班，十分受气。看着人人有份的面上，就是没有我那一份，我灰心了。我把自己的烦恼告诉一个阿拉伯老人，他说：'孩子，别灰心。从前有粒沙子，自叹不过是沙漠中一个无声无息的原子；过了几年，这粒沙子变成了钻石，后来成了印度王冠上最美的饰品。'他的话打动了我的心，我本来是沙子，决心要变成钻石。我先抢了两匹马，又纠合了几个伙伴，武装了一下，居然可以拦劫来往客商了。这样，我与别人之间财富的差别就逐渐小了，世界上的财宝我也有份了，不但有了补偿，还有了厚利；大家都很敬重我，我便成了打家劫舍的大王，强占了这座城堡。叙利亚总督想从我手里夺走它，但我已有了充足的财源，不用害怕了；我送了总督一笔钱，城堡就留给我了，我还扩充了地盘。总督还委托我替王上掌管本地区的赋税。我尽了收税的责任，可不尽交税的义务。

"巴比伦的大都督以摩勃达国王的名义，派一个芝麻官来，想把我绞死。那家伙带着命令来了；我已预先得到消息；先当着他的面把他带来的四个随从勒死；然后问他绞死我他可以得到多少报酬。他说大概三百金洋；我告诉他，若跟着我干会好处更多。于是我便收他做了副统领；如今是我手下最得力的一个头目，也是最有钱的一个，自从摩勃达国王被杀，巴比伦大乱之后，打劫的时机是再好不过了。"

查第格听说急忙问："摩勃达王被杀了！王后阿斯达丹怎么样？"阿蒲迦回答："不知道。我只知道摩勃达王发了疯，被人杀了，巴比伦秩序大乱,全国遭殃,我们这些人乘机捞了不少,好买卖还有的是。"查第格问:"你就不晓得王后的下落吗?"他回答:"有人说起过名叫伊尔加尼的侯爵;如果王后没有在动乱中丧命,就是被伊尔加尼掳去做妃子了。不过,我关心的是财物,不是新闻,几次出马,我也掳来过不少妇女,可我一个不留,都卖了,有姿色的就卖好价钱,我从不管她们身份,也不问她们姓氏;哪怕是王后,长得难看也不值钱。说不定阿斯达丹王后就是从我手里卖出去的,也说不定早死了。我管不了这许多,你也不必操这份心。"阿蒲迦边说边喝着酒,狂饮之后,早糊涂了,查第格什么也问不出来。

他垂头丧气、失魂落魄似地坐着发呆。阿蒲迦一边喝一边吹嘘自己是天下最有福气的人,还劝查第格不要闷闷不乐。后来他迷迷糊糊地醉了,上床做他好梦去了。查第格东想西想,一夜没有合眼。他自言自语地说:"怎么!国王疯了?被人杀了?倒也可怜。国家大乱,强盗们倒逍遥快活。天啊!强盗得福,天生丽质惹人疼爱的人偏遭惨死,或者活着受罪。噢,阿斯达丹!你究竟怎么啦!"

天一亮,查第格在城堡里逢人就打听,但大家都在忙自己的事,谁也不理他。半夜里他们又抢到一批财物,他们正忙着分赃,乱哄哄嚷成一片。他们只答应让查第格上路,他就此机会,连忙动身;但许多痛苦的事使他越想越加丧气。

查第格一路上又慌又急,脑子里一直想着遭难的阿斯达丹,巴比伦的国王,朋友加陶,快活的强盗阿蒲迦,在埃及边境被抓走的使性子的女人,还有自己遭受的种种不幸和那些颠颠倒倒的倒霉事。

十五、渔　　夫

离开阿蒲迦的城堡,走二十多里路,查第格走到一条小河边上，哀叹自己命运不好，说自己是受苦受难的典型。他看见一个渔夫躺在河滩上，眼望着天，有气无力地拉着一张网，好像扔在那里似的。

渔夫说："我真是天底下最苦的人了。我原是巴比伦最有名的乳酪商，现在破产了。我的老婆是我们这种人所能娶到的最好看的女人，可是她把我欺骗了。我剩下一所破房子，也被烧光、毁掉了。我住在茅棚里，靠打鱼为生，可是一条鱼也捉不到。渔网啊渔网！我不要你下河了，还是我自己投河算了。"说着站起来，走向河边，像是要投河自尽的样子。

查第格心想："怎么，世上还有同我一样倒霉的人！"感慨之下立刻又有了救人之心，他奔过去拦住了渔夫。劝他、安慰他，一面盘问他。他说，一个人只要不是单独受难，痛苦就会减轻。查拉斯图拉认为这不是幸灾乐祸，而是由于需要，你就会把不幸的人视作同胞一样亲近；幸运者的快乐对不幸者就像是对你的侮辱；但是两个不幸的人好比两棵小树靠在一起，相依相傍也能抗拒大雨大风。

查第格问渔夫："你为什么要向苦难屈服呢？"渔夫说："我已无路可走了。我原住在巴比伦郊外但尔巴克镇上。就算是当地有身份人物。老婆帮我做的乳酪，全巴比伦都闻名；阿斯达丹王后和宰相查第格都喜欢吃。我供应他们有六百块。可是，有一天我进城收账，到了巴比伦，才知道王后和查第格都失踪了。在查第格府上正撞见大都督领着一帮弓箭手，带着王上诏旨，在那里忠心耿耿地抢劫。我奔到王后的御膳房，有几个掌膳厨臣说王后死了；另几个说她关在牢里，还有人说她逃走了；但他们一致表示，谁也不会付我乳酪的账。我和老婆又到另一主顾奥刚大爷府上去讨账。请他开恩付我账钱；可是他只对我老婆开恩，不肯还乳酪账。乳酪真是祸根，我那会做乳酪的女人比她做的乳酪还白，那脸真是白里透红。就为这个缘故,奥刚把她留下了,将我逐出了大门。我痛不欲生,给我的爱妻写了一封信。可是那婆娘对送信人说:"啊,我知道这个写信的人,有人对我提起过。说他会做一手好乳酪,让他送点来,钱照付就是了。"

"我真倒霉极了,我去告诉他们。身边只剩下六两金子;为我出主意的讼师要二两;办案的检察官要二两;首席法官要二两。这些费用我交清了,案子还不开审。我花去的钱已经超过我的乳酪和我老婆的价值。我回到村里。打算卖掉房子,要回老婆。

"我的房子价值六十两金子,但人家知道我急于脱手,就拼命杀价。第一个买主出我三十两,第二个出二十两,第三个只出十两。我没了主意,想成交算了。不料这时伊尔加尼侯爷来攻打巴比伦,走过一处抢一处,把我的屋抢光,又放火烧了。

"我没了钱,没了老婆。没了房屋,才躲到这个地方想靠打鱼过活;谁知鱼也和人一样跟我过不去,我一条也捉不到,饿得要命;幸亏遇到了恩人,否则我早投河死了。"

渔夫絮絮叨叨断断续续讲了许多,查第格听着听着非常激动。不时打断他问:"怎么,你完全不知道王后的下落吗?"渔夫回答:"不知道,大人;我只知道王后和查第格没有付我乳酪钱。只知道奥刚霸占了我的老婆,只知道自己已走投无路了。"查第格道:"我希望你的钱不至于全部落空,听说查第格是个君子;他若是能回到巴比伦,除了还你的欠账,还会给你更多的钱。你那个老婆并不那么好,就别讨回了罢。我劝你回巴比伦去;我骑马,你步行,我比你先到。你去找那位赫赫有名的加陶,告诉他你遇到了他的朋友;你在他家里等我。好了,也许你会有苦尽甘来的时候。"

接着他又叹道。"噢,万能的奥洛斯玛特大神啊,你指示我来安慰这不幸的人,你能让谁来安慰我呢。"说着查第格把从阿拉伯带来的钱分一半给渔夫;渔夫又惊又喜,吻着查第格的脚,说道:"啊,你真是我的救命星君!"

查第格流着泪向渔夫打听有关阿斯达丹王后的消息。渔夫惊奇地问道:"怎么;大人,难道你这样一位大善人也会有痛苦吗?"查第格回答:"比你痛苦百倍。"——"一个施舍的人会比一个受恩惠的人还可怜!"——查第格回答:"因为你最大的痛苦在于生活,我的不幸在于感情。"渔夫问:"是不是奥刚也抢走了你的太太?"这一问使查第格想起了所有的遭遇,说出自己一件件不幸的祸事;从王后的母狗起到遇见强盗阿蒲迦为止。他对渔夫说:"奥刚应该受罚,但命运就是偏袒这种人。不管怎样,你去见加陶大人,在他家等我罢。"于是两人分手。渔夫边走边感谢命运;查第格则边走边怨恨自己的命运。

十六、四 脚 蛇

查第格走在一片美丽的草原上,看到许多妇女低着头在寻找着什么。他大胆地走过去问一个女的,可不可以让他帮着找。那位叙利亚女人答道:"不行,我们找的东西是男人碰不得的。"查第格说:"怪了,能不能请你告诉我,男人碰不得的是什么东西?"她说:"是四脚蛇。"——"四脚蛇?请问太太,为什么要找四脚蛇?"这位妇女答道:"为了给我们的主人奥瞿大人治病,你看在草原的尽头有一座宫堡,那就是他的府第。我们都是他们家的奴隶。奥瞿大人病了,医生说要用一条玫瑰香水煎的四脚蛇做药。四脚蛇很少见,并且只有女人才能捉到;奥瞿大人出了赏格,我们之中谁要捉到了四脚蛇,他就娶她做夫人。请你别打扰我,要是让别的女人抢了先,我就太亏了。"

查第格离开这位叙利亚妇女,继续在草原上走。他来到一条小溪边,看到另一位太太躺在草地上,根本不去找四脚蛇。这位太太气度不凡,但戴着面纱。她弯着身子对着小河长叹手里拿着一段树枝,在身边的沙地上划来划去。查第格出于好奇。想看看她写些什么;他走近她,先看到写一个 Z 字,又是一个 A 字,大为惊奇;接着又看到一个 D 字,查第格不由得打了一个寒噤。待她写完末了两个字母,他简直惊呆了。过了好一会他才声音颤抖地问:"噢,慈悲的太太,请你原谅一个落难的异乡人问句话;你那美丽的手怎么会写出查第格的姓氏?"一听这声音,一听这句问话,那太太立即用颤巍巍的手撩起了面纱,瞧着查第格,又快乐、又惊奇、又激动,种种感触一起涌上心头,她支持不住了,一下子昏倒到查第格怀里。原来她就是巴比伦王后,就是阿斯达丹,就是查第格责备自己不该爱的爱人,就是查第格为之哭、为之笑、为她的遭遇担惊受怕、朝思暮想的心上人。查第格也因太激动失去了知觉;一会醒过来,看到阿斯达丹有气无力地睁开眼睛,又是羞怯又是可怜。查第格叫道:"噢,各位不朽的神明! 弱小的人类的命运都操在你的手中,你们居然能让阿斯达丹与我重逢,想不到在这样的时刻、在这样的地方、在这样的情形之下相会。"他跪在阿斯达丹面前,把头触到地上。王后扶起他来,教他挨着她坐下。她一再抹着眼睛,眼泪流个不止。她几番想开口说什么,又几番被呜咽打断。她问查第格怎么会来到此地和她相会的;查第格还未及回答,她又问别的事了。她开始诉说自己的苦难,忽然又想知道查第格的苦难。等到两个人激动的心情稍稍平静了些,查第格才简要地说出他来到这片草原的缘由。"可是,我可敬而又不幸的王后,你怎么会到这样偏僻之地来的? 穿着奴隶的服式,跟着这些按医生的嘱咐、主子的支使来捉四脚蛇的女奴为伴的呢?"

美丽的阿斯达丹说道:"趁这些人在找四脚蛇的时候,我把自己所受的罪和种种遭遇统统告诉你。我直到和你见面之后,才原谅上天给我吃那么多苦。你知道王上看到你是世界上最可爱的男人,很不乐意;为了这个缘故,有一天夜里他决计把你绞死,把我毒死。靠上天保佑,我那个小哑巴把国王的命令通知了我。忠诚的加陶逼你听我的话逃走以后,立即从暗道进入内宫,把我带走,送往奥洛斯玛特神庙。加陶的哥哥是神庙的祭司,他把我藏在一尊魁梧的神像里头,神像的头部碰到庙顶,下面直抵庙基。在里面我像是被活埋了似的,但有祭司照顾,生活所需,一应俱全。第二天太医拿着四种毒药和鸦片合成的药酒,进我的寝宫,另一个官员拿着蓝帛到你家去了,都扑了个空。加陶为骗过王上,假意去告发我们,说你逃向印度,说我逃向孟斐斯。王上就派了武士们去追赶。

"缉捕我的差役不认识我。我一向只对你一个人露面,还是御前,奉了王上的命。这班人只根据别人口述的相貌来追赶我。到了埃及边境,他们发现一个女人和我身材相仿,比我还有风韵,在那里啼哭。他们就把她当作巴比伦王后,带她去见国王复命。摩勃达发现他们认错了人,大发其火;但随后将那女的细看一会,觉得她长得美,也就气平了。她叫弥苏芙。后来我听说,这名字在埃及文字里意思是使性的美人。她果然名不虚传;但她笼络男人的本领胜过她的使性。她博得了摩勃达的欢心,把他侍候得服服帖帖,居然做了他的妻子。此后她就本性毕露了,毫无顾忌地凭着荒唐的念头胡作非为。大司祭年事已高,又患风湿症,弥苏芙强迫他表演舞蹈;大司祭不肯,她就百般捉弄他。她又要大司马做一种带馅的点心。大司马说他不是点心师,不司此道,可是没用,非做不可。因为把点心烤焦了,他丢了官。弥苏芙叫侍候她的一个矮子做了大司马,又派一个侍从当了枢密大臣。她就是如此这般地在治理巴比伦的。百姓们都在怀念我,国王没有想到把我毒死、把你绞死之前,还算是明君。自从宠幸了使性的美人。爱情迷住了他的灵性。圣火节那天,他到庙里来。我看见他跪在我躲藏的神像座前为弥苏芙祈福。我提高嗓子对他叫道:"你想谋害一个安分守己的女子,娶了一个无法无天的泼妇,你已经成了暴君,神明不会再接受你的祈祷了。摩勃达听了很是惭愧,有点手足无措了。从我嘴里说来的神示和弥苏芙的专横。吓得摩勃达魂不附体,几天后就疯了。

"国王的发疯成了全国叛乱的信号,老百姓认为这是上天给他的报应惩罚。大家抢夺武器纷纷造反。承平日久的巴比伦,一下子变成了相互残杀、惨不忍睹的战场。我被人从神像里拉了出来,做了一个党派的领袖。加陶赶往孟斐斯,想把你找回巴比伦,伊尔加尼侯爷听到这些消息,又带着军队到加尔提来成立第三党派。他攻打国王,国王带着荒唐的埃及女人迎战,死于乱枪之下;弥苏芙落到敌人手里,我也不幸地被他们掳去,恰好跟弥苏芙一道被带去见那位侯爷。他说我比埃及女人更漂亮;就把我带到后宫。他很坚决地对我说,等他马上就要发起的一仗打完之后,就来找我。你想当时我是多么痛苦,我跟摩勃达已毫无瓜葛,满可以和查第格结婚了,谁知又被这个魔王上了锁链。我凭着自己的身份和志气,尽量以我的高傲与他顶撞。我一向听说,像我这样身份,自有一种天生的威严,一开口,一瞪眼,就能叫那些胆大妄为的人俯首帖耳,当时我用王后的口吻说话,不料人家把我看成侍女。伊尔加尼侯爷连话都不屑和我说,他告诉黑人太监,说我虽长得好看,但狂妄无礼,他吩咐太监好生照料我起居,像对待其他宠妃一样,要把我调养得皮肤娇嫩以侍候他光顾。我扬言要自杀,他笑着说不会的,这种花样他见得多,他离开时很是得意,像把一只鹦鹉关进了笼子。瞧,天下第一夫人国王之后、而且是一心向着查第格的人,竟然落到如此地步。

听了这两句,查第格跪在阿斯达丹面前,伏在她膝上泪流满面。阿斯达丹十分怜爱地把他扶起,接着说:"我眼看跳不出这蛮子的手掌了,还有一个妖精似的女人和我关在一起,把我当作情敌。"她和我讲她在埃及的事。她所描绘的你的相貌、事情发生的时间、你骑的单峰骆驼,还有其他的情形,我就断定,为她打架的人就是查第格,我认为你一定在孟斐斯。我决定逃往那儿。我对她说:"美丽的弥苏芙,你比我风趣得多,更能为伊尔加尼消愁解闷。你还是帮我逃走。这儿就是你一个人的天下;你摆脱了情敌,又促成了我的幸福。弥苏芙真的为我出了主意。我便带着一个埃及女奴,私下逃走了。

"我快到阿拉伯时,忽然被一个名叫阿蒲迦的强盗掳去,卖给一批商人;他们又把我送进奥瞿大人的宫堡,他买下了我,可不知道我的真实身份。这家伙生性好吃,一味讲究美味佳肴,好像他就是为吃喝而出生的。他又肥又胖,动不动就喘不过气来。经常吃坏身体,就任凭医生摆布。这回他又是听了医生的话,说是吞下一条用玫瑰香水煎的四脚蛇,就能治病。所以奥瞿大人就许了愿,女奴之中谁能捉到一条四脚蛇,就能做他的夫人。你瞧见了,我就是让她们去立功的。现在,托神明之福,我和你相遇之后,我就更没有必要去找四脚蛇了。"

长期压抑在内心深处的两个人的苦难和深情,在高尚热烈的内心油然而生的无限感慨,在天意安排似的相逢后得到了宣泄和倾诉,此时,他们的倾诉已经传到了执掌爱情之神的维纳斯的耳朵里。

那些四处寻找四脚蛇的妇女一无所获,回到奥瞿的宫堡。查第格登门求见,对奥瞿说:"但愿上天降福,保佑您终身安泰!我是医生,听说贵体欠安,特意带来一条用玫瑰香水煎好的四脚蛇赶来。我只有一个请求,希望您释放一个巴比伦青年女奴,倘若我不能医好大人贵恙,我情愿代她留在府上为奴。"

这个提议被接受了。阿斯达丹带着查第格的仆人动身去巴比伦,约定随时派人送信,报告那边情况。他们俩的告别和相会一样多情。正如经卷中讲的,离别和聚首是人生两个最重要的时刻。查第格爱王后的心和他的山盟海誓一样深;王后爱查第格的心,比她嘴里说的还要热。

然后查第格对奥瞿大人说:"大人,我的四脚蛇不是给人吞服的,它的药性必须通过您的毛孔吸收;我把它放进一个吹足气的口袋里,口袋外面裹上一层细柔的皮。您要使足气力去推这个口袋,我再把口袋推给您,这样每天推好几次,几天之后就可知道我的医道如何。"

第一天,奥瞿累得上气不接下气;第二天,疲劳稍稍减轻,睡了一个好觉。到了第八天,他的精力、健康、轻松的心情一齐恢复,竟和年富力强的时代差不离了。查第格告诉他,"这是因为你坚持抛皮球活动,饮食有了节制。奉告大人,世上并没什么您要的四脚蛇;只要坚持运动,饮食有度,就能长保康宁。要滥吃滥喝,又要身体强壮两全其美的方法,如同点铁成金的传说一样虚妄。"

奥瞿手下的大医官觉得查第格对于他们行医是一个很大的威胁,便和药剂师合谋,预备打发查第格到另一个世界去找四脚蛇。老是行善而得祸的查第格,为了治好一个贪吃的贵人,又有性命之忧了。他们办了一桌酒宴请查第格,预定在上第二道菜时把他毒死;但刚吃完第一道菜时,来了阿斯达丹的信差。查第格立刻离席动身而去。伟大的查拉斯图拉说得好:"一个人若有美女垂爱,便会遇难逢凶化吉。"

十七、比　　武

　　就像许多美丽落难的后妃一样,阿斯达丹王后回到巴比伦时受到热烈欢迎,此时,巴比伦已经平静下来,伊尔加尼在一次战斗中阵亡了。巴比伦人得胜之后,决定要挑选一位国君与阿斯达丹结为夫妇。巴比伦的国王兼阿斯达丹的夫君这个天下第一名位,谁都觉得不能让阴谋和党派操纵。大家发誓,一定要立一个智勇双全的人为国君。当下在离城二十里的地方设了一个大校场,四周搭起华丽的看台,选手们出场时全副武装,各自在看台后面都有独自的卧房,不许外人与他相见相认。比赛内容是先跟四个骑士格斗,再由四战四胜的人互相角逐,能战败群雄者为优胜。优胜者四天后再来,穿着原来的盔甲,解答祭司的谜语,解答不出的取消资格。还得重新比武,直到选到文武比赛均能获胜者为止;因为百姓们决定立一个智勇双全的人为国王。在比赛期间,王后从头至尾都受到严密监视,只许戴着面纱观看比赛,不能和选手交谈,免得有偏袒不公之嫌。

　　这些情形阿斯达丹都报告了查第格,希望他能以勇敢和才智压倒群雄。查第格立刻动身暗暗祈求爱神维纳斯能加强他勇气,增添他的智力。大会前一日,他赶到幼发拉底河边。他和其他选手一起登记了自己的徽号;然后按比赛规则,隐名埋姓,遮着面部,到抽签决定的房内歇息等待。他的朋友加陶,在埃及白找了他一场,回到了巴比伦,叫人把王后赠送的全副盔甲送到查第格的卧房,还牵来了一匹王后送的最好的波斯马。查第格知道这些礼物是王后阿斯达丹所赠,他的勇气与爱情就平添了新的力量和新的希望。

　　第二天,王后坐在缀满珠宝的华盖之下;四周看台上挤满了巴比伦妇女和各阶层的人。选手进场，把各人的徽号放在大祭司脚下，等候抽签。查第格抽在最后。第一个上场的是个富家贵人，名叫伊多巴，虚荣心强，胆子很小，身体笨拙，头脑也笨拙。他的手下人说他能当国王，他就得意地说："是的，像我这样的人就该统治天下。"他从头武装到脚，黄金的战袍上涂了绿色珐琅，头盔上插着绿色羽毛，枪上缀着绿色绿缨。但看看伊多巴骑马的架势，便会知道巴比伦王位，上天决不会留给他。第一个和他交锋的骑士把他挑下马；第二个把他刺翻在马背上，张着双臂、两脚朝天。伊多巴重新坐起来，难看之极的姿势，引得观众哈哈大笑。第三个武士连枪都不用，只一纵身，抓住伊多巴的右腿绕了半个圈子，把他摔在沙地上；值班的马夫走来把他扶上马。第四个骑士抓着他的左腿，把他摔向另外一边。他在一片嘘声倒彩中被人送回小房间过夜；这是比赛规矩。伊多巴勉强拖着身子走出来说道："想不到像我这样的人会遇到这样的事！"

其余的选手应付得较为高明。有的接连打败两个骑士，也有连胜三个的，只有奥泰牧王爷四战四胜。最后轮到查第格。他姿势优美，接连把四名骑士挑下马。最后就要看奥泰牧和查第格两人谁胜谁负了。奥泰牧身着金底蓝花战袍，羽毛也是蓝色的；查第格是白盔白甲。观众分为两派，有的希望穿蓝袍的胜，有的希望着白袍的胜。王后心跳不已，只求上天保佑穿白袍的。

两位争冠军的选手互相冲刺、闪躲，身手矫健，枪法巧妙非凡，斗得酣畅，在马上又都坐得那样稳，除了王后，场上的观众真希望能有两个国王。后来两人的马也累了，枪也断了；查第格使出招数，窜到穿蓝袍的背后，跃上马背，把他拦腰抱起摔到地上。奥泰牧躺在地上，查第格骑着他的坐骑在他周围打转，表演着种种骑马姿势。观众高喊："穿白袍的胜了！"奥泰牧气恼之极，纵起身子，拔出佩剑刺来;查第格立即跃下马来,举刀相迎。两人就在地下重新较量,一会儿是勇者占先,一会儿是智者得势。盔上的羽毛、护臂上的钉子、战袍上的锁片,在双方激烈的猛攻狂打之下纷纷飞落。两人一会儿横里砍,一会儿又往直里刺,忽左忽右,忽上忽下,不是对准头,就是照着胸;或是后退,或是向前;时而分开,时而靠拢;像狮子一样向前猛扑,像蛇一样绕成一团;刀光剑影,杀得难解难分。未了,查第格定了定神,将手中刀虚晃一下,一个箭步上前将奥泰牧摔倒,劈手夺下对方武器。奥泰牧嚷道:"白袍选手,巴比伦的王位是你的了!"王后看了真是快乐至极。穿白袍和穿蓝袍的两位勇士,和别的选手一样,都被按规定送往住处歇息。他们自有一班哑巴侍候。王后那个小哑巴是否去侍候查第格只能由读者自己猜去。他们单独睡过一夜,第二天,冠军还得将自己徽号交给大司祭验证,同时宣布自己名姓。

查第格已是精疲力竭,虽是心里想着爱人,也睡着了。伊多巴住在隔壁,可睡不着。想着自己失利,实在不甘心。他半夜起来,走进查第格卧房,偷了他的徽号,换走了他的白袍。天刚一亮,伊多巴就急忙去见大司祭,扬扬得意地称自己是夺锦标的人。大家没料到他有这一着;查第格还在做着好梦,校场上已经宣布伊多巴获得优胜。阿斯达丹回到巴比伦,心中无比震惊和着急。看台上的人都快散尽了,查第格方才醒来。他寻自己的盔甲,白袍已不翼而飞,只有一套绿的。身边没有别的衣服,只得穿上,他又诧异又气恼,恨恨地穿着这套装束出场。

看台上和校场还剩下些人,都对着查第格大声吆喝,围着他当面羞辱。查第格从未经受过这样的难堪。他按捺不住挥刀赶散了人群。但不知道该怎么办。他不能去见王后,也无法追回原来的盔甲,他生怕连累她。阿斯达丹痛苦万分,查第格也怒火中烧,忧愤不已。他沿着幼发拉底河走,以为命中注定要终身受难,再无救星了。他把一生的不幸又重温了一遍,从厌恶独眼的女人,到盔甲被盗。他心里在想:"醒得迟些竟会有这样的结果!我只要少睡一会儿。就会登上王位的宝座,做阿斯达丹的丈夫。学问、品行、勇气桩桩件件都只替我惹祸招殃。"后来,他甚至在咒骂上帝。他真的疑心有什么残酷的命运操纵一切。在许多伤心事中,有一件是身上还穿着那套招人笑骂的绿色盔甲。正好有个商人走过,查第格就三文不值两文地把盔甲卖了。另外买了袍子,一顶小帽。这样打扮之后,又沿着幼发拉底河前进了,只是心里老是抱怨上帝跟他过不去。

十八、隐　　士

查第格在路上遇到一位隐士,令人起敬的白发直挂到腹部,手里捧着一本书,专心一意地读着。查第格站住了,向他深深地鞠了一躬。隐士答礼时高雅大方,十分和气。他引起了查第格的好奇,想跟他交谈。他问隐士在读什么书,隐士道:"是命运之书,要不要看看?"他把书递给了查第格。查第格懂得好几种文字,看了这本书却一字不识。心中更觉奇怪。和善的老人说道:"我看你郁闷得很。"查第格回答,"我有很伤心的事。"老人接口道:"要是你愿意,我跟你做伴,也许会对你有好处;有时我能在遭难人的心上播下安慰的种子。"隐士的风度、白须和他手里的书,都让查第格肃然起敬。他察觉在老人的议论中颇有卓越的超凡智慧。隐士提到命运、正义、道德、至高无上的善、人类的缺陷、德行与邪恶,都发挥得淋漓尽致,委婉动人。查第格听着,觉得有一种难以抗拒的力量把他吸引住了。他央求老人,一路陪他到巴比伦。老者回答:"这是我求之不得的。请你用神的名义起誓,在这几天,不管我做什么,你决不离开我。"查第格起了誓,他们就一同出发了。

当晚两人走进一座壮丽的宫堡。隐士要求和查第格一同借宿。守门人的装扮俨然像个贵族,一副施主的面孔,把他们带进去交给一位总管,由总管领着参观富丽堂皇的内室;让他们坐在下首与主人共进晚餐。主人对他们望也不望一眼,但招待得十分周到丰盛。吃完饭,仆人叫他们在只嵌着珐琅和红宝石的浴盆内洗了澡,然后送他们到一间华丽的卧房安息。第二天早上,仆人给每个投宿的客人一块金洋,打发他们上路。

查第格在路上说:"那主人虽有点骄傲,人倒还宽宏大量,待客也很豪爽。"他说完这话,发现隐士背的那只大行囊胀得鼓鼓的;原来是他偷了那只镶着宝石的金浴盆,背在身上。查第格当面不敢言语,心里觉着好生奇怪。

中午,他们走到一所小屋门口,隐士要求歇一会脚。房主是个吝啬的富翁。一个衣帽破旧的老当差出来迎接,说话语气粗暴,把他们带进马房,拿出些发霉的橄榄、黑面包和坏了的啤酒让他们吃,隐士和前天晚上一样吃得很开心。那位老当差一直在旁边看着,唯恐他们偷了什么,还一面催促他们快走。隐士叫他过来,给了他早上得来的那两块金洋,还感谢他的照应,接着还说:"请你让我跟贵主人说句话。"老当差很是诧异,带了他们进去。见了主人,隐士说道:"慷慨的大爷,我受你这样盛情的招待,不胜感激之至;送上这只金盆,聊表一点心意,务必请笑纳。"吝啬的主人大吃一惊,几乎昏倒。坐在那里直是发呆。这时隐士已经带着自己的同伴上路了。查第格十分不解地问道:"师傅,这是什么意思呢?你的行为真是与众不同:一位豪爽的贵人盛情款待你,你倒偷了他那只嵌满宝石的金盆,又拿去送给一位如此怠慢你的吝啬鬼。"老人答道:"孩子,那豪爽的主人招待过客,只是在炫耀财富,沽名钓誉而已,我这样做,从此他可以安分一些了;吝啬鬼却会从此慷慨些。你别大惊小怪的,跟我走就是了。"查第格猜不透这位老人究竟是荒唐透顶的疯子,还是大智大慧的哲人;但隐士说话时好不威严,何况查第格已经发过誓,只得跟着他走。

  傍晚,他们俩来到一座建筑精美看上去又很朴素的房子。它虽不豪华却也不寒酸。主人是退休的哲学家,住在这里修身养性,安度晚年,但并不感到无聊。他建造了这座隐退居所;对过往旅客无不热诚接待,毫无半点炫耀之意。他亲自出来迎接两位客人,让他们先到一间舒适的房内歇息。一会儿,他亲自陪他们吃饭,菜肴美味可口,吃饭时,他谈到巴比伦最近的革命,说话很得体。他真心爱戴王后,希望查第格能参加比武争夺王位。但是,他又说:"百姓就不配有一个像查第格那样的君王。"查第格听着感到十分惭愧,心痛万分。他们谈话之间,都承认天下的事情不能永远合乎主人的心意。隐士始终认为众人不明白天意所在,只看到一鳞半爪就判断全局是不对的。

  接着谈到情欲,查第格说:"啊,情欲真是祸水!"隐士回答:"情欲好比能鼓动巨帆的风;有时大风过处,舟船覆没;但如没有风,船又不能行动;胆汁使人发怒,让人害病;但没有胆汁又不能活命。世界上没有一样东西没有危险,也没有一样东西可以少得了。"

  然后又提到快乐,隐士断定那是神灵的恩赐,他说:"人的感觉和思想都不是自发的,一切都来自外界;苦与乐,跟人的生命同样来自外界。"

  查第格听了大为惊异,怎么一个如此行为古怪的人,说理会如此透彻。大家十分愉快又得益匪浅地谈了许多,主人把他们领进卧室,感谢上天给他送来了两位知识渊博品行高尚的客人,他送他们钱,态度十分诚恳,决无让人难堪的意思,隐士谢绝了。他向主人告别,声明天不亮就要启程赶回巴比伦,宾主们依依作别;查第格尤为敬重这位可爱的主人,对他仰慕不已。

　　隐士和查第格进了卧房,谈了许多赞美主人的话。天刚透亮,老人就唤醒同伴。说道:"该动身了,趁大家还在睡觉,我要给主人留些纪念,表示我的敬意和好意。"说着,他拿起一个火把,点着屋子。查第格吓得大叫,上前阻拦,不许他做这种狠毒的事。但隐士力气很大,把查第格拉着就走。屋子已经着火,两人走了好一会,隐士停了下来,若无其事地看火烧,说道:"感谢上帝,我这主人翁真有福气,他的房子从上到下,整个儿毁了!"听了这话,查第格有点好笑,又真想把这尊严十足的老人骂一顿、打一顿,又想自个儿逃离他。但结果他一样也没有做,他慑于老人的威严,身不由己地跟随他去过最后一宿。

　　这一次投宿在一个寡妇家里,她贤德而又慈悲,有一个十四岁的侄儿,十分可爱,是她唯一的希望,寡妇倾其所有款待他们。第二天她吩咐侄儿送两位客人过一座桥,桥最近坏了,有个危险的口子,少年殷勤地走在前面,到了桥上,隐士招呼少年道:"你过来,我要表示对你婶婶的感激。"说着他揪住少年头发,把他扔到河里,孩子在河里只冒了几个泡,就被河水吞没了。查第格嚷道:"噢,你简直是禽兽!你是十恶不赦的坏蛋!"隐士打断了他的吼叫,从容地说:"你不是答应我要耐性的吗?我告诉你罢,在那天火烧的屋子地下,主人得到了大宗藏金,这个被上帝处死的孩子,一年之内要谋害他的叔母,两年之内要谋杀你。"查第格叫道:"谁告诉你的?你这个野蛮人,即使你看了什么命运之书,预知了这些事,孩子也没得罪你,为何要把他淹死?"

　　查第格正发着火,突然发现老人的胡须没了,脸变得跟年轻人一样,隐士的服装不见了,通体放光,色相庄严的身上,长出四个美丽的翅膀。查第格扑倒在地,叫道:"噢,天使!噢,天神!原来你是从天而降,来感化一个凡夫俗子,要他顺从千古不变的法则。"天使奥斯拉答道:"凡人一事不知,事事臆断。不过芸芸众生,最值得我点醒的还是你。"查第格道:"我不敢相信自己判断,想请你解释一个疑问:训导那个孩子,使他一心向善,不是比把他淹死好吗?"奥斯拉回答:"他要能一心向善,要是活在世上,命中注定将来他要同女人和儿子一起被人谋杀。"查第格道:"怎么?难道世上非有罪恶与灾祸不可吗?好人一定要遭难吗?"奥斯拉回答:"恶人终究是痛苦的,他们的作用不过是磨炼世上少数正人君子;须知善恶相生,没有一种恶不生一点善果的。"——"可是,"查第格道,"假如有善无恶,又会怎么样呢?"奥斯拉答道:"那么世界就不是这样世界了,世事演变也就将受另一类智慧调度;那种完善的智慧只存于天国,因为恶是不能接近上帝的。上帝营造了无数世界,没有一个相同的,变化无穷的种类就是他无边法力的象征。地球上没有两片相同的树叶,无限的太空没有两个相同的星球。你生活在一颗原子上,你所看的都是由一个无所不包的主宰,根据永恒不变的法则使它们各得其所,生逢其时。大家会以为刚才淹死的孩子是偶然落水的,那所房子是偶然失火;可是天下事没有一桩出于偶然;什么都是考验,或是惩罚,或是奖赏,或是预防。你别忘了那个渔夫,他自认为是天底下最倒霉的人。奥洛斯玛特却派你去改变了他的命运。弱小的人啊,你应当崇敬主宰,不要反抗他。"查第格说:"可是……"一言未了,天使已向九重天界飞去。查第格信服得五体投地,跪在地上赞美上帝。天使在云端里对他大声吩咐:"快回巴比伦去。"

十九、猜　　谜

听了天使奥斯拉一番点化,查第格一下子怔住了,好像突遭了雷击，他茫然地走着。进巴比伦城那天，参加比武的人已经在王宫的大厅上会齐，预备解答大司祭出的谜。除了绿袍武士，其余的都到了，查第格在城里一露面，就被群众围住；他们把他百看不厌地瞧着，嘴里不住地祝福，心里也在祈祷，但愿他能统治巴比伦。眼红的阿利马斯见他走来，感到浑身发抖，掉头躲开了。众人把查第格抬起，一直送到会场。王后听说查第格回来了，又惊又喜，心里存着希望，又有些担心害怕，心里七上八下的，焦急不安，她不明白查第格怎么会丢了盔甲的，更弄不懂白色盔甲怎么会穿到伊多巴身上。查第格一到，会场上立即嘀嘀咕咕地产生一阵骚动，大家重新见到他，惊喜交集，但当天的会只有比过武的人才有资格参加。

查第格说："我跟别的选手一样比过武，但我的盔甲今天给另外一个人穿在身上。我要求先解答谜语，再提交我参加比武的证据。"大会把这件事付诸表决：查第格诚实不欺的好名声还深深地印在人们心中，大家毫不迟疑地允许他参加了。

大司祭先提出一个问题：世界上什么东西最长的又是最短的，最快的又是最慢的，最能分割的又是最广大的，最不为人重视的又是备受惋惜的；没有它，什么事都做不成；它使一切渺小的东西归于消灭，使一切伟大的东西生命不绝？

轮到伊多巴发言。他说，像他这样的人不懂什么谜语，只要一刀一枪胜过别人就行。其余的人，有的说谜底是运气，有的说是地球，又有的说是光线。查第格认为是时间，他说："最长莫过于时间，因为它永无穷尽；最短的也是时间，因为我们有许多事还来不及完成；在等待的人，觉得时间最慢；在寻欢作乐时，时间最快；它可以扩展到无限大，也可分割到无限小；日常谁也不会重视，过后谁都感到惋惜；没有它，什么事都做不成；不值得纪念的，它都会使人忘怀；伟大的，它会让它们永载史册。"全场的人一致认为查第格的解释完全正确。

第二个谜语是：什么东西得到的时候不知感谢，有了的时候不知享受，给人的时候心不在焉，失掉的时候不知不觉？

各人说了各人的答案。只有查第格猜中是生命。其余的谜语，查第格也都同样地一一猜中，作了解答。伊多巴急着说，这是很容易的事，只要他肯费心，照样能应付无误。接着大司祭又问到正义，问到至高无上的善，问到治国之策，查第格的回答被认为是最有道理的，有人说道："可惜得很，如此智慧非凡、才思敏捷的人武艺这样不行。"

查第格道："求诸位大人明鉴，我在这次比武中是战胜群雄的。白盔白甲原是我的。伊多巴大人趁我熟睡时把它拿走了，大概他认为比穿绿袍更合适，现在让他穿着从我那里拿去的盔甲，我只穿长袍，我预备凭我的剑在诸位面前向伊多巴证明，打败英勇的奥泰牧的不是他，而是我。"

伊多巴觉得自己身着战袍、戴着头盔、裹着护臂，要打败一个头戴便帽、身穿长袍的人，太容易了。心里觉得十拿九稳，就接受了挑战。查第格向王后和众人行了个礼，拔出剑来，王后看着他又高兴又担心。伊多巴也掣出剑来，对谁都不理。朝着查第格直冲过去。仿佛勇猛非凡。他打算劈开查第格的脑袋。查第格躲了过去，挺着剑的后三段往对方的剑尖一斫，就把伊多巴的剑斫断了。随即又抱起伊多巴的身体把他摔倒在地。用剑尖指着他胸甲缝隙，说道："要是不让我解除武装，我就刺进你的胸膛。"伊多巴始终弄不明白，像他这样人怎么会如此失利；当下只有听凭查第格摆布。查第格从容地摘下那漂亮的头盔，脱下他华丽的胸甲、好看的护臂、明晃晃的护腿，穿戴在自己身上，奔过去拜倒在王后阿斯达丹脚下。加陶毫不费事地证明这副盔甲原是查第格的，大会一致通过决定,立查第格为巴比伦国王,阿斯达丹的赞成,那是当然的事了。她受了那么多苦难,终于有了今日,那举世钦仰的人做了她的丈夫。伊多巴回自己的家称孤道寡去了,查第格登上王位,十分快乐,他心上不忘奥斯拉天使的话,也忘不了沙子变成钻石的事,王后和他都敬仰上帝,查第格让使性的美人弥苏芙去天南地北流浪。但他把强盗阿蒲迦招安来,封他一个体面的军职,答应他,只要做一个真正的军人,将来还可以有高官厚禄,倘若胆敢重操旧业,一定把他吊死。

赛多克和他美丽的妻子阿莫娜,也从阿拉伯被召来,负责管理巴比伦的贸易。加陶有功,授了官职,极受宠爱。他成了王上的朋友,全世界的君王唯独这位国君有一个朋友。小哑巴也未被忘记;渔夫得到了一所美丽的房子;奥刚被罚出一笔巨款赔偿渔夫,还要归还他的妻子;但渔夫已经醒悟,只收了赔款。

美丽的赛弥尔因错误地认为查第格会变成独眼而后悔不迭。阿左拉因为想割查第格的鼻子,痛哭不已。查第格一一送礼去安慰她们。害红眼病的阿利马斯羞愤交加,一病不起,从此天下太平,巴比伦富庶繁荣,盛极一时。查第格的主政原则是:以公平仁爱为本。全国百姓都感谢查第格,查第格则从内心感谢上天。

(尤奇炎　编译)

如此世界

伊多里埃是天国诸神中最具权威性的一位神灵。掌管小亚细亚地区的人间世事。有一天,他下凡来到阿姆河畔大月氏人巴蒲克的家,对巴蒲克说:"巴蒲克,波斯人的疯狂无度引起了天神们的愤怒,昨天,我们开会讨论如何惩罚他们。现在我委派你到波斯人所在的柏塞波鲁斯城去作一次全面的考察。回来以后务必将那里的情况如实向我汇报,我们将根据你的报告再作出决定,是惩戒它还是毁灭它。"巴蒲克一听,惶恐不安,回答说:"是,大人。可是我从来没有去过波斯,再说,到了那边,连一个认识的人都没有。"天神说:"这就更好,这样你就不会去偏袒谁了。上天已经赋予你鉴别力,我再给你一些魔力,使你变得精明能干,左右逢源。你尽可以放大胆子到处去走走,多看多听多观察,你会受到人们的款待与信任。"

巴蒲克领受了神灵的旨意,便带着几个随从人员,骑着骆驼上路了。几天以后,他们到达施纳平原附近,正遇到波斯军队与印度军队在打仗。巴蒲克赶忙找来一位掉了队的士兵,向他打听两军交战的原因。士兵说:"我可以对所有的神灵起誓,我真的不知道。为什么打仗,这与我无关。我只知道为了活命,不去杀人,就会被杀。为谁卖命都无所谓,说不定我明天就会投奔到印度军中去,因为听说那里的粮饷比波斯军每天多发半个小钱。要想知道为什么打仗,你去问我们队长吧。"

巴蒲克送了一份小礼物给那士兵,然后进入军营,结识了队长,询问作战原委。队长告诉他说:"这我一无所知,为啥打仗与我也毫不相干。我家离柏塞波鲁斯好几百里路,一听到战争的消息,我就从家里出来了。我是个失业者,到这里来找个发财的机会,尽管也许会丢掉性命。"巴蒲克说:"那么你的同事能知道吗?"队长回答:"不,为什么要相互残杀,只有我们的那几个大都督才真正心里明白。"

巴蒲克带着疑问去见高级军官,彼此熟悉以后,其中一个人向他透露:"这场给亚洲地区带来二十年灾难的战争,缘起自波斯王妃的一个太监与印度国王的一个下层官员的矛盾冲突,为了争夺价值一块波斯金洋的三十分之一那一点点利益。印度国和我们的两国的宰相,都坚持维护本国君王的权益,由争执发展为战争。双方各调动一百万军队。每年还要增补四十多万人。遭战乱屠杀的人民和战火毁坏的城镇越来越多,而战事还在继续扩大。我方与印度方面的外交大臣一再宣称,他们所作所为,无非是为人类谋福利;可每次声明过后,总又要多增添几个被毁坏的省区和城市。"

第二天,听到议和的消息,波斯与印度双方的将军就立即下令向对方发起进攻。巴蒲克亲眼看见了这场战争的残酷与危害,他看到中层指挥官们在制订作战方案时,想方设法让自己的统帅吃败仗;他看到了军官们被他们的下属士兵杀害的情景;他看到士兵们活活勒死行将断气的同伴,为了抢夺他身上那溅满血污与泥浆的破衣服。他在伤兵医院里看到,由于那些波斯王以重金雇佣的医务人员的无情虐待,致使大多数伤兵死亡。巴蒲克不禁惊叹:"这是人还是野兽?呵,柏塞波鲁斯城肯定要被毁灭了!"

巴蒲克边想，边来到印度军营。在这里，他受到了与在波斯军营里同样友好的款待。但也同样目睹了那种种令他心惊胆战的可怕场景。于是，他产生了这样的想法："呵，假如伊多里埃天神要诛灭波斯人，那么掌管印度国的天神也应当殊灭印度人。"此后，他又详细了解到波、印两军中的一些情况。其中很多舍己为人、慷慨侠义的人和事，又令他惊喜不已。他惊呼道："真是不可思议的人类！这众多卑劣与高尚的人物，这许许多多的罪恶与德行，是如何兼容并存在一起的呢？"

和议成为事实。两军将领不分胜负，他们为个人利益而让那么多人——他们的同胞——流了血；现在又回到各自的国王跟前去摆功请赏了。政府发出庆祝和平的公告，宣示德行与幸福已重返人间。巴蒲克欣喜地说，"感谢上帝！此处的环境已开始净化，那些要想毁灭柏塞波鲁斯的恶神的旨意决不会如愿以偿，让我们快快奔向那亚洲的都城！"

他从古老的城门走进这伟大的帝都，眼前是一片原始、粗蛮、难以悦目的景象。这一地区尚未摆脱初创时期的风习，人们一味地厚古薄今，将早期简陋的生活形态都保留了下来。

巴蒲克混迹于一些肮脏难看神气呆滞的人群中，他们被赶往一所阴森森的大房子里。巴蒲克听着嘈杂的声音，看着忙乱的人们中有人拿钱买座位，以为这是个卖草垫座椅的市场。过后，又看见妇女们跪在地上，假装正经地直视着前方，却偷偷地看着周围的男人，巴蒲克这才明白他进了一座神庙。尖细声与粗野的歌唱声汇合而成的不和谐声浪在屋宇上空回荡，就像匹克托尼平原上，牛角号声激发起的野驴的叫声。巴蒲克掩着耳朵，看到几个工人拿着钳子、镢头等工具进庙，他恨不得把眼睛鼻子都捂起来。工人们掀开一块大石板，挖出一个土坑，然后往坑里放进一个死人，盖上石板。巴蒲克惊叫起来"怎么啦,他们怎么能把尸体埋葬在敬神的地方!这庙堂的地底下都垫满了死人?难怪柏塞波鲁斯常闹瘟疫,尸体腐烂的恶臭,加上污秽的人群发出的臭味,几乎能流毒全世界了。啊,可诅咒的柏塞普鲁斯!也许天神们之所以要毁灭它,打算建造一座更好的城市,让一些爱清洁而又善于歌唱的百姓去居住。上天的安排,自有它的道理,由它去罢。"

从太阳升起直到晌午时分,巴蒲克穿过城市的街道,到一位夫人的家去吃饭。她丈夫是军官,托巴蒲克带来了家信。巴蒲克先在伯塞普鲁斯观光市容,看见一些建筑完好、装饰考究的神庙里,坐满了文明高雅的人们,传来悦耳动听的音乐声。他发现几处晶莹壮观的喷泉。广场上竖立古波斯帝王的铜像。在另一个广场上,他听见群众高声议论:"什么时候才能出现我们所爱戴的帝君呀!"观赏着横跨于河上的宏伟大桥、宽阔的滨河便道,还有两岸的宫殿,巴蒲克赞叹不已,令他印象至深的是那座规模宏敞的建筑,有成千上万立过战功的负伤老兵每天在那里礼拜战伤。最后,他来到那位夫人的家里,她请来一批上等人作陪客,等候他的光临。屋内的陈设华美洁净,餐桌上的菜肴精美可口,年轻而美丽的女主人热情而富有风韵,宾客们也都颇具高雅风度。巴蒲克想:"这样一座可爱的城市,伊多里埃天神想要毁灭它,这简直是在开玩笑。"

可是他发觉,那位夫人开始时很热情地向他询问丈夫的消息,晚饭后却更多情地同一位年轻的祭司谈心。巴蒲克又看见一位法官当着妻子的面与一位寡妇热烈拥抱,而这位处世潇洒的寡妇,一手勾着法官的脖子,又将另一只手伸向一位英俊谦恭的青年市民。法官的夫人第一个离席,到隔壁小房间去招待她的教父。这教父原是应邀前来赴宴的,但迟到了。他口才极好,在小房间内与法官夫人的一席恳切感人的谈话，使夫人热泪盈眶，脸上发烧，出来时脚步不稳，连说话都在发抖。

巴蒲克担心地感悟到，伊多里埃天神的旨意也许是对的，由于天神给予巴蒲克令人信赖的魔法，夫人如实告诉他自己正爱着那年轻的祭司，并保证说伯塞波普斯城中家家户户都存在同样的情况。巴蒲克断定这样的社会是维持不下去的，妒忌、反目、报复，会将所有的家庭搅得不得安宁，每天都会有流泪与流血的事件发生。做丈夫的很可能会杀死妻子的情夫，或是被情夫所杀害。由此，他又感到伊多里埃天神有心毁灭一座灾害性的都城，确实是件好事。

正当巴蒲克沉浸于不祥的思绪之中时，门外进来一个人，他容貌端庄，神情严肃，身穿黑色大氅，彬彬有礼地求见年轻法官。法官并没有站起身来，也不正眼看一下来访者，他态度傲慢，漫不经心地交给他一些文件，打发他走了。巴蒲克从女主人那里得知他是当地的一位名律师，研究法律已五十年了。我们这位先生年仅二十五岁，两天前才当上司法大臣，他要审理一件不熟悉的案子，叫那位律师准备简要资料。巴蒲克说："这糊涂的年轻人让一个老人来帮他工作，真有他的；可为什么不让那位老人当法官呢？"——"你真是开玩笑，"有人对巴蒲克说，"职位低微的人辛辛苦苦干上一辈子，从来爬不上高位去的。这年轻人官高位显，是由于他父亲很有钱。我们这儿的审判权是同耕种的土地一样用钱买来的。"巴蒲克大声叫嚷起来："嚯！竟会有这样奇怪的习俗！噢，这个倒霉的城市，真是黑暗到极点了！在花钱买来的法官位置上，判起案子来也肯定会以金钱多少论输赢的。这地方简直是腐败透顶了。"

这时，一位当天刚从军队回来的青年军官对他说："你为什么不愿意人家花钱买法官做呢？我带着两千人去同死亡拼搏，这权利就是买来的。我今年花去四万元金币，为的是血衣裹身，一连三十个日日夜夜躺在地上，后来又中了两箭，到今天还感觉到疼痛呢。既然我倾家荡产，替从未见过面的波斯国王当兵，那法官要想享受一番朝南坐听诉讼的乐趣，当然也该花些钱了。"巴蒲克很气愤，私自对这一标卖文武官职的国度定了罪。他不假思索地断定，在这个国家里，决不会有人明白什么叫战争，什么叫法律，即便是伊多里埃天神不来殊灭它，腐败的政治也会将这些人给断送了的。

巴蒲克对他们的轻视更为加深了，这是由于来了个大家都熟悉的胖子，来找青年军官，对他说："我只能借给你五万元金币，因为全国所有的关税，今年只让我赚到三十万。"巴蒲克问人家，这位嫌钱赚得少的人是谁？人家告诉他，伯塞波鲁斯一共有四十位无冕之王，订了合同，包下波斯帝国，收到的税只需部分上缴国王，大部分都归他们个人所有。

饭后，巴蒲克进入城内最为壮观的一座神庙，坐在一群到这里来消闲的男女中间。高台上出现了一位祭司，展开关于恶的宣讲。他把一些浅显明白的事理分隔成几个部分，头头是道地加以证明，将无人不知的东西教给人民大众。他装腔作势地现出激动的表情。讲完后，满头大汗，气喘吁吁。全场的人一齐醒了过来，自以为受了一番教育。巴蒲克说："此人用足力气叫二三百个市民受罪，即便他是出于好心，因而，这不能算作毁灭伯塞波鲁斯的理由。"

从这个集会出来，巴蒲克被带去参加一个群众性的庆祝大会，这种庆祝仪式每天都要举行。庆祝场所像是个神庙，庙堂深处有一座宫殿。柏塞波鲁斯最美貌的妇女和最显赫的大臣都整整齐齐地坐在那里，场面相当可观，巴蒲克心想，这大概就是庆祝会了。不一会儿，两三位如国王和皇后般的人物出现在殿前，他们说话的声调语音与民众大不相同,抑扬顿挫,铿锵有力,词意高雅,精妙无比。场上的人们全神贯注,寂静无声,偶尔有些感动与赞美的表示。有关君主的职责、维护道德的热忱,以及情欲的危害,他们都说得精辟感人,令巴蒲克感动得掉下泪来。他断定眼前的这几位英雄的国王与皇后般的人物,必定是国家任用的传教士,他甚至想请伊多里埃天神来听听他们,认为这一场面必定会使伊多里埃回心转意,同伯塞波鲁斯城的市民永远保持友好关系。

庆祝会散会之后,巴蒲克打算马上去看望那位皇后般的女主人公,她方才在华丽的宫殿里宣扬过高尚纯洁的道德。巴蒲克托人引荐,被带着由一条狭小的楼梯走上三楼。进入一间陈设简陋的寓所,遇到一位衣衫褴褛的女人,她神情严肃而又凄怆地对巴蒲克说:"这种职业的收入还养不活我自己哩。你看到的那几个国王里,有一个人使我怀了孕,不久我就要分娩了;我没有钱,而没有钱是无法去生产的。"巴蒲克送了她一百个金币,心里想:"要是伯塞波鲁斯只有这一个缺点,伊多里埃也不该生那么大的气。"

接着他又到一些商人那儿去消磨了一个晚上,他们所卖的都是些华而不实的物品,一个熟悉的聪明人当他的向导,他选购了一些喜欢的东西。商家对他礼貌周全,而物价却大大超过了原有的价格。返回住所,经朋友们提醒,他才知道受骗上当了。巴蒲克把商人的姓名记在字板上,打算交请伊多里埃,让他在惩罚全城的那天,特别要注意此人。正在这时,有人敲门,原来正是那商人,他是特意为送回巴蒲克遗忘在柜台上的钱袋而来的。巴蒲克高声发问:"你既是不顾羞耻地以高出四倍的价格卖给我这些小玩意儿,怎么又变得如此诚实、热心了呢?"商人回答道:"凡是这城里知名的商人,没有一个人不会将你的钱袋送还给你的。至于说我将货物多卖了你四倍的价钱,那是人家骗你的,我是多卖了你十倍的价钱,你过了一个月再想出售,就连这十分之一的钱还卖不到。可是这很公道,这些无聊的东西能有价值全靠人的好奇心;靠着这好奇心,我才能养活手下的上百个工匠,才能有一所体面的屋子,有一辆方便的车和几匹马;也正是靠了这好奇心,我才能繁荣工业,增进趣味,发展贸易,充实民众的财富。同样的小商品,我卖给邻国比卖给你还要贵,而在这方面,我对国家是有贡献的。"

巴蒲克听后,想了想,把商人的姓名从记事字板上抹掉。

巴蒲克面对伯塞波鲁斯的种种情况,不知作如何的评价,决定去请教祭司和学者,因为祭司掌管宗教。学者拥有智慧。他希望他们能对其余人的不足之处有所弥补。次日一早,他到一所修道院去。院长向巴蒲克承认,因为许了清贫的愿,他每年有十万进账;由于许了谦卑的愿,他才有了很大的势力。然后院长让一个小修士陪巴蒲克去参观。

当修士把忏悔院的富丽堂皇的内景指点给巴蒲克看的时候,外面则纷纷传说巴蒲克是来整顿社团的。他立刻收到各修道院的申请书,上面都是"保留本院,解散一切别的组织"的同样内容。从他们辩护的角度看,所有社团都有存在的必要;听他们的相互攻击,全都应该解散。令巴蒲克佩服的是,居然没有一个社团不是以感化天下为幌子欲独霸天下的。一个矮小的修士对巴蒲克说:"救世大业眼看要完成了,詹尔杜斯德已经回到世界上,女孩子们都这样在传,她们还叫人用钳子来夹着身子,用鞭子抽打屁股,用这样的苦刑,求得灵魂的解脱。所以求你保佑我们对抗西藏的喇嘛。"巴蒲克不解其意,问:"怎么,是对抗那位在西藏的喇嘛吗?难道你们同他们打仗了?你们可是在招兵?"回答:"不是的,然而喇嘛说人可以自由赎罪,无须得到上帝特赦,人是自由的,我们不信,就写小册子攻击他,他不看,他还不大知道我们这个地方呢,他对我们定罪,轻而易举,就好比主人命仆役去扑灭庭院树上的一个小虫。"这些自命不凡的名士的荒谬,修道士、僧侣们的阴谋,一味标榜谦卑与不计名利者的野心,他们的骄横与贪婪,使巴蒲克气得发抖,认为伊多里埃要毁灭这批贱民确有道理。

回到住所,巴蒲克让人买些新书来排遣心头的苦闷,又请来几位学者共进午餐,想借此散散心。来的客人比邀请的人多了两倍,像是黄蜂受到蜜的吸引。这些闲人忙于吃喝、谈话。他们聊天时,只称赞两种人,死去的人和他们自己;对于当代人物,除了东道主巴蒲克以外,从不赞美。他们中倘有人说出一句惊人妙语,别人就会低眉抿唇,自愧不如。他们不像祭司那样内向莫测。因为没有什么大的野心。每个人都竭力为自己争得一个跟班的职位和重要人物的名声。彼此间相互攻击谩骂,自以为口才出众。他们对巴蒲克的使命略有所闻。其中有个人轻声要求巴蒲克去害死一位作家,因为五年前作家对他曾有欠恭维。另一个人要求巴蒲克去断送某市民的性命。因为这市民看了他的喜剧从不发笑。第三个人要求巴蒲克消灭学士院会员,因为他想进学士院但始终进不去。饭后,这些人都一个个地独自回家,因为除了在请他们吃饭的巴蒲克这位大财主那里,他们都是势不两立,彼此间不说话的。巴蒲克觉得,让这批蛀虫在大毁灭中断送掉并无多大害处。

巴蒲克打发他们走后,念了几本新书,觉得这书中的人物和那些客人毫无二致。尤其使他愤慨的是,那些恶意中伤的报纸趣味低下的新闻,全是在妒忌、卑鄙与饥饿的意念的驱使下写出来的。还有那些欺善怕恶的讽刺,专事奉承老鹰,糟蹋白鸽;还有枯燥无味的小说,书里所描写的都是作者们所陌生的妇女。

巴蒲克把这些著作统统丢进火里,晚间出门散步。有人介绍他去见一位年长的学者,不在那些籤片之列的,这位学者从不与流俗为伍,通得情理,与世人也有交往,说话很有见识。巴蒲克很痛心地向学者谈及他的所见所闻。明智的学者回答说:"你看到了一些不良现象,但是每个时代、每个国家、每个方面,总是坏的多如牛毛,好的寥若晨星。你所招待的是一批学术界的渣滓,因为每个行业中间,总是最没有能耐的人老着脸皮要出头露面,而真正的贤明之士总安分守己隐在一边,只跟同阶层的人来往。值得你看的人物和书籍,我们还有。"他说话间,来了另一位学者。两人的谈话都很耐人寻味,使人得益,既无成见,又合乎礼仪。巴蒲克不得不承认,他从来没有听到过这样的议论。他自语道,"这样的人,伊多里埃天神是不敢冒犯的。否则,他也未免太狠心了。"

巴蒲克对学者们的看法有了转变,可对其余的人却依旧怀着怒意,那位贤良的学者还对他说,"你是外国人,许许多多的弊病一齐显现在你的眼前,而一些不显眼的好事乃至某些由弊病转化而来的好事,你都错过了。"巴蒲克这才明白,原来学者中并非人人心存妒忌,祭司中也有德行高尚者。最后他领悟到,这些庞大的社团看起来像似在互相倾轧,走向共同毁灭,其实,倒是些很有益的组织,每个祭司的团体,对于敌对的团体都具有制约作用。他们之间虽存在意见分歧,但共同提倡着道德,都在教育群众,都能遵纪守法,就如同家庭教师督促着家长的子女,而家长又监督着教师。巴蒲克接触到不少这样的人,使他看见了一些圣洁的心灵。他打听到连那些要讨伐喇嘛的疯子里头,也有若干位大的人物。最后,他怀疑,这伯塞波鲁斯的风土人情与城里的建筑物一样,有令他看了同情的,也有使他赞不绝口的。

他对学者说:"我起初还以为那些祭司都是危险分子,现在我明白了他们所起的作用,尤其是当有一个贤明的政府,不让他们有决策特权的情况之下。但至少你得承认,你们普通的青年法官才学会骑马,就买得一个司法官的职位。他们坐在法庭上,定会蛮横无理、笑语百出,也定然判断不公、腐败无能。还不如将这些职位免费让贤于一些老法学家,他们拥有衡量是非曲直的毕生经历与经验。"

学者回答道:"你抵达伯塞波鲁斯之前,先看到我们的军队;你要知道我们的青年军官的仗打得很好,虽然他们的职位是买来的;你也许还会看到我们的青年法官审判案子也判得不错,尽管他们的审判权也是花钱买来的。"

第二天,大理院正要判决一件重要的案子,学者带领巴蒲克前往参加,案情早已尽人皆知,所有发言的老律师,其主张都摇摆不定,援引了上百条法律条款,没有一条切中案子的要害,他们从各个角度看问题,却没有任何一种看法是准确真切的。当律师们还在犹豫不定之际,法官们却已作出了意见一致的判决。他们从理性的思考出发,将案子判得很好,而律师们根据书本教条所作的辩护,则显得相形见绌。

巴蒲克由此推想到,在某些社会弊端中往往存在很好的因素。他原先对于金融家的财富只感到愤懑,那天却让他看到了这财富也会产生好的结果。皇帝所需的经费,在通常情况下花半年时间都筹集不齐的,依靠金融家的力量,不出一个小时就凑齐了。巴蒲克好像看到由地面上的露水凝结为天空的云,又变成雨水,归还给土地。这些新兴人物子弟受到良好的教育,也具有较强的能力。这些精明能干的父亲,支撑着自己的儿子成为一个公正的法官,或是勇敢的军人,或是有才能的政治家。

巴蒲克无意中已经原谅了金融家的贪心:其实他们未必比别人更贪婪,而且社会还少不了他们。他宽恕了为要打仗和打官司而宁可倾家荡产的愚蠢,这种愚蠢产生了伟大的英雄和法官。他不再去看那些爱妒忌的学者们,他们之中有的是些在教育大众的人;他对那些野心勃勃,爱玩手腕的祭司也不再苛求;觉得他们也是大德多于小过;但巴蒲克还有不少抱怨的事,尤其是对妇女们放荡以及由于放荡而引出的祸害,老是耿耿于怀、忧虑不已。

因为他要把各色各样的事都研究透彻,便让人介绍他去见一位大臣;一路上他提心吊胆,担心路上会碰上什么妇女被丈夫凶杀的事。来到大臣的府上,在过道里等了两个小时,才有人去通报,通报之后又等了两个小时,在等待的时候,他决定把这位大臣和手下傲慢的官吏的名字告诉伊多里埃。过道里挤满了上、中、下三等的妇女,穿着各色道袍的祭司,还有法官、商人、军官和学究;大家都在抱怨大臣。吝啬鬼和高利贷者说:"这家伙一定在外省搜刮民财。"使性的人责备大臣脾气古怪;酒色之徒说他只会寻欢作乐;阴谋家希望大臣有朝一日被人暗算;妇女们希望尽快换一个更年轻的大臣。

巴蒲克听着这些人的议论,不由得想道:"这位大臣是个有福气的人,所有的仇敌都到他的过道里来了。忌妒他的人已被他的权势压倒,瞧不起他的人都跪到他的脚下。"巴蒲克终于进去了,他看到的是一个十分矮小、又被公事与年龄压成驼背的老头,但人还活泼,极为机智。

大臣很看重巴蒲克,巴蒲克也觉得他值得尊敬。两人很谈得来。大臣告诉巴蒲克自己许多苦衷;大家拿他当财主,其实他很穷;人人以为他重权在握,其实他老是受制于人;他帮助过的人多半忘恩负义;他辛辛苦苦忙了四十年,难得有片刻安宁。巴蒲克听了颇受感动,心里想,假如这个人犯了什么过失,天神伊多里埃即使要惩罚他,也不会置他于死地,只要让他在原来的位置上干下去就够了。

他正和大臣谈话,请巴蒲克吃过饭的一位漂亮的女人突然闯了进来,脸上和眼神都带着痛苦与愤怒的表情。她对大臣先说了一大篇责备的话,流着泪,愤愤不平地说,她丈夫要求的职位,无论就他的出身,还是他的军功,就凭他受过的伤也使他受之无愧,她埋怨当局不该拒绝这项请求。她说得振振有词,意思表达得那么有力,诉说时颇有风度,把对方的意见驳得那么巧妙,陈述自己理由时那么委婉动听,居然在她离开办公室时把她丈夫的功名争到了。

巴蒲克搀着她的手臂,说道:"夫人,为你心不爱,又是你见了害怕的男人,你怎么会这样费心呢?"她高声说道:"怎么!谁说我不爱自己丈夫?告诉你,他是在这世界上最好的朋友,我样样都肯为他牺牲,除了情人;他为我也是干什么都愿意,除了和他的情妇分手。我介绍你认识一下那位夫人,她真是个可爱的女子,聪明绝顶,品行端正;今天晚上,我跟她和我的丈夫,还有我的那位年轻的祭司,一同吃晚饭;你也来跟我们一起乐一下吧!"

那位夫人把巴蒲克带到家里。她丈夫终于回来了,样子很痛苦;但见到夫人,又高兴又感激。他把妻子、情妇、青年祭司和巴蒲克都拒绝了。饭桌上气氛融洽,又快乐,又风趣,又文雅。美丽的女主人对巴蒲克说:"告诉你,大家有时认为不规矩的女人,差不多永远抵得上一个最规矩的男人。你要不信,明天陪我到美人丹沃纳家去吃饭。有些自以为贞节的老妇人把她说得一文不值,但她们做的全部好事,也不及她做得多。她不管有多少利益可图,也不肯去做一件不义之事;她关心情人的荣誉,她为情人出的都是高尚的主意;若情人错过了一次行善机会,见了她就会脸红;能鼓励一个人行善的,莫过于你不愿失去她,对你有情有义的情妇;她会做你行为的见证与评判。"

巴蒲克准时赴约去了美人丹沃纳家。他看见屋里种种陈列摆设,所用所需,应有尽有;而支配一切的都是丹沃纳。她对每个人都有一套得体的话。她随和的态度使人觉得十分自在,她讨人喜欢并非故作姿态;她的和气不下于她的热心,人长得好看,使她的种种优点更有价值。

巴蒲克虽说是大月氏人,是天神派来的使者,自己发觉如果在伯塞波鲁斯继续住下去,就会要为了丹沃纳把伊多里埃忘了。他对这个城市已经有了感情,认为虽然居民有些虚荣、轻浮、爱说别人坏话,但是温和有礼、热情亲切。他深怕天神会对伯塞波鲁斯判罪,甚至想到自己要作的报告就觉得害怕。

为了向伊多里埃报告,他动足脑筋,想了一个办法。他请来城中最高明的熔铸匠师用各种不同的金属,泥土、最名贵宝石和最粗劣的石子混在一起。塑成一尊小巧的人像,拿去给伊多里埃,说道:"你是否因为这美丽的人像不是纯金所铸成钻石所雕,就要把它毁掉呢?"伊多里埃毕竟是天神,一看就明白了。惩罚伯塞波鲁斯的念头已经抛至九霄云外,于是决定让世界如此这般地继续下去。他说:"即使不是一切皆善,但一切都还过得去。"伯塞波鲁斯就这样被保留了下来。巴蒲克功不可没。他不再抱怨,他不像约拿因为上帝没有毁灭尼尼微而生气。但一个人在鲸鱼腹中待了三天,当然不会像看歌剧喜剧那样,跟风雅之士共进晚餐那样心情愉快。

(尤奇炎　编译)

老实人

一

很早以前,在威斯伐尼这个地方有一位男爵,名叫森·托龙克。男爵大人的府上,有个年轻汉子,性情天生和顺。从他的相貌就可以知道他的内心。他头脑过于简单,又颇识是非;大概就因此才被人家叫作老实人。府里的老佣人暗中疑心,他是男爵的姊妹和邻近一位安分善良的乡绅养下的儿子;那位小姐始终不肯嫁给那位绅士,因为他家的家谱在漫长的岁月中失传了,世系的追溯只能到71代。

男爵在威斯伐尼称得上第一等有财有势的爵爷。他的宫堡有一扇门,几扇窗,大厅上还挂着一幅壁毯。牲口的院子里养着一群狗,随时都可以编成狩猎大队;马夫们是现成的领队;村里的教士是男爵的大司祭。他们都把男爵称为大人,他一开口胡说八道,大家就跟着笑。

男爵夫人极有声望,因为她的体重在 350 斤左右,接见宾客时那副威严神态,越发显得她可敬可佩。她有个 17 岁的女儿居内贡,面色鲜红,又嫩又胖,叫人看了馋涎欲滴。男爵的儿子样样都跟父亲并驾齐驱。邦葛罗斯教师是府里的圣人,老实人年少天真,诚心诚意地听着邦葛罗斯的教诲。

邦葛罗斯所教的学问包括了宇宙学、玄学和神学。他十分巧妙地证明天下事有果必有因,又证明在此最完美的世界上,男爵的宫堡是最美的宫堡,男爵夫人是天底下好得无以复加的男爵夫人。他说:"显而易见,事无大小,皆系定数;既然万物皆有归宿,此归宿自然为最美满的归宿。岂不见鼻子是长来戴眼镜的吗?所以我们有眼镜。身上安放两条腿是为穿长袜的,所以我们有长袜。石头是要人开凿出来盖造宫堡的,所以男爵大人有一座美丽无比的宫堡;本省最有地位的男爵不是应当住得最好吗?猪是生来给人吃的,所以我们终年吃猪肉;谁要是说一切皆善,那简直是胡扯,应当说尽善尽美才对。"

专心致志听着的老实人,十分天真地相信着;因为他觉得居内贡小姐美丽无双,虽然从来没有胆量敢对她这么说。他认定生为男爵是第一等福气;生为居内贡小姐是第二等福气;天天看到小姐是第三等福气;听到邦葛罗斯大师的高论是第四等福气,他是本省最伟大的,所以也就是全球最伟大的哲学家。

居内贡小姐经常在宫堡附近散步,某天,她逛荡在那个叫作猎场的小树林中,猝然瞥见在树丛之间,邦葛罗斯正在给她母亲的女仆,——一个甚是俊俏又顺从的棕发姑娘,上物理学的实验课。从来就爱好学习的居内贡小姐,便屏住呼吸、聚精会神地观察这个在她面前三番五次重演的实验。她清清楚楚看到了博学大师的充分根据,看到了结果和原因;随之浑身发热,想入非非,急切盼望做个博学的才女;在回宫堡的途中,她心中暗暗揣度自己和老实人完全可以成为相互的根据。恰巧又碰到老实人,她的脸不由得红了;老实人也脸红了;她向他打招呼,张口结舌;而老实人的答话也支支吾吾。

翌日午饭后,居内贡和老实人来到一座屏风后面;居内贡将手帕掉在地上,老实人捡了起来;她无心地拿着他的手,年轻人无心地吻着少女的手。那种热情,眼睛射出了火焰,那种风度,膝盖颤栗不已,手在四下里乱动。两人嘴唇合在一起了。森·托龙克男爵从屏风旁经过,一眼看到这个情景,立即飞起大脚,向老实人的屁股踢去,直到把他赶出大门。居内贡则当场晕倒,醒来自然挨上了男爵夫人一顿巴掌。这下可好,这座最美丽、最愉快的宫堡里,顿时人人都变得惊慌失措起来。

二

老实人就这样被赶出了这座地上的乐园,他是多么地依依不舍,一边走,一边哭,还时时回过头,望那座住着最美的男爵小姐的最美的宫堡。他茫无目的地走了很久。晚上肚子饿了,也没有地方进食,就在田里打个盹,又遇上大雪,到第二天,他简直已经冻僵了。他挣扎着,向一个叫代·脱·狄克陶夫的市镇走去。他身上一个钱儿都没有,饿得要死,累得要命,好不愁苦地站在一家酒店门口。这时恰好在酒店门口站着两个穿着蓝衣服①的人,其中一个开口与另一个说:"喂,伙计,这小伙子长得还怪不错,身量也合格。"于是,便很客气地走近老实人,邀他吃饭。老实人真求之不得,忙挺谦逊地答道:"承蒙相邀,真不胜荣幸,可我囊中羞涩,付不出份头啊!"穿蓝衣服人中的一个忙说:"啊,先生,就凭你这副模样,哪还叫你破费呢?你不是身高5尺半吗?"老实人深深鞠了一躬,道:"不错,我正是5尺半高低。"——"啊,先生,一切都好办了,你就放心地坐下吃饭,我们不但要替你付钞,而且决不让你这样的人物缺少钱用,患难相助,人之天职,你说是吗?"——"说得有

---

① 当时招募新兵的差役都穿蓝制服。

理,说得有理,"老实人感激地忙答道,"邦葛罗斯先生也一向这么告诉我的,我看明白了,世界真是安排得再好没有的。"两人又要老实人收下几块银洋,他接了钱,想写一张借据,他们执意不要。宾主便坐下吃饭。穿蓝衣服的其中一位便问:"你不是十分爱慕?……"老实人忙接话头:"是啊,我十分爱慕居内贡小姐。"两人中的一个忙说:"不是这个意思,我们问你是否爱慕保加利亚国王?"老实人道:"我从来没见过他,怎么说爱慕呢?"——"那你错了,他可是天底下最可爱的国王,我们来为他干一杯。"——"好,好,我遵命就是了。"于是便干了一杯。两人就说:"得啦得啦,现在你已是保加利亚的柱石、股肱、卫士、英雄了,你利俸也到手了,功名也有望了。"随即把脚镣给老实人带上,送往营部。老实人就这样糊里糊涂参了军。在营部,他开始接受训练,向左转,向右转,扳上火门,瞄准,射击,快步跑。第一天训练,赏了他 30 军棍。第二天他略有进步,少挨了 10 棍,第三天又少挨了 10 棍。老实人进步神速,弟兄们都认为他算上个天才。

就在这莫名其妙的过程中,老实人成为一个英雄。可好景不长,一日,正是春天明媚的一个好日子,他想出去遛遛,便调动两腿信步前行,满以为轻松地溜达,可是人和动物应享有的一种共同的权利。但没走上七八里,就见有 4 个汉子,个个都身高马大有 6 尺开外追他来了。老实人还没有弄明白是怎么回事,就被他们赶上,结结实实地被捆绑起来,然后带回军营投到地牢里。按照他们的法律,对老实人进行审判,问他喜欢选择哪一种:是让全团弟兄鞭打 36 道,还是脑袋里同时送进 12 颗子弹?老实人忙辩解,人的意志是自由的,他两样都不要。但他说这些都是枉费口舌,非要他选择其中的一项不可。不得已,他只能利用上帝的恩赐,利用所谓自由,决意挨上 36 道鞭子。团里有 2 000 人,他挨 2 道,2 道就是

4 000鞭子,从颈窝打到屁股,他的肌肉与神经统统露在外面了。第3道就要开始,老实人实在忍不住了,要求额外开恩,干脆砍掉他的脑袋算了。他们答应了,用布条蒙上他的眼睛,叫他下跪。恰好这时,保加利亚国王在旁走过,问了犯人的罪状,又听了老实人的诉说,觉得老实人是个青年玄学家,对世事一窍不通,就下令把他赦免了。这宽大的德政,将来准会得到每份报纸每个世纪的颂扬。一个热心的外科医生对老实人精心治疗,他用希腊名医狄俄斯戈里传下的伤药,不出三星期就把老实人治好了。身上长出了新皮,走路恢复了正常。但这时,保加利亚国和阿伐尔国①却干起仗来。

三

保加利亚国王和阿伐尔国王都有一支可谓世界上无与伦比的好军队,只见队伍排列整齐,一副雄壮、辉煌的气派,那由喇叭、横笛、双簧管、军鼓和大炮合奏齐鸣的音乐,更使地狱里的音乐黯然失色。大炮的轰响先是把各一边的军队轰倒6千左右;接着一阵排枪又替最美好的世界扫除了9千到1万名玷污地面的坏蛋。刺刀见红又充分说明了另数千人的死因。一下子,阵地上就横下了3万多人的尸体。老实人吓得发抖,他像哲学家一样,在这场英勇的屠杀中到处躲藏。

战况是那般惨烈,可两国的国王还各自在营中叫人高唱吾主上帝,感谢神主保佑。老实人实在是承受不住了,决意换一个地方去推敲因果关系了。他从已死和未死的人堆上爬过去,进入一个

---

① 阿伐尔人又称阿巴尔人,为匈奴族的一支。伏尔泰在这里仅从寓言的意义上使用这一族名。

邻近的村子。那是阿伐尔人的村子,已被保加利亚人依照公法焚毁。这儿是戳满窟窿的老人,眼睁睁地看着他们被杀的妻子,怀中还有婴儿衔着血污的奶头;那儿是满足了英雄们的需要后,被开膛破肚的姑娘,正在咽最后一口气;又有些烧得半死不活,嚷着求人结果他们的性命。地上是断臂折腿,旁边是淌着脑浆。实在是一片难以入目的惨景。

老实人是下决心要逃出保加利亚人的掌握。他拔腿飞奔,又逃往另外一个村子,这原是保加利亚人的地方,但现在被阿戈尔人控制着。阿伐尔人对付保加利亚人的手段也别无二致。老实人脚下踩着的不是瓦砾,便是还在扭动的肢体。老实人已无心观察。他终于逃出了战场。他褡裢内带着一些干粮,心里却还念念不忘地想着居内贡小姐。到荷兰境内,干粮吃完了,但听说当地人都很富足,又是基督徒,便深信他们待客的情谊绝不亚于男爵府上,这样他又可以过上安稳、幸福的生活了,就是说将享受和他以前在男爵府上那般的生活了。于是,他向好几个道貌岸然的人求布施,但他们一致的反应是倘若他再向他人求布施,就要送他进感化院,教他学会做人之道。

老实人来到一个集会处,看见一个人正在发表题为"乐善好施"的演讲,一口气讲了一个钟点。老实人甚是感动。听他演讲完后,便上前求助。演说家斜睨着他,问道:"你来干什么?你是不是排斥外道,拥护正果呢?"老实人很谦卑地回答:"噢!天下事有果必有因,一切皆如连锁,安排得再妥当不过。我必须从居内贡小姐那边被赶出来,必须挨鞭子。我必须讨面包,讨到我能自己挣面包为止。这都是必然的事。"演说家又问:"朋友,你可相信教皇是魔道①吗?"

---

① 荷兰当时是宗教革命的大本营,因此人们很多都反对教皇。

老实人回答:"这我不清楚。不过他是魔道也罢,不是魔道也罢,我缺少面包这可是真的。"演说家气愤地说:"滚开去,你不配吃面包,你是坏蛋,流氓,滚,别走近我。"演说家的老婆也从窗口探了探头,似乎简直不可相信,世上还有一个不信教皇为魔道的人,立刻向他倒下一大……噢,天!妇女的醉心宗教竟会到这个地步!

一个名叫雅克的再浸礼派①信徒,看到老实人受到这样野蛮无礼的待遇,满是同情,便带他到家里,让他洗澡,给他面包,啤酒,送他两个弗洛冷②,还打算安排老实人进他织布厂学手艺,这个织布厂的产品是在荷兰织造的,叫作波斯呢的一种印花布。老实人激动得差不多扑在雅克的脚下,叫道:"邦葛罗斯老师早告诉我了,这个世界是样样十全十美,你的慷慨豪爽使我感动无比,相比之下那穿黑衣服的演说家和他的太太实在是令人可憎恨的小人。"

第二天,老实人得空闲,到街上逛逛。他遇到一个叫花子,身上长着脓疱,两眼无光,鼻尖烂了一截,嘴歪在半边,牙齿乌黑,说话憋着喉咙,咳嗽得厉害,呛一阵就掉一颗牙。

四

老实人一见这情景,怜悯之心就油然而生。他把好心的雅克送的两个弗洛冷给了可怕的叫花子。谁知那鬼一样的家伙定睛瞧着他,眼泪扑扑地直掉,并立即向他的脖子直亲过来。老实人吓得连连后退不迭。"唉!"那个叫花子向老实人说道:"你认不得你亲爱的邦葛罗斯了吗?"——"什么,是你?亲爱的老师,你怎么会落到这般悲惨的田地?你碰到了什么倒霉的事呀?干嘛不住在最美

---

① 基督教中的一个小派,认为婴儿受洗完全无效,必于成年人再行洗礼。该派起源于16世纪,正当日耳曼若干地区发生农民革命时期。
② 弗洛冷为一种货币名。

的宫堡里了,还有那女中之宝,天地的杰作,居内贡小姐怎么样了?"邦葛罗斯说道:"我支持不住了。"老实人便带他上雅各家的马房,给他一些面包,过了好些时刻,邦葛罗斯才有了力气。老实人又问:"那居内贡呢?"——"她死了。"一听这话,老实人就急晕了过去。马房里恰好有些坏蜡,邦葛罗斯拿来把老实人救醒了。老实人一睁开眼就叫道:"居内贡死了!啊,最美好的世界到哪里去了?她害什么病死的? 莫非她是为我难过,因为看我被她令尊大人一边踢、一边赶出了美丽的宫堡,是吗?"——"哪有这事!"邦葛罗斯答道,"她是先被保加利亚兵蹂躏得不像样了,又一刀戳进她肚子,男爵上前救护,被乱兵砍了脑袋,男爵夫人也被人分尸割成几块,我可怜的学生和他妹妹的遭遇完全一样,宫堡变成了平地,连一所谷仓、一头羊、一只鸭子、一棵树都没留下。可幸的是,后来阿伐尔人代我们报了仇,阿伐尔人对近边一个保加利亚男爵的府第,也如法炮制。"

听这么一说,老实人又好一阵昏迷。等到醒来,老实人觉得该问的情况都清楚了,便讨教是什么因,什么果,什么根据,把邦葛罗斯弄成这副可怜相。邦葛罗斯照样滔滔不绝地答道:"唉,那是爱情啊,是那安慰人类、保存世界、为一切有情人的灵魂的、甜蜜的爱情啊。"老实人也道:"啊,爱情,这心灵的主宰,灵魂的灵魂,我也领教过了。所有的酬报不过是一个亲吻,还有屁股上挨上几十板,这样的美事怎会在你身上产生这样可怕的后果呢?"

于是,邦葛罗斯就慢慢道来:"噢,亲爱的老实人,你不是认识咱们男爵夫人身边有个俊俏的侍女吗? 她叫巴盖德。我在她怀中尝到了赛过登天那般的乐趣,但乐趣产生的苦难却像堕入地狱一样,使我浑身上下受着毒刑。巴盖德也害了这个病,说不定已经死了。巴盖德的这个病,是一个芳济会神甫送的,这个神甫很博学,

老实人 | 239

把源流考证出来了：他的病得之于一个老伯爵夫人，老伯爵夫人得之于一个骑兵上尉，骑兵上尉得之于一个耶稣会神甫，耶稣会神甫当修士的时候，直接得之于哥伦布的一个同伴。我眼看就要送命了，就不会再传给别人了。"

"噢，邦葛罗斯！"老实人嚷道，"你说的这段家谱可离奇透了，可是，祸根不是在魔鬼身上吗？"——"不是的，"邦葛罗斯回答，"在十全十美的世界上，这是不可避免的事，必不可少的要素。固然这病既毒害人的生殖的本源，又还阻止生殖，这和大自然的目标是相违背的，但要是哥伦布没有在美洲一座岛上染上这个病，我们哪会有巧克力，哪会有用作胭脂的胭脂虫颜料？还得特别注意，到现在为止，这个病是本洲独有的，就像在宗教上的这种喋喋不休的争论是本洲独有的一样。土耳其人、印度人、波斯人、中国人、暹罗人、日本人，都还没见识过。可是有个必然之理，不出几百年，他们也会领教的。目前这病在我们中间发展神速，尤其在军队中，在文雅、安分、操纵各国命运的雇佣兵所组成的军队中，如有3万人和员额相等的敌军作战，每一方必有2万人身上长满毒疮。"

"这可真是可怕啊！"老实人道，"不过你总得医。"邦葛罗斯回答："怎么能医？医总得付钱，或别人代付钱，没有钱，你走遍全球也不能放一次血①，洗一个澡。"

听到最后几句，老实人打起了主意，他去求好心的雅克帮助。在雅克面前，老实人跪着求情，把朋友落难的情形说得十分动人，雅克竟毫不迟疑留邦葛罗斯住下，出钱给他治病。治疗的结果，邦葛罗斯只损失了一只眼睛和一只耳朵。他笔下很来得，又精通算术，雅克又派他当账房。过了两个月，因生意上的事，雅克要到里

---

① 放血曾是19世纪中叶欧洲最普遍的一种治疗方法。

斯本,把两位哲学家一起带上船。邦葛罗斯一路向他解释,世界上一切都好得无以复加。雅克不同意,他说:"无论如何,人的本性可是多少变坏了,他们生下来不是狼,却变成狼。上帝没有给他们现成的24磅的大炮,也没有给他们刺刀,他们却造了刺刀大炮相互残杀。还有多少起的破产和法院攫取破产人财产、侵害债权人利益的事,我可以立一本清账。"独眼博士回答道:"这些都是应有之事。个人的苦难造成全体的幸福;个人的苦难越多,全体越幸福。"他们谈兴正浓,忽然一下子狂风四起,天昏地暗,在离里斯本港口不远处,他们的船遇到了最可怕的飓风。

五

只见船身在海上颠簸打滚,人身上所有的液质①和神经都被搅乱了。面对这可怕的情景,有半数以上的乘客已吓得软瘫了,没有气力再为眼前的危险着急。另外一半乘客在大声叫喊,祷告上帝保佑。但很快,帆破了,桅断了,船身一下断成两半。大家忙着抢救,七嘴八舌,各有各的主意,谁也指挥不了谁。好心的雅克帮着做点事,他正在舱面上,却被一个发疯的水手狠狠挨上一拳,但水手由于用力过猛,自己给摔了出去,倒挂在折断的桅杆上。雅克又抢去救护,帮他爬下来,不料一使劲,雅克竟冲下海去。水手看着雅克掉下去,却不屑一顾,雅克很快被水淹死。老实人瞧见恩人在水面上冒了一冒不见了,便要跳海去救,哲学家邦葛罗斯把他拦住了,引经据典地说:"为了要淹死雅克,海上才有这个里斯本港口的。"他正在高谈因果以求证明的当口,船身还是裂开了,所有的乘客都被抛下了大海,除了邦葛罗斯、老实人和淹死善人雅克的野蛮

---

① 液质(humeur)指人身内部的各种液体,如血、淋巴等。

水手外,其余的人都送了命。那坏蛋水手水性极好,他是很顺利地泅到了岸上。邦葛罗斯和老实人靠一块木板,把他们送上陆地。

在惊魂略定后,他们就向里斯本进发。身上的盘缠不多,他们希望凭着这点儿钱,保住从飓风中逃出来的命。一边走,他们一边悼念着雅克。进城后发觉,里斯本刚刚地震过①,港口里的浪像沸水一般往上直冒,停泊的船只被打得稀烂。飞舞回旋的火焰和灰烬,盖满了街道和广场,屋子倒下来,房顶压在地基上,地基跟着坍毁,3万名男女老幼全给压死了。水手打着唿哨,连咒连骂地说道:"哼,这儿倒可以发笔财呢。"邦葛罗斯说:"这现象究竟有何根据呢?"老实人嚷道:"啊!世界的末日到了!"水手跑着闯进瓦砾场,不顾性命找起钱来,找到了就往怀着放,他又找了一个地方喝了很多酒,醉醺醺地睡上一觉。在倒坍的屋子和将死已死的人中间,水手遇到一个肯卖笑的姑娘,他就掏出钱来买。邦葛罗斯扯着他袖子,说道:"朋友,使不得,使不得;你违反理性了,干这个事不是时候。"水手骂道:"去你的吧,你管得着吗?我是当水手的,生在巴太维亚,到日本已去过四次,好比十字架上爬过四次,理性,理性,你的理性去管别人吧!"

老实人不小心被碎石头砸伤了,躺在街上瓦砾间,对邦葛罗斯说:"唉,我肚子好饿,人也快死了,给我来点酒和油罢。"邦葛罗斯答非所求道:"地震可不是新鲜事,南美洲的利马去年有过同样的震动,同样的因,同样的果,从利马到里斯本,地底下准有一道硫黄的暗流。""那很可能,"老实人说,"可是看在上帝分上,给我一些油和酒吧。"哲学家回答:"怎么说可能?我断定那是千真万确的事。"老实人支持不住,晕了过去。邦葛罗斯忙从近边一口井里拿了点

---

① 影射1755年11月7日的里斯本地震。

水,泼在老实人头上。

第二天,因为在碎砖瓦堆里弄到点吃的,他们略微有了一点气力。他们跟旁人一同救护死里逃生的居民。得救的人中,有几个请他们吃饭,算是大难中所能张罗得最好的一餐。可是饭桌上的气氛很凄凉,同席的人都是一把眼泪,一口面包。邦葛罗斯安慰他们说这是定数:"因为上帝的安排是再好不过的,里斯本原本在这里有一座火山,物之所在,不能不及,世上一切皆善。"紧挨邦葛罗斯边上坐着一位穿黑衣服的矮个子,是异教裁判所的一个官员,忙挺有礼貌地说道:"先生这么说,就是不信原始罪恶①了;倘使一切都十全十美,人就不会堕落,不会受罚了。"邦葛罗斯回答的时候比他更礼貌周到:"敬请阁下原谅,鄙意并非如此。人的堕落和受罚,在好得不可再好的世界上,原是必不可少的事。"那官员又道:"先生莫非不信自由吗?"邦葛罗斯答道:"敬请阁下原谅,自由和定数可以并存不悖,因为我们必须自由,因为坚决的意志……"邦葛罗斯话说一半,那官员招呼手下卫兵过来为邦葛罗斯斟包多酒或是什么奥包多酒。

六

地震把里斯本全城四分之三的地段毁了,地方上一般有德行的人觉得要防止悲剧重演,唯一的办法就是替民众办一个大规模的功德会。科印勃勒大学②的博士们认为,阻止地震万试万灵的秘方,就是在庄严的仪式中用文火活活烧死几个人。因此,他们抓

---

① 指亚当与夏娃偷食禁果。
② 科印勃勒大学为葡萄牙有名的大学。1756年6月20日,葡萄牙确曾举办此种"功德大会"。

了一个皮斯加伊人,两个葡萄牙人。皮斯加伊人供认娶了自己的干妈①,葡萄牙人的罪名是吃鸡的时候把同煮的火腿扔掉。刚吃过饭的邦葛罗斯和他的门徒老实人也被捕了,一个是因为说了话,一个是因为听得神气表示赞成。两个被分别带进一间终日不见阳光的阴森的小屋。被关了八天后,他们俩穿上特制的披风,头上戴着尖顶纸帽。老实人的披风和尖帽,画的是倒垂的火焰,一些没有尾巴、没有爪子的魔鬼。邦葛罗斯身上的魔鬼又有尾巴又有爪子,火焰是向上的。他们装束停当②,就跟上大队游行。听了一篇悲壮动人的讲道,紧跟着是几部很美妙的合唱音乐。随后,人们一边唱歌,一边开始动刑。皮斯加伊人和两个吃鸡没吃火腿的葡萄牙人被烧死了;邦葛罗斯是吊死的,老实人被人按着节拍打屁股。大概这种刑罚与习惯不合,当天会后,又一次发生了惊心动魄的地震③。

  眼前的一切,吓得老实人魂不附体、目瞪口呆。他全身是血迹,人昏昏沉沉,还直打哆嗦。实在弄不清这是怎么回事,自言自语道:"最好的世界尚且如此,别的世界还了得?我屁股挨打还罢了,保加利亚人也把我打过,可是邦葛罗斯,你可是一个最伟大的哲学家啊!你连罪名都不知道,就被吊死了,难道是应该的吗?噢,亲爱的雅克,你是个最好的好人,难道是应该淹死在港里吗?噢,居内贡小姐,你这天地之灵、女中之宝,难道是应当被人开肠剖肚吗?"老实人听过布道,打过屁股,受了赦免,受了祝福,东倒西歪地就挣扎着走回去。这时,忽然有个老婆子过来对他说:"可怜的

---

① 教徒受洗时有教父教母各一人,干妈为教父对教母的称谓。
② 16—17世纪,异教裁判所执行火刑时,犯人装束确如作者所述。
③ 1755年12月21日葡萄牙再度地震。

孩子,坚强些,跟我走。"

七

　　老实人艰难地跟着老婆子走进一间破屋。老婆子又是给他一罐药膏叫他搽,又给他饮食。屋内放着一张挺干净的床,床边摆着一套衣服。老婆子说:"你尽管吃喝,但愿阿多夏的圣母、巴杜的圣·安东尼、刚波斯丹的圣·雅克,一齐保佑你。我明天再来。"老实人甚是感激,但也觉得莫名其妙,老婆子的慈悲尤其使他诧异。他想亲她的手,老婆子说道:"你该亲吻的不是我的手。你搽上药膏,吃饭睡好,我明天再来。"

　　老实人遭了许多横祸,身子疲惫,吃了东西就呼呼睡去了。第二天,老婆子把早点送来,看了看他的背脊,替他涂上另外一种药膏;过后又端中饭来;傍晚又送来晚饭。第三天,她照常又来帮助他。老实人实在生疑,就紧盯着问道:"告诉我吧,你是谁啊？谁使你这样大发慈悲的？叫我怎么报答你呢？"好心的老婆子没作一声,晚上她又来了,却没有端饭,只说:"跟我走,别说话。"她扶他在野外走了半里多路,到了一所四周是花园、有小河的一所孤零零的屋子。老婆子在一扇小门上敲了几下,门开了。她带着老实人打一座暗梯走进一个金碧辉煌的小房间,叫他坐在一张金银铺锈的便榻上,把门关紧后,她又走了。老实人以为是做梦,他年轻的生活中已做了很多噩梦,想来眼前是一个好梦。

　　一会儿,老婆子回来了,但这回不是她一个人,她还扶着一个浑身发抖的女子。只见这女子庄严魁伟,戴着面网,服装上珠光宝气。老婆子对老实人说:"你来把面网揭开。"老实人怯生生地走上前,哪知不揭即可,一揭就出了奇事,在他眼前的竟是他长相思的居内贡小姐,他不相信自己的眼睛,仔细地端详,果然是居内贡小姐。老实人又一次激动得没了气力，说不出话来，倒在她的脚下。居内贡也激动得倒在便榻上。老婆子灌了许多酒，他们才醒过来。谈话了，先是断断续续的一言半语，双方同时发问，同时回答，不知叹了多少气，流了多少泪，叫了多少声。老婆子叫他们把声音放轻一些，就自己走出去了。老实人问居内贡说："怎么，是你？你还活着！怎么会在葡萄牙碰到你？邦葛罗斯说你被人强奸，被人开肠剖肚，都是不确的吗？"美丽的居内贡答道："一点没错。可是一个人落难了，不一定就死的。"——"你爸爸妈妈被杀死，可是真的？"——"真的。"居内贡哭着回答。——"那么你的哥哥呢？"——"他也被杀死了。"——"你怎么在葡萄牙的？怎么知道我在这里？你是怎么设法叫人带我到这屋子来的？"居内贡说道："我等会告诉你，你先讲给我听，从你给我纯洁的一吻被赶出家门到现在，你经历了一些什么事？"

老实人是那般的毕恭毕敬。虽然他的头还昏沉，声音又轻又抖，脊梁还有点儿作痛，他仍是很天真地把别后的事统统倒出来告诉她。居内贡眼睛望着天，听着雅克和邦葛罗斯的死，不免难过地掉下泪来。接着她和老实人说起自己的遭遇，老实人一字不漏地听着，目不转睛地瞅着她，仿佛要把她吞下去似的。

八

"那天我正躺在床上睡得很熟，不知怎么回事，保加利亚人闯进我们森·托龙克宫堡中。也不讲缘由，把我父亲和哥哥抹了脖子，把我母亲割作几块。一个高大的保加利亚人，身长6尺，看我为了父母的惨死昏迷时，就把我强奸，这一下我可醒了，立刻大叫大嚷，拼命挣扎，口咬，手抓，恨不得挖掉那保加利亚高个子的眼睛。那蛮子见我反抗，就朝我左腋下戳了一刀，至今还留着疤。"天真的老实人"哎哟"了一声,就要看居内贡的伤疤,居内贡说:"等会给你瞧。先让我讲下去。"——"好,讲下去罢。"老实人说。

居内贡继续她的故事:"那时一个保加利亚上尉闯了进来,他看见我满身是血,那兵又若无其事照旧干他的,上尉就这蛮子对他的无礼,不禁勃然大怒,就在我身上把他杀了,又叫人替我包扎伤口,带往营部做了俘虏。上尉要我替他煮饭洗衣,其实也没有什么内衣可洗。不瞒你说,他觉得我长得好看,我也不否认他也长得挺漂亮,皮肤又白又嫩,除此之外,他没有什么思想,不懂得什么哲学,明明没受过邦葛罗斯博士的熏陶。过了三个月,他钱花完了,对我厌倦了,把我卖给一个叫唐·伊萨加的犹太人,这个犹太人在荷兰与葡萄牙两地做买卖的,又极好女色。他对我很中意,可他占据不了我,因为我抗拒他不像抗拒保加利亚兵那样软弱。犹太人于是就想收服我,送我到这座乡下别墅来。我一向以为森·托龙克宫堡是世界上最美最豪华的住宅了,现在看来远不是这样。

"异教裁判所的大法官有天在作弥撒祭时看到我,就叫人传出话来,说有机密事找我谈。我进了他的府第,说明我的出身,他对我说,让一个以色列人占有你,多少有失你的身份。接着有人出面向唐·伊萨加提议,要他把我让给法官大人。唐·伊萨加是宫廷中的银行家,面子也很大,一口回绝了。于是大法官就拿功德会吓他。犹太人这下受到了惊吓,就讲妥了条件:这所屋子跟我作为他们俩的共有财产,星期一、三、六归犹太人,余下的日子归大法官。这协议已成立了 6 个月,但至今我对他们俩一个都不接受,大概是这个缘故,他俩对我的宠爱始终不衰。

"后来为了禳解地震,也是为了吓吓唐·伊萨加,大法官办了这个功德大会。我有幸应邀观礼,坐着上席。当我看到两个犹太人和娶了干妈的那个皮斯加伊人被烧死,心里恐怖极了。接着又看到,有个身穿披风、头戴纸帽的人,脸很像邦葛罗斯,我的诧异、惊惧、惶惑更不消说了。我抹了抹眼睛,留心细看,当他一吊上去,我就昏迷了。我才苏醒,又看到你剥得赤条条的,我那时的恐怖、痛苦、惊愕、绝望,真是到了难以控制的地步。我想喊:'喂,住手呀!'但喊不出声音。看着你被打完屁股,我心里一直在想:怎么大智大慧的邦葛罗斯和可爱的老实人会在里斯本,一个挨鞭子,一个被吊死;而且都是把我当作心肝宝贝的大法官发的命令!邦葛罗斯从前曾说过,世界上一切都十全十美,看来是一个骗人的大谎话。

"我是那样的紧张、慌乱,气得发疯,但又四肢无力,好像快死过去一般。我头脑里乱糟糟的,想的无非是父母兄长的惨死,下流的保加利亚兵的蛮横,我沦为奴仆做厨娘的遭遇,无耻的唐·伊萨加,卑鄙的大法官。我感谢上帝叫你受尽折磨后仍旧回到我的身边。我吩咐老婆子照顾你,让你尽快康复,能带你到这儿来的时候就带了来。她把事情办得很妥当。现在能跟你相会,说上话,别说有多么高兴。你大概饿了吧,我们一同先吃饭。"

两人坐上饭桌,吃过晚饭,又回到上文提到的那张便榻上,这时屋子的主人之一的唐·伊萨加大爷来了。那天是星期六,这是他的权利日,有机会来诉说他的感情。

九

伊萨加是那种性情暴烈的犹太人,一进门就嚷开了:"什么!你这加利利[①]的母狗,养了大法官还不够,还要我跟这个杂种平分

[①] 加利利人,为异教徒对基督徒之称谓,因伊萨加是犹太人,居内贡是基督徒。

吗?"说着抽出随身的佩刀,直扑老实人。没想到老实人也有武器。咱们这个威斯发里青年,从老婆子那儿得到衣服时也得了一把剑。他性情虽然和顺,也不免拔剑自卫,竟叫犹太人直挺挺地横在居内贡脚下。

"圣母玛丽亚!怎么办呢?家里出了人命了!差役一到,咱们就完了。"居内贡吓得直叫唤。老实人也一下变得没有主意,就找老婆子商量。老婆子很乖巧,刚开始发表意见,另外一扇小门打开了。那时已经半夜一点,是星期日了。这一天是大法官的名分。他进来,看见打过屁股的老实人握着剑,地上躺着个死人,居内贡面无人色,不免就是一惊。老实人反应很快:"这圣徒一开口叫人,我就难以逃脱,一定得活活烧死了。"于是他趁大法官发愣的当口,马上利剑一挥,把大法官从前胸戳到后脊,刺倒在犹太人旁边。"啊,又是一个!"居内贡说,"那还有宽赦的希望吗?我们要被驱逐出教,我们的末日到了。你性子很和顺,怎么不出两分钟会杀两个人?"老实人答道:"美丽的小姐,一个人动了真情,起了妒性,被异教裁判所打了屁股,竟变得连自己也认不得了。"老婆子道:"马房里有三匹安达鲁齐马,鞍辔齐全,叫老实人去套好牲口,太太有的是金银钻石,快快上马逃命,奔加第士去,我只有半个屁股好骑马,也顾不上了,今夜天气好,趁夜凉赶快赶路。"

老实人很快就套好了三匹马。居内贡、老婆子和老实人一行三人,一口气就直赶了四五十里路。他们在路上逃亡的时候,公安大队已有人进了那屋子,他们把大法官葬在一所华丽的教堂内,把犹太人扔在垃圾堆里。

十

老实人、居内贡和老婆子一行来到了莫雷那山中的一个叫阿伐赛那的小镇。当他们到一家酒店时,只见居内贡哭开了:"啊,谁偷了我的比斯多①和钻石的?这可叫我们靠什么过活呢?哪里再能找到大法官和犹太人,给我金币和钻石呢?"老婆子道:"唉!昨天晚上有个芳济会神甫,在巴大育和我们宿在一个客栈里,我疑心是他干的事。青天在上,我决不敢冤枉好人的。"——"可是,邦葛罗斯常常向我证明,"老实人说道,"尘世的财富是人类的公产,人人皆得而取之。根据这原则,那芳济会神甫应该留下一部分钱给我们做路费。美丽的居内贡小姐,难道她什么都不留给我们吗?"——"一个子儿都没留。"居内贡说。"那怎么办呢?"老实人变得束手无措起来。老婆子就主张卖掉一匹马。于是,他们向酒店的一位本多会修院的院长,以很低的价把一匹马卖给了他,就又继续赶路。老实人、居内贡和老婆子经过罗赛那、基拉斯、莱勃列克撒,到了加第士。加第士正在编一个舰队,招募士兵,预备叫巴拉圭的耶稣会神甫②就范,因为有人告他们煽动某个部落反抗西班牙与葡萄牙的国王。老实人在保加利亚吃过军粮,便到那征兵站中,当着统领的面表演保加利亚兵操,他身段动作那么高雅、迅速、利落、威武、矫捷,统领看了立即批准入伍,并分拨一连步兵归他统率指挥。老实人当上了上尉。他带着居内贡小姐、老婆子、两名当差和葡萄牙异教裁判所大法官的两匹安达鲁齐马上了船。

　　航行途中,老实人一行人又讨论起可怜的邦葛罗斯的哲学。老实人说:"现在咱们要到另外一个世界去了,那里大概是十全十美的了。我们这里的物质生活和精神生活,的确有点儿可悲可叹。"居内贡说:"我真是一心一意地爱你,可我所经历过的,使我很

---

① 比斯多为西班牙的一种金币。
② 南美巴拉圭在17世纪是西班牙属国,西班牙国王腓列伯三世授权耶稣会教士统治,直至1767年这个神权统治才告终。

惊慌、害怕。"——"以后就好了，"老实人很有信心地回答，"这新世界的海洋已经比我们欧洲的好多了，浪静风平。最好的世界一定是新大陆。"居内贡说："但愿如此！可是在我那世界上，我遭遇得太惨了，几乎不敢再存什么希望。"老婆子说："你们都怨命，唉！你们还没有受过我那样的灾难呢。"一番话说得居内贡差点笑出声来，觉得老婆子有点自命不凡。老婆子道："你不知道我的出身；要是你知道我的身世，看过我的屁股，就不会感到惊讶了。"于是，老婆子的身世引起居内贡和老实人很大的兴趣。

十一

老婆子说了下面一番话："我可不是一向眼睛就长满血丝，眼圈这么赤黑，鼻子碰着下巴的，我也不是一向当佣人的。我是教皇厄尔彭十世和巴莱斯德利那公主生的女儿。在我 14 岁以前住的王府是那样的豪华，那些日耳曼男爵的宫堡做它的马房都不配。威斯发里全省的豪华，还抵不上我一件衣衫。我不仅长得美，还多才多艺，我享尽快乐，受尽尊敬，前程似锦。我很早就能挑动人家的爱情了。乳房慢慢地变得丰满，而且是何等样的乳房！白而结实，模样儿像梅迪西斯的维纳斯①身上的。还有多美的眼睛！多美的眼皮！多美的黑眉毛！我站在更衣的女佣面前，她们就像鉴赏一个艺术品那般地把我从前面看到后面，从后面看到前面，所有的男人也都恨不得做她们的替工呢。

"我跟玛·加拉的王子订了婚。消息一传开，全国轰动。这是一个很体面的王子，长得和我一样俊美，又是说不尽的温柔、风雅，

---

① 希腊古雕塑中有许多维纳斯像，均系杰作。后人均以掘得该像之所在地，或获得该像的诸侯之名名之。梅迪西斯为文艺复兴期统治翡冷翠的大族。

才华盖世，热情如水。我爱他的情分就像初恋一样，对他五体投地，如醉若狂。婚礼已经开始筹备了。场面的伟大是空前未有的，连日不断的庆祝会、骑兵大操、滑稽歌剧，全意大利争着写十四行诗来歌颂我，我还嫌没有一首像样的。我快要大喜的时候，一个做过王子情妇的老侯爵夫人，请他到家里去喝巧克力茶。不到两小时，他抽搐打滚，形状可怕，竟自死了。我是多么伤心，母亲也十分的绝望，于是母亲就想带着我暂时离开一下这个不祥之地。她在迦伊埃德附近有块极好的庄田。我们乘一艘本国的兵船，布置得金碧辉煌，好比罗马圣·比哀教堂的神龛。谁知驶到半路遇到了海盗袭击，我们那些兵真不愧为教皇卫队，还没有抵抗就丢械求饶了。海盗们一拥而上，把那些兵士和其他人的衣服剥得精光，我母亲，我们的宫女，连我自己都在内，他们是要瞧瞧我们有没有隐藏什么钻石。

"一个年轻的公主和她母亲一道，就这样被带往摩洛哥去做奴隶，那种悲惨就不必细说了。在海盗船上受的罪，你们不难想象。我母亲和我在船上受尽折磨。可当船到摩洛哥时，摩洛哥是一片血海。摩莱·伊斯玛伊皇帝的 50 个儿子各有党派，那就有了 50 场内战，黑人打黑人，黑人打半黑人，半黑人打半黑人，黑白混血种人打黑白混血种人。整个国家变成一个日夜开工的令人可怕的屠宰场。船刚靠岸，就有一帮与海盗为敌的黑人冲杀过来抢战利品。最贵重的东西，除了钻石、黄金，就要算我们了。我那时看到的厮杀，你们休想在欧洲地面上看到，这是水土关系。北方人没有那种热血，对女人的疯劲也不像在非洲那么普遍。阿特拉斯山一带的居民，血管里有的是硫酸，有的是火。他们的厮杀就像当地的狮虎毒蛇一般猛烈。在抢空东西后，就来抢女人。一个摩尔人抓着我母亲的右臂，我船上的大副抓着她的左臂，一个摩尔人拽着她的一条腿,一个海盗拽着另外一条。全体妇女几乎同时都被四个兵扯着。船长把我藏在他身后,他手里握着大弯刀,敢冒犯他虎威的,他都来一个杀一个。临了,所有的意大利妇女,连我母亲在内,全被那些你争我夺的魔王撕裂了,扯成几块。海盗、俘虏、兵、水手、黑人、半黑人、白人、黑白混血种人,还有我那船长,全都死了,我压在死人底下,屏住气不吭声。后来一切都静下来后,我费了好大气力,从多少鲜血淋漓的尸首下面爬出来,一步一步,挨到附近有株大橘树的小溪旁边。我是又惊又骇,又累又饿,不由得昏了过去。正当我困惫昏迷、半死半活的时候,忽然觉得有件东西压在我身上乱动。睁开眼来,见是一个气色很好的白种人,他含含糊糊说出几个意大利字:'多倒霉啊,一个人没有了'……"

十二

老婆子继续说:"我听到本国的语言就惊奇万分。我回答他,比他抱怨的更倒霉的事儿多得很。我三言两语说出了我经历的悲惨的事儿,说着说着,我精力不济了。他抱我到邻近一所屋子里,放在床上,给我吃东西,殷勤服侍,好言相慰,恭维我说,他从来没见过我这样的美人儿。他自小就被阉割过,手术很成功,在巴莱斯德利那公主府上当教堂乐师。我一听就叫起来了:'那是我的母亲啊!'——'你的母亲!'他哭着嚷道:'怎么!你就是我带到6岁的小公主吗?你现在的才貌,那时已经看得出了。'——'是我呀,我母亲就躺在离这儿大概四百步开外的地方,她被人剁了几块,压在一大堆死尸底下……'我告诉他前前后后的遭遇,他也把他的经历告诉了我。某基督教强国派他来见摩洛哥王,是为了商量一项条约,规定由某强国供给火药、大炮、船只,帮助摩洛哥王破坏别个基督教国家的商业。那太监说:'我的使命已经完成,正要到葛太去搭船,可以带你回意大利。'我一听感动得流下泪,向他千恩万谢。但谁知他并不带我回意大利,而是带往阿尔及尔,把我卖给当地的总督。我刚换了主人,蔓延欧、亚、非三洲的那场大瘟疫就在阿尔及尔发作了,这个瘟疫来势可真不小。它比地震还可怕。阿尔及尔的人是九死一生。那个太监、总督以及总督的姬妾都送了命,我竟没有死。有个商人把我买回去,带往突尼斯,转卖给另一个商人;他带我上的黎波里,又卖了;从的黎波里卖到亚历山大,从亚历山大卖到斯麦那,从斯麦那卖到君士坦丁堡。最后我落到苏丹御林军中的一个军官手里,不久他奉派出去,帮阿左夫抵抗围困他们的俄罗斯人。那军官把全部姬妾都带着走,安置在阿左夫海口上一个小炮台里,拨两个黑人太监和20名士兵保护。战斗很残酷,无数俄罗斯人战死了,俄罗斯人也照样有力地进行回敬。阿左夫变成了一片火海血海,男女老幼无一幸免,打到最后就只剩下我们的小炮台了。俄罗斯人打算叫炮台里的人活活饿死,可是20名卫队早就打赌发誓,决不投降。他们饿极了,没有办法,只得拿两名太监充饥。几天以后,他们决意吃妇女了。这时我们当中有个很虔诚的回教祭士,劝说士兵别把我们完全杀死,只要把这些太太中半个屁股割下来,就可大块朵颐。他的滔滔说教,把卫兵说服了。我们便受了这个残酷的手术。祭司拿阉割儿童用的药膏,替我们敷上。我们差不多全都快死了。卫兵们刚吃完我们供应的人肉筵席,俄罗斯人就坐了平底船冲进来,把卫兵打得一个不留,俄罗斯人对我们的情形不加理会。幸而世界上到处是法国军医,其中有一个医术很高明,他把我们治好了。我一辈子也不会忘记。当我和同伴的伤疤完全结好后,我们又被带到莫斯科。我被分配在一个贵族手里当园丁,每天赏我20鞭子。两年后,因宫廷中互相倾轧,我那位爵爷和30来个别的贵族,都被凌迟处死。我乘机逃跑，穿过整个俄罗斯，做了多年酒店的侍女，先是在里加，后来在罗斯托夫、维斯玛、莱比锡、卡塞尔、攸德累克德、来顿、海牙、罗干达姆。贫穷和耻辱，磨得我人也老了，我只剩着半个屁股，这是受的什么罪。我永远忘不了我是教皇之女，几百次想自杀，却始终丢不下人生。这个可笑的弱点，大概就是我们的致命伤：时时刻刻要扔掉的枷锁，偏偏要继续背下去；一面痛恨自己的生命，一面又死抓不放；把咬你的毒蛇搂在怀里抚摩，直到它吃掉你的心肝为止，这是多么愚蠢可悲的事情啊！

"在我所漂流过的地方，在我当过侍女的酒店里，诅咒自己生命的人，我见过不知多多少少，但极少有人自愿结束这苦命的一生。只见过12个人不是这样：3个黑人、4个英国人、4个日内瓦人，还有一个叫作罗贝克的德国教授。最后我在犹太人唐·伊萨克家当老妈子，他派我服侍你。美丽的小姐，我一直关切着你的命运，对你的遭遇比对我自己的还要操心。要不是你们把我激了一下，要不是船上无聊，照例得讲些故事消遣消遣，我不会提到自己的苦难。总而言之，小姐，我有过经验，见过世面，我深深体会了人生的苦难。你不妨请每个乘客都来讲一讲自己的经历，你就可以发现，每个人都在自怨其生，自命为世界上最苦的人。"

十三

美丽的居内贡一直在静静地听老婆子的故事。听完后，她顿时肃然起敬，便按照她的身份和德行向老婆子施礼。居内贡也听了老婆子的主意，邀请全体乘客挨着次序讲自己的身世，老实人和居内贡听着，承认老婆子有理。老实人说："可惜葡萄牙功德大会太不照规矩，把大智大慧的邦葛罗斯吊死了，否则我们倒可以听听他对海陆两界的物质与精神的痛苦能发表一套什么妙论。我现在也有了一点胆气,敢恭恭敬敬地向他提出几点异议。"

　　航行迅速,就在大家忙着说故事,不知不觉中船驶进了布宜诺斯艾利斯①。老实人携居内贡、老婆子,一同去见总督唐·斐南多。总督有伊巴拉②、腓加罗阿、玛斯卡林、朗波尔陶和索萨五处封邑。还拥有许多吓人的头衔,配合他的身份,自然是一副高傲的气概。他和人说话,用的是鄙夷不屑的态度,鼻子举得那么高,嗓子喊得那么响,口吻那么威严,神情那么傲慢,使看见的人都很不舒服。他好色如命,一见居内贡就觉得是他生平所见到的最美的,一开口便问她是不是上尉的老婆。看着问话的神气,老实人吓了一跳。他既不敢说是老婆,因为她确实不是;又不敢说是姐妹,因为她确实也不是。老实人太纯洁了,不敢有半点儿隐瞒,便直通通地说:"承蒙居内贡小姐不弃,她已答应下嫁小人,届时我们要尊请大人光临,主持婚礼呢。"唐·斐南多翘起胡子,狞笑了一下,便吩咐老实人去检阅部队。老实人只得遵命,总督留下居内贡小姐,向她表示了特别的热情,并宣布第二天就和她成婚,不管在教堂里行礼还是用别的仪式都可以。他对居内贡是一见钟情。居内贡好不自在,要求宽限一刻钟,让她定定神,跟老婆子商量一下,自己也得拿个主意。

　　老婆子凭着经验开导居内贡说:"小姐,你身上没有分文,空有 72 代家谱;总督是南美洲最有权势的爵爷,留着一绺漂亮胡子,莫非你还心高气傲,打算苦熬苦守,要做总督夫人就看你自己了。你已经被保加利亚人强奸;已失身于犹太人,再失身于大法官。吃苦吃多了,也该尝尝甜头。换了我,决不三心二意,一定嫁给总督

---

　　① 即今南美阿根廷首都。
　　② 伊巴拉等五个名字,乃 1758 年 9 月谋刺葡萄牙王凶犯之名,作者借作总督封邑之名。

大人，同时再设法提拔老实人，帮他升官发财。"老婆子正说着，港口里却驶进一条小船，载着一个法官和几名差役。

原来老婆子没猜错，居内贡和老实人当时匆匆而逃到巴大育镇上失落的珠宝，是那个穿宽袍的芳济会神甫偷的。神甫偷后打算把其中一部分宝石卖给一个珠宝商，珠宝商认得这是大法官的东西。神甫被捕，在吊死前，他供出珠宝是偷来的，说出失主的相貌行踪。这样，官方就觉察了居内贡、老实人一行人逃亡的路线，一直追到加第士，到了加第士又派一条船跟着来。那船已经进入布宜诺斯艾利斯港，外面纷纷传说，有个法官就要上岸，缉捕谋杀大法官的凶手。机灵的老婆子当下心生一计，对居内贡说："你不能逃，也不用怕，杀大法官的不是你；何况总督喜欢你，决不会让人家得罪你的，你尽管留在这儿。"她又赶去找老实人，说明了事由，对他说："没法儿，快快逃罢，要不然一小时之内，你就得送上火刑台。"事情这么紧急，一刻也不得耽误，可是老实人怎么舍得丢下居内贡呢？又可以投奔到哪里去呢？

十四

有一个叫加刚菩的混血儿，是老实人在加第士雇的当差。这个当差的，做过助祭士、童子、圣器执事、水手、修士、乐器工匠、大兵、跟班。他很喜欢他现在的东家，因为东家待人宽厚。当下他抢着把两匹安达鲁齐马披挂停当，说道："喂，大爷，咱们还是听老婆子的话，36计走为上。"老实人心里不依，掉着眼泪说："噢！我亲爱的居内贡！总督大人正要替我们主婚了，我倒反过来把你扔下来，路远迢迢地来到这里，你如今怎么办呢？"加刚菩道："不要管那么多了，女人家自有本领，她有上帝保佑，咱们快走罢。"——"可咱们上哪里去呢？没有了居内贡，咱们如何是好呢？"——"哎，"加刚菩回答，"你原本是要去攻打耶稣会士的，现在不妨倒过来，去替他们出力。我认得路，可以送你到他们国内，你会保加利亚兵操，又是上尉，他们肯定很欢迎。将来你一定飞黄腾达。这边不得意，就上那边去。何况开开眼界，也是一件既新鲜又有趣的事。"

老实人感到好奇，问："难道你在巴拉圭耽过吗？"——"怎么没耽过？"加刚菩道，"我在阿松西翁学院做过校役，我对于耶稣会政府，跟加第士的街道一样熟。那政府真是了不起。国土纵横千余里，划作30行省。神甫们无所不有，老百姓却一无所有，那正是理智和正义的杰作。以我个人来说，还从来没看见过像那些神甫一样圣明的人，他们在这里跟西班牙王葡萄牙王作战，在欧洲听西班牙王葡萄牙王的忏悔；在这里他们见到西班牙人就杀，在马德里把西班牙人送上天堂，我觉得有意思极了；咱们快快赶路吧。包你成为世界上第一个有福的人。神甫们知道有个会保加利亚兵操的上尉投奔，肯定是很快活的。"

于是，他俩动身，先到了第一道关塞，加刚菩告诉哨兵，说有个上尉求见司令。哨兵把话传到守卫本部，守卫本部的一个军官亲自去报告司令。老实人和加刚菩得到传唤，先被缴掉武器，两匹安达鲁齐马也被扣下。两个陌生人从两行卫兵中间走过去，行列尽头便是司令。只见司令头戴三角帽，撩起着长袍，腰里挂着剑，手里拿着短枪。司令做了一个记号，24个卫兵立刻就把两个生客团团围住。一个班长模样的过来传话，要他们等待，说司令现在不能接见，因为省长神甫不在的时节，不许任何西班牙人开口，也不许他们在土地逗留3小时以上。加刚菩忙问："那省长神甫在哪儿呢？"班长答道："他做了弥撒，阅兵去了，约要过3个钟点后，你们才能亲吻他的靴尖。"——"可是，"加刚菩说，"敝上尉是德国人，不是西班牙人。他和我一样饥肠辘辘，省长神甫现在还未到，我们能不能先吃顿早饭?"班长立即把这番话向司令报告。司令说:"感谢上帝!既然是德国人,我就可以跟他说话了。带他进我的帐里来。"老实人便进了一间绿荫覆盖的办公厅,四周是绿的云石和黄金砌成的列柱,十分华丽,笼里养着鹦鹉、蜂雀、小纹鸟和各种珍异飞禽。黄金的食器盛着精美的早点,巴拉圭土人正捧着木盘在大太阳底下吃玉蜀黍,司令官却进了办公厅。

司令少年英俊,脸颊丰满,白皮肤,好血色,眉毛吊得老高,眼睛极精神,耳朵绯红,嘴唇红里带紫,眉宇之间有股威武的气概。老实人和加刚菩的兵器马匹都发还了,加刚菩把牲口拴在办公厅附近,给它们吃燕麦。老实人上前先亲吻了司令的衣角,然后一同入席。耶稣会士用德文说道:"你原来是德国人?"老实人回答:"是的,神甫。"两人这么说着,都不由自主地觉得很惊奇、很激动。耶稣会士又问:"你是德国哪个地方的?"——"敝公是威斯发省的。我的出生地是森·托龙克宫堡。"——"噢,天!难道竟是你?"老实人也惊讶道:"这真是从哪里说起!"两人热烈地互相拥抱,眼泪像小溪一般直流。"怎么,神甫,你就是美人居内贡的哥哥?不是说你被保加利亚人杀死了?怎么又在巴拉圭做了耶稣会神甫?这世界真是太离奇了。噢,邦葛罗斯,邦葛罗斯!你要是还活着,看到这情形该多高兴啊!"几个黑奴和巴拉圭人端着水晶盅在旁斟酒,司令叫他们回避了。他对上帝千恩万谢,把老实人抱在怀里,两人哭作一团。老实人道:"再告诉你一件事,你还要诧异,还要感动,还要莫名其妙。你令妹居内贡不是被人戳破肚子送了命吗?其实她还在人世,在布宜诺斯艾利斯的总督府上,我是特意来帮你们打仗的。"他们那次长谈,每句话都是奇闻。两个人的心都跳到了舌尖,滚到了耳边,在眼内发光。因为是德国人,他们的饭吃得很慢,边吃边等着省长神甫回来。

十五

接着,司令官又对老实人讲了下面一番话:"我一生也忘不了那悲惨的日子,看着父母被杀,妹妹被强奸。等到保加利亚人走了,大家找来找去,找不到我心爱的妹妹。在我们家七八里外有一个耶稣会的小教堂,父母、我和其他的一些人,都给装上一辆小车,送往那里埋葬。一位神甫替我们洒圣水。圣水很咸,有几滴洒进我的眼睛,神甫瞧见我眼皮眨了一下,便摸摸我的心,觉得还在跳,就把我救了回去。3个星期后,我痊愈了。那个修道院的院长克罗德神甫很喜欢我,给我穿上候补修士的法衣,以后又送我上罗马。总会会长正在招一批年轻的德国耶稣会士。巴拉圭的执政者不喜欢西班牙的耶稣会士,喜欢用外国籍教士,觉得容易管理。总会会长认为我宜于到那里去传布福音。所以,我们出发了。一到那里,我荣任少尉和助理祭司之职,现在已升到中校,做了神甫。我向你担保,西班牙人早晚要被驱逐出教,要被我们打败。你是上帝派来帮助我们的。告诉我,我的妹子可是真在近边,在布宜诺斯艾利斯总督那儿?"老实人赌咒发誓,回答那可是千真万确的。于是两人又流了许多泪来。

司令再三再四地拥抱老实人,称他是兄弟,是恩人。他说:"啊,亲爱的老实人,我盼望着那一天,咱们俩打了胜仗,一同进城去救我的妹妹来。"老实人回答:"那正是我的心愿,我早打算娶她的,至今还抱着这个希望。"——"怎么!混蛋!"司令抢着说,"我妹妹是72代贵族之后,你好大胆子,竟想娶她?你配吗?亏你有这个脸,敢在我面前说出这样狂妄的主意!"老实人听了这话呆了半晌,答道:"神甫,家谱有什么用?我把你妹妹从一个犹太人和一个大法官怀中救出来,她很感激我,愿意嫁给我。老师邦葛罗斯说的,世界上人人平等,我将来非娶她不可。"——"咱们走着瞧,流氓!"那森·托龙克男爵、司令兼神甫一边说,一边拿剑背往老实人脸上狠狠地抽了一下。老实人马上拔出剑来,整个儿插进司令的肚子里。等到把剑热腾腾地抽出来时,老实人哭着嚷道:"哎呀,我的上帝!我杀了我的旧主人了,我的朋友,我的舅子了;我是世上最好的人,却已犯了三条人命。"在办公厅门口的加刚菩听到响声,立刻赶了进来。老实人对他说:"现在没有法子了,只有跟他们拼命了。"加刚菩见识广,他很镇静地忙剥下司令的神甫的外衣,给老实人穿上;把死者头上的三角帽,给老实人戴上,扶他上马,说:"大爷,咱们快走吧。他们会当你是神甫出去发布命令;即使追上来,咱们也早过了边境了。"说着,加刚菩飞奔上马,嘴里用西班牙语叫着:"闪开,闪开,中校神甫来啦!"

十六

加刚菩办事细心,在行囊里装满了面包、巧克力、火腿、水果,还有酒。逃出了关塞,他们就往连路都没有的陌生地方跑。后来发现一片青葱的草原,正好让马休息一下,加刚菩向主人提议吃东西。他自己以身作则,先吃了起来。老实人则一副哭丧脸的样子道:"我杀了男爵大人的儿子,又再也见不到美人居内贡了,这样悲惨的日子,过下去还有什么意思?"但他一边这么说,一边照旧吃个不停。不久,太阳下山了。两位迷路的人听见几声轻微的呼叫,好像是女人声音。他们俩急忙站起。叫喊的原来是两个赤身露体的姑娘,在草原上奔跑,身子非常轻灵。两只猴子紧跟在后面,咬她们的屁股。老实人看了实在不忍,他在保加利亚当兵学会了放枪,便拿起他的西班牙双膛枪一连两响,把两只猴子打死了。他甚为高兴道:"亲爱的加刚菩,真要感谢上帝。我居然把两个姑娘救了。

老实人

杀掉一个大法官,一个耶稣会士,固然罪孽不轻,但现在可以将功赎罪了。"

他还想说,不料两个姑娘抱着两只猴子放声恸哭起来,看见她们这般不胜怜爱的样子,老实人顿时张口结舌,愣住了。终于他对加刚菩说:"想不到有这样好心肠的人。"加刚菩答道:"大爷,你是把两位小姐的情人打死了。"——"她们的情人!怎么可能?"加刚菩说:"大爷,你不知道,有的地方猴子会博得女人欢心的,猴子可也是四分之一的人,正如我是四分之一的西班牙人。"于是,他告诫老实人:"这两个女人会捣乱,暗算我们。"听了这番话,老实人一行就离开草原,躲进一个树林里去。他和加刚菩人吃了晚饭,就躺在藓苔上睡着了。可一早醒来,他俩都觉得动弹不得了,原来当地的居民大耳人①已听了两个女人的密告,夜里跑来用树皮绳把他们捆绑了。周围有50多个大耳人,拿着箭、棍、石斧之类,有的烧着一大锅水,有的在端整烤炙用的铁串,他们一齐喊道:"捉到了一个耶稣会士!捉到了一个耶稣会士!我们好报仇了,我们有好东西吃了,大家都来吃耶稣会士呀,大家都来吃耶稣会士啊!"这气氛甚是恐怖。

加刚菩愁眉苦脸地嚷道:"亲爱的大爷,你看那两个女人要算计我们了。"老实人瞧见锅子和铁串,叫道:"我们不是被烧烤,就得被白煮。啊!要是邦葛罗斯看到人的本性如此这般,不知又有什么话说!一切皆善!好,就算一切皆善,可是我不能不认为,失去了居内贡小姐,又被大耳人活烤,总是太残忍了。"加刚菩总是不慌不忙,对发愁的老实人道:"我懂得一些他们的土话,让我来跟他们说罢。"老实人忙道:"千万千万告诉他们,吃人是多么不人道,多么

---

① 此系印第安族的一支,戴大木耳环。

残忍的事，而且不合乎基督的道理。"加刚菩与大耳人对话了："诸位，你们打算吃一个耶稣会士，正是好极了，对付敌人理应如此。天赋的权利就是叫我们杀害同胞，全世界的人都是这么办的。我们没有应用吃人的权利，只因为我们有旁的好菜可吃。与其把胜利的果实扔给乌鸦，不如自己把敌人吃下肚去。可是诸位，你们可不能吃自己的朋友。你们以为要烧死的是一个耶稣会士，其实他是保护你们的人，你们要吃的是你们敌人的敌人。至于我，我是生在你们这里的。这位先生是我的东家，非但不是耶稣会士，还杀了一个耶稣会士，他穿的便是从一个死去的耶稣会士身上剥下来的衣服，所以引起了你们的误会。为了证明我的话，你们不妨拿他的袍子送往神甫们的边境，打听一下我的主人是不是杀了一个耶稣会军官。那用不了多少时间，倘若我是扯谎，你们照旧可以吃我们。但若是真话，根据你们对于公法、风俗、法律的原则就很清楚，决不能不饶赦我们的。"

这番话说得入情入理，大耳人于是派了两个有声望的人士作代表，去那里做调查，很快就有消息传来，大耳人为两个俘虏解了绑，对他们礼貌周到，供应他们冷饮、妇女，把他们送出国境。老实人对被释放的事赞不绝口，他道："嚯！了不起的民族！了不起的人！了不起的风俗！我幸而把居内贡小姐的哥哥一剑刺死，要不然决不饶幸，一定给吃掉的了。可是话得说回来，人的本性毕竟是善的，这些人一知道我不是耶稣会士，非但不吃我，还把我待如上宾。"

<h2 style="text-align:center">十七</h2>

到了大耳人的边境，加刚菩对老实人说："看来东半球并不比西半球好什么，咱们就抄一条近路回欧洲吧。"——"怎么回去呢？"

老实人道,"又回哪儿去呢?回到我本乡罢,保加利亚人和阿伐尔人正在那里见一个杀一个;回葡萄牙罢,要给人活活烧死;留在这儿罢,随时都有被烧烤的危险。可是居内贡小姐在地球的这一边,我又怎能远离她呢?"——"那就往开颜①,"加刚菩道,"那儿可以遇到法国人,世界上到处都有他们的踪迹,他们会帮助我们,说不定上帝也会哀怜我们。"

向开颜,他们只知道大概的方向,要达到目的地,必须要翻山越岭,还有河流挡道、悬崖绝壁、强盗、野蛮人,几乎遍地都是凶险的关口。他们整整走了一个月,马儿走得筋疲力尽,死了。干粮吃完了,就靠野果充饥。后来到了一条小河旁边,两旁长满椰子树,这才把他们的性命和希望支持了一下。

加刚菩看到这情形,就出谋划策,他对老实人说:"咱们是撑不下去了,两腿都不听使唤,我瞧见河边有一条小船,不如把它装满椰子,坐在里面顺流而去,既有河道,早晚必有人烟。"老实人又没有其他法子,就听从了。他们在河中漂流了十余里,两岸忽而野花遍地,忽而荒瘠不毛,忽而平淡开朗,忽而危崖高耸。河道越来越宽,终于流入一个险峻可怖,岩石参天的环洞底下。两人大着胆子,让小船往洞里驶去。河身忽然狭小,水势的湍急与轰轰的巨响,令人心惊胆战。又过了一昼夜,他们才重见天日。可是小船触着暗礁,撞坏了,只得下船在岩石上往上爬,爬了三四里路,他们看到了一片平原,极目无际,四周都是崇山峻岭,高不可攀。土地的种植,是生计与美观同时兼顾的,没有一样实用的东西不是赏心悦目的。车辆赛过大路上的装饰品,式样新奇,构造的材料也灿烂夺目。车中男女都长得异样的俊美,驾车的是一些高大的红绵羊,奔

---

① 开颜,南美洲东北角上一小岛,属法国。

驰迅速,就是那些像安达鲁齐,泰图安、美基内斯等第一等骏马也望尘莫及。

"啊,这地方可胜过威斯发里了,"老实人高兴地叫起来。他们来到了一个村庄。只见几个村童穿着撕破的金银铺绣衣服,在村口玩着丢石片的游戏。从另一世界来的两位旅客,一时高兴,对他们瞧了一会,他们玩的石片又大又圆,光芒四射,颜色有黄的,有红的,有绿的。两位旅客心头一动,随手捡了几块,原来是黄金,是碧玉,是红宝石,最小的一块也够蒙古大皇帝做他宝座上最辉煌的装饰。加刚菩道:"这些孩子大概是本地国王的儿女,在这里丢着石片玩儿。"这时村塾的老师恰好出来唤他这些村童上课。老实人道:"啊,那可一定是内廷教师了。"

顽童们停了游戏,那些石片和别的玩具都一齐留在地下也不管。老实人赶紧捡起,奔到教师前面,恭恭敬敬地捧给他,用手势说明,王子和世孙们忘了他们的金子和宝石。塾师微微一笑,接过来扔在地上,以很诧异的眼神,对老实人瞧了一下,便径自走了。

老实人一行少不得把这些黄金、碧玉、宝石又捡了许多回来。老实人叫道:"这正奇怪了呀!这些王子受了什么教育,居然会瞧不起黄金宝石。"加刚菩也和老实人一样惊奇。他们来到村中的一家人家,其建筑仿佛欧洲的宫殿。一大群人都向门口拥去,屋内很拥挤,还传出悠扬悦耳的音乐,一阵阵珍馐美馔的异香。加刚菩走近大门,听见讲着秘鲁话;那是他家乡的语言,他便对老实人说:"咱们进去罢,这是一家酒店,我来帮你当翻译。"

店里的侍者是两男两女,他们都穿着金线织的衣服,用缎带束着头发,热情地邀老实人他们入席。先端来 4 盘汤,每盘汤都有 2 只鹦鹉;接着是一盘白煮神鹰,直有 200 磅重,然后是 2 只香美异常的烤猴子,一个盘里盛着 300 只蜂雀,另外一盘盛着 600 只小雀,还有几道烧烤,几道精美的甜菜。食器很精致,全部是水晶盘子。男女侍者来斟了好几种不同的甘蔗酒。食客大半是商人和赶车的,他们全都那样的彬彬有礼。他们用很婉转的口气向加刚菩问几句,又竭诚回答加刚菩的问话,尽力回答得使他满意。

吃过饭,加刚菩和老实人把捡来的大块黄金丢几枚在桌上,算作付账。不料铺子的男女主人见了哈哈大笑,半天没直起腰来。店主说道:"你们肯定是外乡人。很抱歉,你们拿大路上的石子付账,不由得我们不笑。想必你们没有敝国的钱,可是在这儿吃饭不用付钞。为了便利商客,我们开了许多饭店,一律由政府开支。敝处是个小村子,地方上穷,没有好菜敬客,可是别的地方,无论上哪儿,你们全都能受到应有的款待。"加刚菩把主人的话统统解释给老实人听,老实人边听,边是惊讶得不得了。两人都说:"外边都不知道有这个地方,这究竟是什么国土呢?这儿的天地跟我们的完全不同!这可是尽善尽美的乐土了。"

十八

加刚菩就把心中的疑虑请教店主人,店主人答说:"我没多少学识,这儿有位告老的大臣,是敝国数一数二的学者,最喜欢与人交谈。"说完带加刚菩去见老人。老实人也跟着去。他们进了一间顶朴素的屋子,因为大门只是银的,屋内的护壁只是金的,但镂刻古雅,比着最华丽的护壁,也未必逊色。固然,穿堂仅仅嵌着红宝石和碧玉,但镶嵌的式样补救了质料的简陋。老人坐在一张蜂鸟毛垫子的沙发上,叫人端酒敬客,接见两位来宾,酒瓶是钻石雕的。接着他说了下面一席话,满足他们的好奇心:

"我已172岁,先父是个马夫,专为王上洗马,曾亲眼看到秘鲁发生的那次惊人的革命。父亲把这情形告诉了我。我们现在的国土原是古印加族疆域的一部分，印加族当初冒冒失失地出去扩张版图，结果却亡于西班牙人之手。留在国内的王族比较明智，他们征得老百姓的同意，下令任何居民不得越出我们小小的国境，这才保存了我们的纯洁和快乐。西班牙人对这个地方略有所知，但不得其详。他们把这里叫作黄金国。还有一个叫作拉莱爵士的英国人，100年前曾到了这儿附近，因为四面都是高不可攀的峻岭和峭壁，没能走进来，所以至今这里没遭到欧洲各民族的掠夺。他们酷爱我们的石块和泥土。爱得发疯一般，如果一旦得逞，为了抢那些东西，他们可能把我们杀得一个不留的。"

他们谈得是那样的投机，谈了很久，涉及政体、风俗、妇女、公共娱乐、艺术等许多方面，素好谈玄说理的老实人又要加刚菩探问国内有没有宗教。老人红了红脸，说道："怎么你们会有这个疑问？莫非以为我们是无情无义的人吗？"加刚菩恭恭敬敬请问黄金国的宗教是哪一种？老人又红了红脸，答道："难道世界上还有两个宗教不成？我相信我们的宗教是跟大家一样的，我们从早到晚敬爱上帝。"老实人又絮絮不休，向老人问长问短，他要知道黄金国的人怎样祈祷上帝的。那慈祥可敬的老人回答说："我们从来不祈祷，因为对他一无所求，我们所需要的，他全给了我们了，我们只是不断地感谢他。"老实人很想看看他们的教士，问他们在哪儿。老人微微一笑，说道："告诉你们两位，我们国内人人都是教士，每天早上，王上和全国人民的家长都唱着感谢神恩的赞美诗，庄严肃穆，由五六千名乐师担任伴奏。"——"怎么！你们没有修士专管传教，争辩，统治，弄权窃柄，把意见不同的人活活烧死吗？"老人说："那我们不是发疯了吗？我们这儿大家意见一致，你说的你们那些修士的勾当，我听得完全莫名其妙。"老实人出神地听着这些话，心上想："倘若邦葛罗斯见到了黄金国，就不会再说森·托龙克宫堡是

老实人 | 267

世界上的乐土了,可见一个人游历丰富就见多识广。"

长谈过后,慈祥的老人吩咐人套起一辆由6头羊驾驭的四轮车,派12名仆役送老实人一行进宫。老实人和加刚菩上了四轮车,6头绵羊跑得飞快,不到4个小时,已抵达京城一端的王宫前面。宫门高22丈,宽10丈,说不出由什么材料造的。可是不难看出,那材料很贵重。老实人和加刚菩一下车,就有20名担任御前警卫的美女迎上前来,带他们去淋浴,换上蜂鸟毛织成的袍子,然后由专门的男女大臣引他们进入内殿。内殿两旁各站着1 000名乐师。走近御座所在的便殿,加刚菩问一位大臣,觐见王上该用何种礼节,大臣指点说,"惯例是拥抱王上,亲吻他的两颊。"老实人和加刚菩便扑上去勾着王上的脖子就亲吻,王上对他们优礼相加,很客气地请他们晚上来赴宴。

宴前还有不少时间,有人陪老实人和加刚菩去参观京城。看那些高入云端的公共建筑,千百列柱围绕的广场,日夜长流的喷泉;有的喷射清澈无比的泉水,有的喷射蔷薇的香水,有的喷射甘蔗酒;规模宏大的广场,地上铺着一种宝石,散出近乎丁香与肉桂的香味。老实人又要求参观法院和大理院,但这里根本没有这些机关,也从来没有人打官司。老实人问有没有监狱,回答说没有,因为这里没有犯人。令他看了更惊异的是科学馆,在一条200丈长的长廊上,摆满了各种数学和物理的仪器。

整个下午只逛了京城千分之一的地方,天快黑时,他们回到王宫。席上老实人坐在国王、加刚菩和几位太太之间。他们这顿筵席是如此丰盛,以前从未享受过。国王在饭桌上谈笑风生的雅兴,也从来没有人能相比。加刚菩把陛下的妙语一一解释给老实人听,虽然经过了翻译,还照样趣味盎然。眼前的所见所闻,使老实人十分地惊叹不已。

两人在黄金国的京城的宾馆，一住就是一个月。老实人又想起了居内贡小姐来，他与加刚菩商量："住在这里是好，但毕竟居内贡不在此地。我们是普通人，还是回到我们的世界中去。现在我们有了 12 头满载黄金国石子的绵羊，我们的财富已盖过普天之下的国王了，也不必再害怕异教裁判所，凭着我们的财富，接回居内贡小姐看来不会难的。"加刚菩也有这个心思，不谋而合。就前去向国王要求离境。国王是十分开明的，随即下令工程师们造了一架机器，把这两个怪人举过山顶，送他们出境，国王还送了许多礼品给他们。老实人和加刚菩坐在机器上，带着 2 头鞍辔俱全的大红绵羊，这是给他们作为坐骑的；20 头载货的绵羊驮着干粮；30 头驮着礼品；50 头驮着黄金、钻石、宝石。他们这下可十分的富有。此时老实人心中只有一个愿望，就是把这些羊群献给居内贡小姐。

十九

路上第一天还顺利。想到他们有的财富是那么的富足，老实人兴奋得走一路，就把居内贡的名字刻了一路。第二天开始情况就不妙了。有 2 头羊连着货物陷入了沼泽；过了几日，另有两头不堪劳顿，倒毙了；接着又有七八头在沙漠中饿死；几天之后，又有些堕入深谷。足足走了 100 天，就剩下 2 头羊了。老实人对加刚菩说："你瞧，尘世的财富多么脆弱，只有德行和重见居内贡小姐的快乐才可靠。"加刚菩道："对，可我们还有 2 头羊，西班牙王一辈子也得不了这么多的财富。我远远看到一个市镇，大概是荷兰属的苏利南，咱们的苦快熬出头了。"

当他们一走近市镇，就看见地上躺着一个黑人，他只穿一条蓝布短裤，还少了一条左腿，缺了一只右手。老实人用荷兰话说："唉，天哪！你这个样子好不凄惨，你在这儿干什么？"黑人回答：

"我等着我的东家,他是大商人范特登杜①先生。"老实人说:"可是范特登杜先生这样对待你的?"——"是的,先生,这是老规矩了。他每年给我们发两条蓝布短裤,算是全部衣着。我们在糖厂里给磨子碾去一个手指,他就命人砍掉我们的手。要是想逃,就割下一条腿。这两桩我都碰上了。我们付了这代价,你们欧洲人才有糖吃。我母亲当时在几尼亚海边得了10块钱把我卖掉时,和我说:'亲爱的孩子,你得感谢我们的神道,永远向他们礼拜,他们会降福于你,做白人的奴隶是很荣幸的,爹妈也靠着你发迹了。'——唉!我不知他们有没有靠着我发迹,反正我没有托他们的福。狗啊,猴子啊,鹦鹉啊,都不像我们这么苦命。人家教我改信荷兰神道,每星期日去教堂使我明白了,我们人不分黑白,全是亚当的孩子。我不懂家谱,但布道师说得不错,我们都是嫡堂兄弟,可是你得承认,没有比范特登杜先生对待我们更辣手的了。"

"唉,邦葛罗斯!"老实人嚷道:"你可没想到世上竟有这么惨无人道的事。得啦得啦,我可不相信你的乐天主义了。"——"什么叫乐天主义?"加刚菩问。——"唉!就是人生活得很苦,却一口咬定我们的世界是十全十美的。"老实人边说,眼泪边掉下来。他们就这样进了苏利南。

他们先打听港内可有船,能把他们载往布宜诺斯艾利斯。问到的是一个西班牙船主,他答应跟他们公平交易,约在一家酒店谈判。老实人和加刚菩带着两头羊来到酒店。老实人心直口快,向西班牙人和盘托出他们的计划,连要抢居内贡小姐的打算也实说了。船主听了吓得直摇头:"我可不能送你们上布宜诺斯艾利斯,

---

① 据考证,此名影射范·杜仑(Van Düren),范为荷兰出版商,伏尔泰谓其在版税上舞弊,损害自己的权益。

否则我要被吊死的。你们俩也免不了送命。美人居内贡如今是总督大人最得宠的外室。"老实人听了好比晴天霹雳,哭了半天,他把加刚菩拉到一边,说道:"好朋友,还是这么办吧,咱们每人口袋里都有价值五六百万的钻石,你比我精明,你上布宜诺斯艾利斯去取居内贡小姐,要是总督作难,给他一百万,再不肯,给他两百万,你没杀过主教,他们不会抓你的。我另外包一条船,上威尼斯等你,那是个自由地方。"加刚菩觉得这个办法好,就答应了。但要和东家分手,不免又是一阵难受。加刚菩当日就动身走了。

老实人在苏利南又住了一段日子。他要找个船主,把他和两头满载硕果的绵羊一起带到意大利。他雇了几个佣人,很快办齐了长途航行所需要的杂物。一天,一条大帆船的主人范特登杜先生来找他。老实人道:"你要多少钱,才肯把我、我的下人、行李,还有两头绵羊,一径载往威尼斯?"船主开价1万银洋。老实人一口答应了。机灵的范特登杜瞧他出手这么大方,忙声明:"少了2万不开船。"老实人回答:"2万就2万。"——"哎呀!"范特登杜发现那家伙2万也不在乎,又说道:"少了3万不能送他往威尼斯。"老实人回答:"好,依你3万就是了。"——"噢!噢!"范特登杜对自己说:"3万银洋还不在他眼里,可见两个绵羊一定驮着无价之宝。别多要了,先叫他付了3万再作算计。"老实人哪里知道,他卖了两颗小钻,其中一颗很小的,价值就不止船主所要的数目。他付了钱,看了两头绵羊装上船去。老实人跟着坐上一条快艇,预备过渡到港中的大船上。船主认为时机已到,赶紧扯起篷来,解缆而去。又遇到顺风帮忙,越开离那条大船越远。老实人看着发呆,叫道:"哎哟,这一招倒比得上旧大陆的杰作了。他们明明在抢劫我的财富嘛!"他回到岸上,就直跑去见荷兰法官。

老实人由于性急慌忙,敲门不免敲得太粗暴些,进门见了法官,说明案由,叫嚷的声音也不免太高。法官因为他闹了许多声响,先罚他 1 万银洋。然后才耐下心来听完老实人的控诉,答应等那商人回来,立即审理,末了又要老实人缴付 1 万银洋讼费。这种作风把老实人气坏了。可以说比起他早先遇到的倒霉事,更使他痛苦百倍。但法官和船主这样不动声色地欺负人,使他动了肝火,悲观到了极点,人心的险毒丑恶,他完全看到了,一肚子都是忧郁的念头。后来有条开往波尔多的法国船,他既然丢了满载钻石的绵羊,便花了很公道的代价,包下一间房舱。他又在城里宣布,要找一个诚实君子做伴,船钱饭食一应由他负责,事后还送他 2 千银洋的酬劳。但这个人必须是本省遭遇最苦,对自己行业最怨恨的人。

这样,就很快来了一批应征者。老实人邀他们到船上酒店,请他们吃饭,还要他们发誓,毫不隐瞒地说出自己真实的历史。这个会开得很长。直开到第二天清早四点。老实人听着他们的遭遇,一边想着老婆子当初来的时候说的话,觉得真有道理。断定船上没有一个人不受到极大的苦难。末了他挑中了一个可怜的学者,他在阿姆斯特丹的书店做过 10 年事。这学者原是个好好先生,被妻子偷盗,被儿子殴打,被跟着一个葡萄牙人私奔的女儿遗弃。他靠着过活的小差事最近也丢了,苏利南的牧师还迫害他,说他是索星尼派①。虽然其他人的遭遇也很倒霉,但老实人希望这学者能相伴他,替他消愁解闷。其余的候选人,老实人每人送上 100 银洋。

二十

老学者名叫玛丁,他和老实人一样,见多识广,饱经苦难。因

---

① 索星尼派为 16 世纪时神学家索星所创,否认三位一体及耶稣为神之说。

此两人谈起来就没有一个完。但老实人还始终抱着与居内贡小姐相会的希望,玛丁却一无希望。老实人虽然丢了满载财富的大绵羊,但口袋里还有剩下的宝物,还有钻石黄金。玛丁则一身赤贫。因此,当一提到居内贡,尤其在酒醉饭饱的时候,老实人又倾向于邦葛罗斯的哲学了。他对学者说:"玛丁先生,你对物质与精神的苦难怎么想法?"玛丁答道:"牧师们指控我是索星尼派,其实我是马尼教徒。①"——"你这是说笑话吧!马尼教徒早已绝迹了。"——"还有我呢,"玛丁回答,"你看这个世界,我就觉得上帝的确把它交给什么恶魔了。当然黄金国不在其内。我没见过哪一个城市不巴望邻近的城市毁灭的,没见过哪一个家庭不希望把别的家庭斩草除根的。弱者一面对强者卑躬屈膝,一面暗中诅咒;强者把他们当作一群任凭宰割的绵羊。上百万编号列队的杀人犯在欧洲纵横驰骋,井井有条地干着烧杀劫掠的勾当,为的是糊口,因为他们干不了更正当的职业。而在一些仿佛太平无事,文风鼎盛的都市中,一般人心中的妒羡,焦虑和忧急,也是一种危险的信号。看到这些,我内心的隐痛远胜外界给自己带来的灾难。我见得多了,受的折磨多了,人变成马尼教徒了。"老实人回答道:"那世界上还有好东西吗?"玛丁说:"也许有,但我没见到过。"

辩证之间只听一声炮响。接着炮声越来越紧密。人们拿起望远镜,看见在3海里以外有两条船正在开战,其中一条船放出一阵排炮,正不偏不倚击中另一条船的半中腰,把它击沉了。老实人和玛丁清楚地看到,甲板上站着100多人。正举臂求救,但一会儿就没影了。玛丁道:"你瞧,人与人就是这样相处的。"话语未了,他瞥

---

① 马尼教为公元3世纪时波斯人马奈斯所创,是一种二元论的宗教,言原人为善神所创,其性善,今人为恶神所创,其性恶,唯认识真理后方能解脱罪恶,并称世界上的光明与黑暗是永远斗争不已的。

见一堆不知什么鲜红的东西在水里游泳。船上放下一条小艇,那东西上了小艇才看清,原来是老实人的一头绵羊。老实人找回这头羊所感到的喜悦,远过于损失100头满载钻石的绵羊所感到的悲伤。不久就清楚了,打胜的是一条西班牙船。沉没的是荷兰海盗船,船主便是拐骗老实人的那个。他抢去的偌大财宝跟他一齐葬身海底,只逃出了一头羊。老实人对玛丁道:"你瞧,天理昭彰,罪恶有时会受到惩罚的。"玛丁回答:"说得对,可是船上的乘客,难道应当和他同归于尽吗?上帝惩罚了恶棍,魔鬼淹死了无辜。"法国船和西班牙船继续航行,老实人和玛丁还在辩论。

二十一

　　法国海岸已经在望。老实人对玛丁又说开了:"你到过法国吗?"——"到过,"玛丁回答,"我去过好些州。有的州有半数居民在害狂疾,有的州民风奸刁得很,有的州人性和顺但相当愚蠢,有的州的人喜欢卖弄才情。整个法国的风气是:第一,谈情说爱;第二,恶意中伤;第三,胡说八道。"——"玛丁先生,你可曾到过巴黎?"——"到过的,那儿是各色人等一应俱全,人人都在寻求快乐。当时我到巴黎,还没有耽搁多久,身边的钱就给圣·日耳曼广场上的小偷扒光了。人家还把我当作小偷,抓去关了八天牢。以后不得已,我进印刷厂当校对想挣一笔路费。我认识一批写文章的,兴风作浪,为宗教入迷,都不是东西。有人说巴黎也有些挺文雅的君子,但愿这话是真的。"老实人对游历法国不感兴趣,他觉得除了居内贡小姐之外,世界上什么东西都不想再看了。因此他对玛丁说:"我要经法国到意大利,上威尼斯等她,你不陪我走一遭吗?"——"一定奉陪,"玛丁说:"听说那地方只有威尼斯的贵族才住得下,他们对外乡人很客气,只要外乡人几分钱。我没有钱,不论你上哪儿,我都跟着走。"老实人道:"我想起一件事要问你,我们的船主有一本厚书,书中说咱们的陆地原本是海洋,你相信吗?"玛丁回答:"我才不信呢。近年来流行的那些梦话,我全不信。"但是,"你可相信人一向就互相残杀,像现在这样吗? 一向就是扯谎,欺诈,反复无常,忘恩负义。强取豪夺、懦弱、轻薄、卑鄙、妒羡、馋痨、酗酒、吝啬、贪婪、残忍、毁谤、淫欲无度、执迷不悟、虚伪、愚妄吗?"玛丁回答说:"你想鹞子看见鸽子是否一向都吃的?"——"那还用说,"——"既然鹞性不改,为什么希望人性会改呢?"——"噢!那不一样,因为人的意志可以自由选择……"议论之中,他们到了波尔多。

二十二

老实人在波尔多卖掉了几块黄金国的石子,又办了几件事,就和他形影不离的好朋友玛丁包了一辆双人座的驿车,就又上路了。他把那头绵羊忍痛捐献给了波尔多科学院,科学院就这头羊的毛为什么是红的,作为当年度悬赏征文的题目。得奖的是一个北方学者,他用 A 加 B,用 Z 除的算式,证明这头羊应当长红毛,也应当害疱疮而死[①]。

可是,老实人一路经过的酒店,总遇到旅客告诉他:"我们上巴黎去。"那股对巴黎的向往的热情,也打动了老实人的兴致,想绕道巴黎再去威尼斯。他从圣·玛梭城关进城。老实人由于路上辛苦,一落客店就害了一场小病。因为他手上戴着一只奇大无比的钻戒,行李中又有一口重得非凡的小银箱,所以立刻就有两名医生自告奋勇地前来医治,还有好几个热心人寸步不离地守在旁边,有

---

① 此处所谓疱疮指羊特有的病症。

两个虔婆替他烧汤煮水。玛丁说:"记得我第一次到巴黎也害了病,穷得很,所以既没有朋友,也没有虔婆,也没有医生,结果是自己病好了。"

老实人是又吃药、又放血,但病反而重了。一个街坊的熟客,就很和气地来问他,是否要一份到另外世界去的通行证。老实人置之不理。两位虔婆说这是新时行的规矩。老实人回答,他不是一个时髦人物。玛丁气不过,差一点把来客摔到窗外去。教士赌咒说,老实人死了,决不给他埋葬。玛丁赌咒说,他倒预备埋葬教士,要是教士再纠缠不清。你言我语,越吵越凶。玛丁抓着教士的肩膀,使劲撵了出去。这事也惊动了警察局,闹得沸沸扬扬。

老实人好不容易才开始复元,就有一些上流社会的人士来陪他吃晚饭,另外就是玩赌钱。输赢很大。老实人总是输家,他感到莫名其妙,老实人向导中,有个矮个子神甫班里戈登。巴黎不少像他那样殷勤的人,他机灵乖巧,和蔼可亲,面皮既厚,说话又甜,极会趋奉人。专门巴结过路的外国人,替他们讲些本地的丑闻秘史,帮他们花大价钱去寻欢作乐。一日,这位班里戈登带老实人和玛丁去看戏。其中有一位在悲剧中串伊丽莎白王后的女戏子,老实人看了很中意,对玛丁道:"我很喜欢这演员,她颇像居内贡小姐,倘使能去拜访她一次,倒也是件乐事。"班里戈登自告奋勇,答应陪他去。但走到半路,却说:"今晚她可能有约会,还是去见一位有身份的太太,你在她府上见识了巴黎,就赛过在巴黎住了4年。"

老实人天性好奇,跟着班里戈登到一位太太府上。这太太府坐落在圣·奥诺雷城关的尽里头,有人在那里赌法志[①]:赌客各自拿着一叠牌。脸上暗淡无光,好比一本登记他们恶运的账册,屋内

---

① 法志是一种纸牌的赌博。

鸦雀无声，庄家脸上也焦急不安。女主人坐在铁面无情的庄家身边，把尖利的眼睛瞅着赌客的加码，谁要把纸牌折个小角儿，她就叫他们把纸角展开，神色严厉，态度却很好。这女主人自称为特·巴洛里涅侯爵夫人。她的女儿15岁，也是赌客之一，众人为了补救牌运做的手脚，她都眨着眼睛作报告。班里戈登神甫、老实人和玛丁走进屋子，一个人也没站起来，一个人也没打招呼，甚至瞧都不瞧一眼。神甫便主动凑到侯爵夫人耳边说了几句，她便略微抬了抬身子，对老实人嫣然一笑，对玛丁很庄严地点点头，叫人取来一张椅子，递一副牌给老实人。玩了两局，老实人输了5万法郎，然后大家一团高兴地坐下吃晚饭。

晚饭过后，老实人被侯爵夫人带到一间小房间里。侯爵夫人让他坐在一张长沙发上，问道："喂，这么来说，你对居内贡小姐是一往情深了？"——"是的。"老实人回答。侯爵夫人对他很温柔地一笑："你这么回答，表示你真是一个威斯发里的青年，换个法国人，他一定说，我是爱居内贡小姐，可是见到你，太太，我恐怕要不爱她了。"老实人说："好吧，太太，你要我怎样回答都行。"侯爵夫人又道："你替居内贡小姐捡了手帕才动情的，现在我要你替我捡吊袜带。"——"敢不遵命。"老实人说着，便捡了吊袜带。那太太说："我还要你替我扣上去。"老实人就替她扣上了。太太说："你瞧，你是个外国人，我常常叫那些巴黎的情人害了半个月的相思病，可是我第一夜就向你投降了，因为对一个威斯发里的年轻人，我们应当竭诚招待。"美人看见外国青年两手戴着两只大钻戒，不由得赞不绝口，临了两只钻戒从老实人手上过渡到了侯爵夫人手上。

老实人做了对不起居内贡的事，一路觉得良心不安。神甫对他的痛苦极表同情。老实人在赌台上输的5万法郎和2只半送半骗的钻戒，神甫只分得很小数目的利润，于是就格外巴结老实人。

老实人对神甫说,将来在威尼斯见了爱人,一定要求她饶恕他的不忠实。神甫便问:"那么先生,你是在威尼斯有约会了?"老实人说:"是啊,神甫,我非到威尼斯去跟居内贡小姐相会不可。"——"大概居内贡小姐极有才气。写的信也十分动人。"——"我从来没收到过她的信,你想:我为了钟情于她被赶出了爵府,我不能写信给她;不久听说她死了,接着又和她相会,又和她分手;现在我派了一个差役去接她。"老实人说的这些,神甫都留神地听着,若有所思。

第二天,老实人起床后,收到一封信,措辞是这样的:

"我最亲爱的情人,我病在此地已有八天了,听说你也在城中。要是我能动弹,早已飞到你怀抱里来了。我知道你路过波尔多:我把忠心的加刚菩和老婆子留在那里,让他们随后赶来。布宜诺斯艾利斯总督把所有的宝物都拿去了,可我还有你的一颗心。快来罢。见了你,我就有命了,要不然我也会含笑而死。"

这真是一封意想不到的信,老实人看了有说不出的喜欢,心爱的居内贡病倒的消息又使他痛苦万分。老实人急忙拿着黄金钻石。叫人把他和玛丁两人带往居内贡的旅馆。他走进去,紧张得全身打战,心儿乱跳,说话带着哭声。他叫人取来一支蜡烛,走近床,想揭开床上的帐幔,有女佣人忙上前阻止道:"不行,见了光她就没命了。"老实人便哭着询问:"亲爱的居内贡,你觉得好些了吗?你不能见我的面,至少跟我说句话呀。"女佣人又道:"她不能说话。"接着女佣人从床上拉出一只滚圆的手,让老实人在这只手上浇了半天眼泪。过后,老实人拿几颗钻石塞在那只手里,又在椅子上留下一袋黄金。

老实人正在大动感情,这时进来了一个差官,后头还跟着班里戈登神甫和几名差役。差官一声喝令:"把这两个外国人抓起来。"老实人忙问:"可是先生,你把我们带到哪儿去呢?"——"进地牢。"

差官回答:玛丁定下心来想了想,断定冒充居内贡的是个女骗子,班里戈登神甫是个男骗子,差官也是一个骗子,他们看出老实人天真不过,急于下手。为了避免上公堂等的麻烦,老实人听了玛丁的劝告,又急于和货真价实的居内贡相会,便向差官提议送他三颗小钻,每颗值3千比斯多。差官说道:"啊,先生,你做得太令我感动了,哪怕你十恶不赦,犯尽了所有的罪,你也是世界上第一个规矩人;3颗钻石!3千比斯多一颗,我替你卖命都来不及,怎么还会把你送进地牢?公家要把外国人全部抓起来,可是我有办法,我有个兄弟住在诺曼底的迪埃普海港,让我带你去,只要你有几颗钻石给他,他也像我一样地侍候你。"老实人忙说:"差官先生,看上帝分上,带我上威尼斯罢,我要在那儿等居内贡小姐。"差官于是安排老实人和玛丁上了一条荷兰船。

二十三

"啊,邦葛罗斯!邦葛罗斯!啊,玛丁!玛丁!啊,亲爱的居内贡!这是什么世道啊?"老实人在一艘荷兰船上这么喊叫着。玛丁答道:"都是些疯狂又丑恶的事。"——"你去英国,那里的人是不是也跟法国人一样疯狂?"——玛丁道:"那是另一种疯狂。如今英法两国正在为靠近加拿大的几百亩雪地而打仗。为这场伟大战争所花的钱,已经大大超过了全加拿大的价值。该送疯人院的人究竟哪一个国家应更多一些呢?恕我天性愚钝,无法奉告。我只知道我们所遇到的人性情忧郁,肝火很旺。"

他们来到了朴次茅斯港。港内泊着舰队;岸上人山人海,大家眼睛盯着一个胖子,他跪在一条军用船的甲板上,四个士兵面对着他,每人无所谓地朝他脑袋上开了三枪;岸上的人群心满意足地散去了。老实人四处打听,那个被当众枪决的胖子是谁。"是海军提督。"有人回答。"为什么要处决他呢?"——"因为他杀人杀得不够,他跟一个法国海军提督作战不力,离敌人太远了,"老实人问:"那个法国海军提督离开英国提督不是一样远吗?"旁边的人插嘴道:"不错,可是这个国家,每隔一个时期总要杀掉个把海军提督,便会鼓励一下别的海军提督。"

  老实人对于所见所闻,觉得简直是不可思议,又是惊骇,又感厌恶,简直不愿上岸;当下就同荷兰船主讲好价钱,把船直接驰往威尼斯!哪怕这个船主是个骗子,把他拐走,他也顾不得了。两天以后,船主准备停当,船沿着法国海岸驶去;远远望到里斯本的时候,老实人吓得直打哆嗦。接着船进入了海峡,驶入了地中海;终于到了威尼斯。老实人抱住玛丁叫道:"啊,感谢上帝!我可以和美人居内贡相会了。我相信加刚菩就和相信自己一样。终于苦难过去,好事来临,不是事事完满吗?"

二十四

  老实人到威尼斯一上岸,就派人到所有的酒店、咖啡馆、妓院去寻找加刚菩,不料全无踪影。他又托人去大小船只上打听,依然没有加刚菩的消息。他对玛丁说:"这是怎么回事,我从苏利南到波尔多,从波尔多到巴黎,从巴黎到迪埃普,从迪埃普到朴次茅斯,绕过了葡萄牙和西班牙的海岸,穿过地中海,在威尼斯住了几个月,也没有找到我的居内贡和加刚菩。我非但没有找到居内贡,倒反碰上一个女流氓和一个班里戈登神父!我的美人居内贡大概不在人世了罢,我也只有一死了事。唉!那时住在黄金国的乐园多好啊!不该回到这该死的欧洲来。亲爱的玛丁,你说得对,人生不过是些幻影和灾难。"

  老实人终日闷闷不乐,既无心去看歌剧,也不去欣赏狂欢节的游艺节目,也没有一个女人能使他动心。玛丁说:"你太傻了,你以为一个混血种的当差,身边带着五六百万,真的会到天涯海角去把你的情妇接到威尼斯来吗?就算找到了,他也会自己去消受的,要是找不到,他也会另找一个的。我劝你把你的当差和你的情人居内贡,一齐丢开了罢。"玛丁的话只能教人灰心。老实人愈来愈愁闷,玛丁还再三向他证明,除了谁也去不了的黄金国,德行和快乐在这世界上其实是很少的。

老实人讨论着人生的大题目,等着居内贡,突然有一次看到一个年轻的丹阿德会修士搀着一位姑娘在广场上走过。这修士年富力强,肥肥胖胖的精壮结实,面色红润、眼睛明亮、神态安详。走路的姿势威武精神。那姑娘长得很为俏丽,嘴里哼着歌,脉脉含情地瞧着修士,不时用手拧一下他的胖脸表示亲热。老实人对玛丁说:"至少你得承认,这两个人就是快乐的了。至今为止,除了黄金国以外,地球上凡是住得了人的地方,我只看见苦难;但这个修士和这个姑娘,我敢打赌是挺幸福的人了。"玛丁道:"我打赌不是的。"老实人说:"只要请他们吃饭,就可知道我没有看错。"

老实人走过去和两个青年人打招呼,一番寒暄之后,便邀请他们一起用餐,他要请他们吃通心粉、龙巴地鹧鸪、鲟鱼蛋、喝各式各样的名酒。这位小姐红了红脸,年轻的修士却愉快地接受了邀请,女的跟着他,惊异又慌张地瞧着老实人,甚至于含着一泡眼泪。才跨进老实人的房间,她就说:"怎么,老实人先生认不得巴该德了吗?"老实人原来未曾把她细看,因为他一心想着居内贡;听了这话,回答道:"唉,可怜的孩子,原来是你把邦葛罗斯博士弄到如此地步的?"巴该德道:"唉,先生,是呀。难怪,你什么都知道了。我听到男爵夫人和居内贡小姐家里遭了横祸。可是我所遭的罪也不比他们少。你从前见到的我,还很天真烂漫。我的忏悔师是一个芳济会修士，轻易就把我勾搭上了。结果就惨了！你被男爵大人踢着屁股赶走以后，没几天我也就离开了那里，我病了，幸亏一位本领高强的医生救了我的性命。为了感激，我做了他的情妇。他老婆十分妒忌，像发病一样天天毒打我。医生是天底下最丑的男人，我是天底下最苦的女人，要为一个自己并不喜欢的男人整天挨打。先生，你可知道，这个泼妇嫁给医生是很危险的，他受不了老婆的凶悍，有一天替她医治感冒，配了一剂药，灵验无比，她服下去就满地打滚，样子十分恐怖，没过两小时就一命呜呼了，娘家人把医生告了，说他谋杀；医生逃走了，我却坐了牢，要不是我长得好看，尽管清白无辜也难保自己性命，法官开脱了我，条件是由他来顶医生的缺，没多久，他的另一位情人又补了我的缺，一个子也没给，把我赶走了，我不得不再干起这种下贱的营生；你们男人以为这种事很快活，对我们女人来说就好比人间地狱。我来威尼斯，也只是为了做买卖。啊，先生，不管是做生意的老头，是律师，是船夫，是修士，还是神甫，我都得赔着笑脸侍候他们。无论是什么样的欺侮、羞辱，都得忍受着；往往衣服也买不起，借着别人裙子走出去，让混账男人去撩起来；我有什么前途和指望呢？将来人老珠黄，生了病躺在救济院里，死了扔在垃圾堆上罢了！先生，你能想象这种生活的滋味么，我是天底下最苦的女人了。"

巴该德在小房间里，当着玛丁的面对老实人说出了自己心里话，玛丁对老实人说："你瞧，我打的赌已经赢了一半。"

奚罗弗莱修士坐在餐厅里，喝着酒等开饭。老实人对巴该德说："可是我刚才碰到你，一副快活的神气，多开心，唱着歌，对那修士真亲热，像是真心爱他，你说自己苦命，我看你倒是十分快乐呢？"巴该德答道："啊！先生，这正是我们这一行的苦处呀。昨天一个军官抢了我的钱，揍了我一顿，今天我得赔着笑脸讨一个修士的欢心。"

老实人不想再听了,他承认玛丁的话不错。他们跟巴该德和丹阿德修士一同入席;在饭桌上很高兴,到快吃完时,说话已经很亲密了。老实人道:"神甫,我觉得你的命不错,真叫人羡慕;你的脸色表明你身体健康、心情愉快;又有一个漂亮的姑娘陪着你散心,看样子你对修士这个职业是挺满意的了。"

奚罗弗莱修士答道:"唉,先生,我真恨不得把所有的丹阿德修士统统沉到海底去。我有好几次想把修道院一把火烧掉,去改信回回教,我15岁的时候,爹娘逼着我披上这件该死的法衣,好让我那该天杀的混账哥哥多得一份财产。修道院里只有妒忌、倾轧、疯狂,我胡乱地给人布道,挣几个钱,一半给院长克扣了,一半拿来养女人,晚上回到修道院,真想一头碰死在墙上,我所有的同道都和我一样。"

玛丁转身朝着老实人,非常冷静地说道:"喂,我赌的东道不是全赢了吗?"老实人送了两千银洋给巴该德,送了一千银洋给奚罗弗莱修士,说道:"我敢担保,有了这笔钱,他们就会快乐了。"玛丁说:"我都不信,说不定这些钱会把他们害得更苦呢。"老实人道:"那我就管不着了。可是有件事使我能觉安慰,你以为永远不会再见的人竟会重逢,既然红绵羊和巴该德都遇到了,我可能也会遇到居内贡。"玛丁说:"但愿有朝一日她能使你快活;不过,我很怀疑。"——"你的心好冷酷!"老实人说。——"那是我经历的事情太多了。"玛丁回答。

老实人道:"你瞧那些船夫,不是老在唱歌吗?"玛丁道:"你没瞧见他们在家里,跟老婆孩子在一起的情形呢?当权的有当权的烦恼,船夫有船夫的烦恼。尽管总的说起来,还是船夫的烦恼多一些,不过也差不离,无法太计较。"

老实人说:"外面传说这儿有位元老,名叫波谷居朗泰,住在勃朗泰河上那座最华丽的府第里,招待外国人还算客气,听说他是从来不知烦恼的人。"玛丁说:"像这样少有的品种,我倒想见识见识。"老实人立即托人向波谷居朗泰大人致意,请求允许他们第二天去拜访。

二十五

老实人和玛丁坐着游艇驶进勃朗泰河,到了元老波谷居朗泰的府上,花园布置得十分雅致,还有一尊白玉石雕像。府第建筑极其宏伟壮丽。主人年纪六十左右,家财万贯;接待两位好奇的来客颇为礼貌,可并不热情,老实人感到有点局促,玛丁倒还觉得满意。

两个相貌秀美、衣着华丽的姑娘,捧出泡沫很多的巧克力来敬客。老实人把她们美貌、风韵和才华照例称赞一番。元老说:"这两个姑娘还不错,有时我让她们睡在我床上;我对城里的那些太太们实在厌倦了;她们的风情、脾气、妒忌、争执、心胸狭窄,傲慢却又愚蠢;还要你给她们写信,或写十四行情诗,真是烦透了;不过对这两个我也有些发腻了。"

吃过早点,老实人在画廊中散步,观赏那些精美的画,惊叹不已。他问开头的两幅画是谁人作品。主人说:"那是拉斐尔的。几年前,我为虚荣花了大价钱买来的;据说这是全意大利最美的东西,可我一点也不喜欢,人体不够丰满,表现得不够有力。看那衣着不像是布帛的,再者,颜色已经暗黄了。总之,尽管它出自名家之手,也不管别人怎么说,我觉得这两幅画不够逼真。一定要像看到实物一样的画,我才喜欢,但这种作品简直没有。我收藏了不少画,早就不看了。"

饭前,波谷居朗泰大人教演奏了一支合奏曲。老实人觉得音乐美极了。波谷居朗泰道:"这种音乐只能让消遣半个小时,再多,大家就会听厌的,尽管没人肯这么说。现在的音乐,都以演奏难取胜,只凭演奏难度大的作品,多听几遍就没人喜欢了。也许我更喜欢歌剧,可是如今有人异想天开,把它弄成怪模怪样的,我真生气。那些谱了音乐的要不得的悲剧,一幕一幕没来由地唱上几支可笑的歌,让一帮女戏子卖弄嗓子,这种不伦不类的玩意,让别人去看吧。一个阉割的男人哼哼唧唧,扮演恺撒大帝或加东,在台上装腔作势,傻乎乎地踱方步,对这类东西,谁愿意谁就去欣赏好了;至于我,已长久不愿去领教了。这些浅薄无聊的东西,如今居然成了意大利的一种光荣,各国君主还不惜重金来罗致呢。"老实人很婉转地稍稍辩解了几句。玛丁却完全赞同元老的意见。

他们吃完一餐十分丰盛的宴席,走进书房。老实人看到一部装帧精美的《荷马全集》,便恭维主人趣味高雅。他说:"这是一部使伟大的邦葛罗斯、德国最杰出的哲学家为之陶醉的作品。"波谷居朗泰却冷冷地说:"我并不为之陶醉。从前人家硬是要我相信这部作品是很有趣的;可是那些反反复复讲不完的大同小异的战争故事;那些忙个不停的神道;那些战争的祸根,还够不上一个女戏子海伦;那老是围困又攻不下的特洛亚城;都使我厌烦得要死。我问过几位学者,是不是读了这部书跟我一样发闷。凡是真诚的都承认读不下去,但书房里却非得有一部不可,好比一座古代的纪念碑,也好比一枚生了锈在市面没人要的古徽章。"

老实人问:"大人对维吉尔的看法不是这样吧?"波谷居朗泰答道:"我承认他的作品《埃奈伊特》第二、第四、第六卷确很精彩;但是那虔诚的埃奈伊特,英勇的格劳昂德,好友阿爱德,小阿斯加尼,昏君拉底奴斯,庸俗的阿玛太,无聊的拉维尼亚,却写得令人生厌。我倒更喜欢阿里奥斯托笔下的那荒诞无稽的故事。"

老实人道:"恕我冒昧,先生读《荷拉斯》是不是极感兴趣?"波谷居朗泰回答:"不错,他写了些格言,对上流人物还能有点益处,而且是用精悍的诗句写的,比较简练容易记。可是他描写勃共特的族行,可算是败笔,什么吃得很不舒服的饭菜啦,两个粗人口角相骂啦,我都懒得去看,他攻击老婆子和女巫的诗,粗俗不堪,令人恶心。她对他的朋友曼塞纳说,如果自己能算一个抒情诗人,一定会高傲地昂然举首至上触星辰,这类话我也看不出有什么价值。凡夫俗子对一些名人大家的东西往往盲目崇拜、钦佩备至。可是我读书只为自己,只有合我脾胃的我才喜欢。"老实人所受的教育,使他从来不会用自己的眼光判断事物,听了主人的话不禁大为惊奇。玛丁却觉得波谷居朗泰的思维方式倒还合理。

老实人忽然叫道:"噢,这是一部西塞罗;这个大人物的著作,阁下想必是百读不厌了罢?"这位威尼斯元老说:"我从来不看的。他替拉皮里于斯辩护也罢,替格鲁昂丢斯辩护也罢,统统与我不相干,我自己要经手的案子已经够多的了。我比较有兴趣的还是他的哲学著作;但看到他对事事怀疑,我就觉得自己知识和他相差无几了,也用不着让别人再教我更加愚昧无知了。"

"啊!"玛丁叫道:"这儿还有科学院出版的 24 册丛刊,也许其中有些好东西吧?"波谷居朗泰说道:"哼,那些写书人中间若有一个能发明出做别针的方法,也算是好材料了;遗憾的是这些书里尽是些空头理论,连一点实用的学识也找不到。"

老实人道:"这里还有这么多剧本啊! 有意大利文的,有西班牙文的,有法文的。"元老回答:"是的,一共有 3 000 种,不过精彩的还不满 3 打。至于那些说教式的演讲,全部合起来还抵不上一页赛纳克著作。还有那些浩繁的神学书;你们想必知道我是从来不去翻的,不但我,别人也不会去翻的。"

玛丁看到书架上有好几格放着英文书，便说："这些书多半写得无所顾忌，阁下是共和派人，想必是喜欢的了。"波谷居朗泰回答说："不错，能把自己思想写出来是好事，也是人类独有的权利；我们意大利人笔下写的却不是心里想的；恺撒和安东尼的同乡，没有得到那帮修士的许可，就不敢自己转一个念头，启发英国作家灵感的那种自由，已经被党派的成见与意气糟蹋得剩不了多少是有价值的了，怎能叫人喜欢呢。"

老实人看到一部《弥尔顿诗集》，便问主人，这位作家在他眼里是否堪称大人物；波谷居朗泰说："谁？他吗？这个野蛮人用生硬的诗句，为《创世记》第一章写了十大章注解，这个模仿希腊作家蠢俗之物把创造世界本领弄得面目全非；摩西明明说上帝是用语言造出世界的，那俗物却教弥赛亚到天堂的柜子里，去拿一个圆规画出世界的轮廓！我能把他当作大人物吗？塔索笔下的魔鬼和地狱都让他给糟蹋了，吕西番一会儿变成了癞蛤蟆，一会儿变成了小矮子，一句话重复上百次；还要辩论神学；阿里奥斯托说到火枪的发明，原是个笑话，他却一本正经地去模仿，叫魔鬼们在天上放大炮，这样的人能让人敬重吗？不单是我，全意大利也不会有人喜欢这种沉闷乏味，无理取闹的作品。什么罪恶与死亡的结合啦，什么罪恶生产的毒蛇啦，凡是有点文雅气质的人看了都会要作呕。他描写的病院的长篇大论，只好让筑坟墓的工人去念。这部晦涩、离奇、丑恶的诗集，一问世就被人瞧不起，我现在的态度，跟他同时代的本国人一样。并且，我只是说出了自己的思想，决不理会别人是否跟我有同样想法。"老实人听了这话大为懊丧，他是敬重荷马，也有点喜欢弥尔顿的，他轻轻地对玛丁说："我怕这家伙对我们的法国诗人也不会尊重的。"玛丁道："那又何妨？"老实人又喃喃说道："噢！了不起的人物！这波谷居朗泰竟是个了不起的天才！他对什么都不满意。"

他们参观完藏书室,下楼到了花园里,老实人对园子的美丽极口称赞。主人道:"这花园简直粗俗不堪,只有些无聊的东西;明天我就叫人重新建造,布置得高雅些。"

两个好奇的客人向元老告辞了,老实人对玛丁说:"喂!这回你算是见到了最快乐的人了吧?因为再无所惑,能超脱一切。"玛丁说:"你没有发现他对自己所有的东西都很厌恶吗?柏拉图早就说过,这样不吃,那样不纳的胃,绝不是最健康的胃。"老实人说:"能批评一切,从别人认为美妙的东西中找出毛病来,不也是一种乐趣吗?"玛丁回答:"就是说把没有乐趣当作乐趣,是不是?"老实人叫道:"啊!世界上只有我是最快乐的,只要能和居内贡小姐相会。"——"能够希望总是好的。"玛丁回答。

可是几天过去了,几星期过去了,加刚菩始终未回来,老实人陷入痛苦之中;甚至巴该德和奚罗弗莱修士,连谢都不说一声而走,他也不以为意。

二十六

一天晚上,老实人和玛丁两人,正要和几个同寓的外国人吃饭,一个肤色黝黑的人从后面走过来,抓住他的手臂,说道:"请你准备好,快跟我们一起走,别耽误了。"老实人回过头一看是加刚菩,他真是惊喜交集,其情绪之好,只比见到居内贡差一点点儿。他快乐得都要疯了,把朋友抱住叫道:"居内贡在哪里?快带我去见她。"加刚菩回答:"居内贡不在这里,她在君士坦丁堡。"——"啊!天哪?在君士坦丁堡!哪怕她在中国,我也要去找她!咱们快走!"加刚菩回答:"我们吃过晚饭才走,现在不便多谈;我做了奴隶,主人在等我,我得侍候他用餐;别多说话;快去吃饭,尔后出发。"

老实人先是快乐后又痛苦；高兴的是见到了他忠心的使者，令人奇怪的是加刚菩成了奴隶；他只想着跟情人相会，心乱得很。当下他去吃晚饭，同桌的是玛丁，……他已看到了这一切，态度很冷静。——还有 6 个到威尼斯来过狂欢节的外国人。

加刚菩为一位外国人斟酒，席终时他走近他的主人，附耳对他说："陛下随时可以动身了。船已经准备停当。"说完便出去了。同桌的人都很诧异，一声不吭，相互望了望。另外一个仆人走近他的主人，说道："陛下的车在巴杜等着，渡船已经预备好了。"主人点点头，仆人退下了。同桌的人又相互看了看，更觉得奇怪。第三个仆人走到第三个外国人跟前，说道："陛下不能久留，我现在就去准备一切。"说完也立刻走了。

老实人和玛丁以为这一切像是狂欢节中乔装出来的玩意。第四个仆人向第四个主人说："陛下随时可以动身了。"然后和别人一样出去了。第五个佣人对第五个主人也是这一套。但第六个佣人对坐在老实人邻座的第六个主人说的话却大不相同："陛下，人家不肯再赊账了；今天晚上我和陛下都可能被关进监狱；我现在去料理一下私事；再见吧。"

六个仆人都走了，老实人、玛丁和六个外国人都寂静无声地坐着。最后，还是老实人忍不住开口道："诸位，这样开玩笑的法儿可真妙，可为什么你们都可以扮做国王，而偏偏玛丁和我两人不是呢。"

加刚菩的主人一本正经地用意大利文说："我不是开玩笑，我是阿赫美特三世，做过好几年苏丹；我篡了我哥哥的王位，我的侄儿又篡了我的王位；我的宰相给砍了头，我被送进冷宫养老。我的侄儿穆罕默德苏丹有时让我出外旅游疗养，这一回我是来威尼斯过狂欢节的。"

阿赫美特旁边的一个青年接着说:"我叫伊凡,从前是俄罗斯皇帝,在摇篮中就被篡了位;父母都被幽禁了,我是在牢里长大的;有时我可由看守陪着,出门游历,这一回是来威尼斯过狂欢节的。"

第三个人说:"我是英王查理·爱德华;父亲把王位让给我,我奋力作战以维护我的权力,这样引起了众怒,人家除去了我的党羽,把我下了狱,现在我要去罗马看我的父王,他跟我和我的祖父一样是被篡位的。这回我是到威尼斯来过狂欢节的。"

第四个接着说:"我是法国波拉葛王:因为战事失利,丢了世袭国土;我父亲也是同样的遭遇,如今我听天由命,像阿赫美特苏丹,伊凡皇帝,英王查理·爱德华一样,但愿上帝保佑他们长寿;这回我是来威尼斯过狂欢节的。"

第五个说:"我也是波拉葛的王,丢了两次王位,但上帝给了我另一个行业,我做的好事,超过所有萨尔玛德王在维斯丢拉河边做的全部好事;我也是个听天由命的人;这一回是到威尼斯来过狂欢节的。"

轮到第六个王说话了;他道:"诸位,我并不像你们那样是天生贵胄;但也做过王,像别的王一样。我叫丹沃陶,高斯人立我为王。当初人家称我陛下,如今叫我先生也是勉强,我铸过金币。而今囊空如洗。有过两位国务大臣。现在只剩一个跟班;我登过宝座,后来却在伦敦坐了多年牢,睡在草垫上。我,担心在这儿再次遭难;虽然我和诸位陛下一样,是到威尼斯来过狂欢节的。"

其余五个王听了这番话对他非常同情,每人送了二十金洋,让丹沃陶添置内外衣饰,老实人送了他价值两千金洋的一颗钻石。五个王问道:"这位是谁?一个平民居然能拿出百倍于你我的钱,而且如此慷慨送人!"

离开饭桌的时候,旅馆里又来了四位太子殿下,也是因为战事失利,丢了国家,到威尼斯来过最后几天的狂欢节的。老实人对新来的客人根本没有注意。他一心只想尽快到君士坦丁堡去见他心爱的居内贡。

二十七

忠实的加刚菩,同送阿赫美特苏丹回君士坦丁堡的船主谈妥,让老实人和玛丁搭便船同行。老实人和玛丁向落难的苏丹行过礼,便一起上了船。路上老实人对玛丁说:"你瞧,我们居然一次能碰上六个废王同桌吃饭,其中还有一个接受我的布施。比他们更不幸的王侯,讲不定还多着呢?我啊,不过丢了一百头绵羊,现在就快飞到居内贡怀抱了。如今啊,亲爱的玛丁,就像邦葛罗斯所说的,叫作'万事如意了'。"玛丁道:"但愿如此!"老实人道:"可是我们在威尼斯遇到的事可真怪。六个废王在同一个旅馆同一张桌上吃饭,不算是天下少见吗?"玛丁说:"不见得比我们所遇到的事情更奇特。国王被篡位是常事;与六个废王同席,坐在末位相陪,也不足为奇,何必大惊小怪呢。"

老实人一上船,就搂着他从前的当差,好友加刚菩的脖子。他说:"哎,居内贡怎么样?还是那样姿容绝世吗?她还爱我吗?她身体好吗?你在君士坦丁堡为她买下行宫了吗?"

加刚菩回答:"亲爱的主人,居内贡在一位废王的家里当奴隶,在他家帮着洗碗;废王名叫拉谷斯基,每天从土耳其皇帝手里领三块钱度日,更叫人痛心的是居内贡已变得奇丑无比了。"老实人道:"噢,美也罢,丑也罢,我是正人君子,我必须对她始终如一。但你带着五六百万的现金,怎么会让她落到这种地步的呢?"加刚菩答道:"唉,我不是必须先花二百万送给布宜诺斯艾利斯总督,赎出居内贡吗？余下的统统让一个凶狠异常的海盗抢去了。海盗把我们带到马塔班海角，带到弥罗，带到尼加利阿。带到萨摩斯，带到彼特拉，带到达达尼尔，带到斯堪塔里。最后几经周折，居内贡和老婆子落到了这位废王的手里，我沦为前任苏丹的奴隶。"老实人道："哎，真是祸不单行，我们碰到的倒霉事何其多呀！幸亏我还有几颗钻石，还可以替居内贡赎身。可惜她人变丑了。"

他接着问玛丁："我与阿赫美特苏丹，伊凡皇帝，英王查理－爱德华相比，你觉得究竟谁更可怜？"玛丁道："我可不知道，我也不是你们肚子里的蛔虫。"老实人说："啊，要是邦葛罗斯在这儿，就能告诉我了。"玛丁道："我不知道你那位邦葛罗斯用怎样的天平，称得出人的灾难和痛苦。我只知道地球上有几千几百万的人，比英王查理－爱德华，伊凡皇帝和阿赫美特苏丹不晓得可怜多少倍呢。"——"那倒是真的。"老实人说。

几天后，他们进入黑海的运河。老实人花了一大笔钱赎出了加刚菩，随即带着同伴改搭一条苦役船，到普罗蓬提特海岸去寻访居内贡，不管她现在丑成什么样子。

船上的桨手里面有两个苦役犯，划桨的本领极差；船主是小亚细亚人，不时地用鞭子抽打两个桨手赤露的背。老实人无意中把他们仔细地瞧了瞧，不胜怜悯地走了过去。觉得这两张完全破相的脸，有点像邦葛罗斯和那位不幸的耶稣会的男爵；居内贡小姐的哥哥。这一印象使他心里一震，很是难过；于是走近他们更仔细地认了认。尔后对加刚菩说："真的，要不是我亲眼看到邦葛罗斯被吊死，我一时糊涂，失手杀死了男爵，我就会以为两个划桨的就是他们了。"

听到男爵和邦葛罗斯的名字，两名苦役犯大叫一声，放下桨，待着不动了。船主奔过来大发雷霆，鞭如雨下。老实人叫道："别打了,先生,别打了,你要多少钱我都给。"一个苦役犯喊道:"怎么,你是老实人?"另一个也道:"啊,是老实人!"老实人道:"我不是在做梦吧?我究竟是醒着还是在梦里?我是在船上吗?你是我杀死的男爵?你是我看到被吊死的邦葛罗斯大师吗?"

两人回答:"是我们啊!是我们!"玛丁说:"这就是那位大哲学家?"老实人道:"喂,船主,我要赎出森·托龙克男爵,他是日耳曼帝国最有地位的一位男爵;还有全日耳曼学问最深的玄学家邦葛罗斯先生,你要多少钱?"船主听了回答道:"狗东西基督徒!既然这两条苦役狗是什么男爵,什么玄学大师,那一定是他们国内的大人物了;我要五万金洋!"——"行!先生,赶快送我去君士坦丁堡,越快越好,到了那里我马上付钱。啊,不,你得带我去居内贡小姐那儿。"船主听到老实人要用重金赎他的奴隶,立即调转船头,向君士坦丁堡进发了,教手下人把船划得像鸟飞得那样快。

老实人把男爵和邦葛罗斯拥抱了上百次。——"亲爱的男爵,怎么?我没有把你杀死?亲爱的邦葛罗斯,怎么你被吊死了还会活过来!你们俩人又怎么都会在土耳其船上做苦役的呢?"男爵道:"我亲爱的妹妹真的在这里吗?"——"是的。"加刚菩回答。邦葛罗斯嚷道:"啊,我又见到我亲爱的老实人了。"老实人向他俩介绍了玛丁和加刚菩。他们都相互拥抱,争相说话。船飞一样地向前,已经到岸了。他们叫来一位犹太人,老实人把一颗价值十万的钻石以五万的价钱卖给了他,犹太人还用亚伯拉罕的名字发誓,说无论如何不能多给了。老实人立刻付了男爵和邦葛罗斯的赎身钱。邦葛罗斯扑倒在地上。洒下了感激的泪,男爵只点点头表示谢意,答应将来有机会一定偿还这笔钱。他问:"我的妹妹可是真的在土耳其?"加刚菩回答:"一点不假,她在一位德朗西未尼亚的废王家里洗碗。"他们又找来了两个犹太人;老实人又卖掉了两颗钻石,然后一齐搭上另一条船去赎居内贡了。

二十八

老实人对男爵说:"对不起,男爵;对不起,神甫,请原谅我一剑把你从前心穿到后背。"男爵道:"别提了,我承认当时自己火气太大了些;但你既然想知道我是怎么会被罚做苦役的,我就讲给你听,我的伤口经过会里的司药修士医好之后,一队西班牙士兵来袭击,我被抓住了,关在布宜诺斯艾利斯牢里,那时我妹妹正好离开那儿了。我要求把我遣返回罗马总会。总会派我到驻君士坦丁堡的法国大使馆当随从司祭。到任不到 8 天,有个晚上遇到一位宫中侍从,年纪很轻,长得很美,天热得很,那青年要洗澡,我借此机会也洗了澡,谁知道一个基督徒和一个年轻的回教徒光着身子在一起,就算是犯了大罪。法官教人把我脚底打了一百板子。罚作苦役。我不知道世界上竟有这等冤枉的事。但我很想知道,我妹妹为什么会变成一个亡命在土耳其废王家里的厨娘的?"

老实人道:"那么你呢,亲爱的邦葛罗斯,怎么,我居然还能再见到你?"邦葛罗斯道:"不错,你是看到我被吊死的;按判决我本当被烧死的;但你可记得,正当他们要烧我时,忽然下起雨来,雨势很猛使他们无法点火;他们无可奈何,决定吊死我。一个外科医生买了我的尸体作解剖,他先从我的肚脐到锁骨,一横一直地划了两刀。因为那次吊我的时候,技术太差,执行的人只精通烧死人的本领,对吊死人还不习惯;又因下雨,绳子浸了水,中间又打了结,活扣成了死扣,所以我还有一口气。两刀划下来,我不禁大叫一声。那医生以为解剖到一个魔鬼了,吓得仰面摔了一跤。爬起来就逃,在楼梯上又栽了个跟斗。他的女人听到叫喊,从房间里跑出来,看我身上被划了两刀躺在桌上,害怕程度比她丈夫还厉害,赶快逃走,跌在丈夫身上。待到他们惊魂稍定,那女的对外科医生说:'朋友,你怎么会去解剖一个异教徒呢!你不知道这种人常有魔鬼附身!让我马上去找个教士来驱邪。'我听到了这话急坏了,拼着最后一点力气叫救命。终于惊动了那位葡萄牙理发师,他大着胆子把我的刀口缝起来,他的女人也来照顾我,半个月后我能下床了。理发师还帮我谋了个差事。给一个玛德会修士做跟班,随他去了威尼斯;但这位修士付不出工钱,我就去侍候一个威尼斯商人,跟他到了君士坦丁堡。

"一天,我一时高兴,走进一座清真寺。寺中有位老法师,还有一位年轻美貌的信女在那里念念有词。她袒着胸部,两个乳头之间缀着一个美丽的花球,其中有郁金香,有蔷薇,有白头苗,有土大黄,有风信子,有莲馨花。她不留神,把花球落到地上,我急忙捡起,恭恭敬敬地放回原处。我放回原处的时间太久了些,老法师十分气恼。他一知道我是个基督徒,就叫出人来,带我去见法官。法官命令把我脚底打了一百板子,罚作苦役。我恰好和男爵被锁在一条船上,一条板凳上。同船的还有四个马赛青年,五个拿波里教士,两个科学岛上的修士,都说这一类的事每天都有。男爵说他的案子比我的更冤枉;我呢,我认为替一个女人把花球放回原处,不会比跟一个侍从光着身子在一起那样更有失体统,我们为这事争论不休,因此没少挨鞭子;谁知凡事都有定数,居然你会搭乘我们的船,把我们赎了出来。"

老实人问:"那么,亲爱的邦葛罗斯,在你被吊死、解剖、鞭打,罚作苦役的时候,是不是还要认为天下的事都是尽善尽美的呢?"邦葛罗斯答道:"我的信心始终不变,我是哲学家,不能出尔反尔。莱布尼茨的话不会错,先天谐和的学说,跟空间皆是实体和奇妙的物质等等,同样是世界上至理名言。"

二十九

老实人,男爵,邦葛罗斯,玛丁和加刚苦,讲着他们的经历,谈论着世界上所发生的某些偶然与非偶然的故事,探讨着因果关系、精神痛苦与物质贫困、自由与必然,以及在土耳其商船上如何自慰等等,他们终于来到普罗篷提特海边上,德朗西未尼亚王的屋子跟前,看到居内贡和老婆子在绳子上晾餐巾。

男爵一见,脸色发白。多情的老实人,见到他美丽的居内贡皮肤变成棕色,眼里布满血丝,乳房干瘪了,满脸皱纹,通红的手臂上长满鱼鳞般的破皮不禁毛骨悚然,倒退了几步,但出于礼貌,还是走近前去。居内贡拥抱了老实人和她的哥哥,大家也拥抱了老婆子,老实人将她们俩人都赎了出来。

附近有一块分种田;老婆子劝老实人先拿下来,等日后境况转好时,再作打算,居内贡不知自己竟然已变得如此之丑陋,也没有一个人向她道破,她向老实人提到当年的婚约,口气十分坚决,忠厚的老实人没有拒绝,于是即向男爵提出要与他妹妹结婚的要求。男爵说:"像她那样的下流,像你如此之狂妄,我万万不能容忍;我决不会为这一玷辱门庭的事分担任何责任,将来我妹妹的子女的名字永不能记载到德国的贵族谱系里去。老实告诉你,我妹妹只能嫁给一个德国的男爵。"居内贡伏在兄长脚下,哭着哀求,可他执意不允。老实人对他说:"你疯了,我将你从苦役中解救出来,支付了你们兄妹二人的身价;她在此地替人家洗碗、变得这么丑,我好心娶她为妻,你倒胆敢拒绝我,我真恨不得再杀你一次!"男爵道:"再杀就再杀;要我在世的时候答应你与我妹妹成婚,那是休想。"

三十

老实人其实绝没有同居内贡结婚的愿望。只因男爵的蛮横无理激怒了他,这才决意非结婚不可,加上居内贡催促得又紧,他更无法推诿,他找邦葛罗斯、玛丁与忠心的加刚菩来商量。邦葛罗斯写了一篇有说服力的论文,证明男爵无权干涉其妹子的婚事,德国所有的法律都表明,居内贡完全可以嫁给老实人。玛丁主张把男爵扔到海里去。加刚菩则主张把男爵送还给小亚细亚船主,让他仍然去做苦工,等有了便船,再送回罗马,交给他的总会会长。大家觉得这主意不错,老婆子也同意,于是便瞒着他妹妹花了些钱办妥了这件事;用这样的方法来惩罚一个耶稣教会人士、一个骄傲的德国男爵,皆大欢喜。

几经患难,老实人终于与情人成了婚。他们同哲学家邦葛罗斯、玛丁及聪明的加刚菩还有老婆子住在一起,又从古印加人处带回来很多钻石。按理说,老实人定会过着世界上最快活的生活了,殊料他被犹太人一再拐骗,最后,仅剩下那块分种田了。他妻子不但容貌日趋丑陋,性情亦变得暴戾。老婆子原本是残疾人,脾气比居内贡更坏。加刚菩种着园地,挑菜到君士坦丁堡去卖,过分操劳,成日里怨天尤人。邦葛罗斯因未能在德国某大学显露声名,苦闷不堪。玛丁则认为,人不论到哪里都是受罪,因而也就耐着性子。老实人,玛丁,邦葛罗斯,偶尔也探讨一下道德之类的理论问题。他们常能看到窗下有一些小船,载着当地的贵族、官员、祭司充军到莱姆诺斯,米底兰纳,埃斯卢姆;又看见别的祭司贵族和官员来接任,然后又被流放出去。他们还看到一些包扎得很好的人头被送往大苏丹的宫门。这种种景象都增添了他们辩论的题材,不辩论的时候,大家就为无聊而烦恼。甚至有一天老婆子问他们:

"我要知道被黑人海盗强奸一百次割掉半个屁股,被保加利亚人鞭打,在功德大会上挨板子、上绞架、被解剖、在苦役船上划桨,受尽我们大家所受的苦难,同我们现在这样住在这里一无所有相比较究竟哪种生活更为难受?"老实人说:"唔,这确实是个大问题。"

这一番话又引起了众人的新见解:玛丁的观点是,人只有两种生活方式,不是在忧急坎坷中讨生活,就是在烦闷无聊中挨日子;老实人不同意这种说法,但又说不出别的看法。邦葛罗斯明知自己苦了一辈子,可是他因为说过世界上一切都是十全十美的这句话,也只能把这一观点坚持下去。尽管他从内心里根本不相信它。

当时发生了一件事,它使玛丁的消极理论增添了一份佐证,也使老实人更加彷徨,邦葛罗斯更难自圆其说。那就是他们看见巴该德和奚罗弗莱修士狼狈不堪地来到他们的分种地。这两个人已经把三千银洋吃完了,一会儿分手,然后又和好,又吵架、坐牢、越狱,奚罗佛莱终于改信了回教。巴该德到处流浪,做她的买卖,一个钱也挣不到了。玛丁对老实人说:"我早就对你说过,你送的礼,不久就会花光的,他们的生活倒反会更苦。你和加刚菩发过财、拥有过好几百万的银洋,但你的日子过得并不比巴该德和奚罗佛莱好。"邦葛罗斯对巴该德说:"啊!可怜的孩子,你又来了,这大概是天意吧!你可知道,你害我损失了一个鼻尖、一只眼睛和一只耳朵?现在你也完蛋了。这世界究竟是怎么一回事呢!"这桩新鲜事,引起大家对穷通祸福问题的更大的兴趣,长时期讨论不休。

附近住着位著名的回教修士,公认为是土耳其智力最高的哲学家。他们去向他请教,邦葛罗斯代表大家发言说:"大师,请你告诉我们,世界上为什么要产生人这种奇怪的动物?"

修道士回答:"你问这干吗?你管它作什么?"老实人道:"可

是,大师,地球上满目疮痍,遍地灾难啊!"修道士回答:"福也罢,祸也罢,管它呢,我们的苏丹王派船只驶往埃及,可曾关心过那船上的耗子舒不舒服?"邦葛罗斯问,"那么应当怎么办呢?"修道士道:"闭上你的嘴。"邦葛罗斯又说:"我希望听你谈谈有关因果、完美的世界、罪恶之根源、灵魂的性质和先天的谐和等问题。"修道士听了,就手将门劈面关上了。

正当此时,传来一个消息,说在君士坦丁堡绞死了两个枢密大臣和一个大司祭,而且他们的不少朋友都受到木柱洞腹的极刑。几小时内,这一可怕的消息很快传遍各地。邦葛罗斯、老实人与玛丁在回家路上遇到了一个和蔼的老人在门外橘树下乘凉。邦葛罗斯好奇地向老人打听那个被绞死的大司祭叫什么名字,老人回答说他根本不知道这件事,他说"我以为吃公事饭的人死于非命,是他们咎由自取。我从不去打听君士坦丁堡的事,我只晓得把园子里种出来的果子送去卖。"他把这几个外乡人让进屋里,又让两个儿子和两个女儿端出好几种自制的果子汁来待客,还有糖渍的佛手、橘子、柠檬、菠萝、花生、纯粹的莫加咖啡,没有半点儿巴太维亚和中美洲群岛的坏咖啡成分。回教徒的两个女儿又替老实人、邦葛罗斯和玛丁的胡子上喷了香水。

老实人问土耳其人:"想必你有大片的良田、丰厚的家产了?"土耳其人回答:"我只有二十阿尔邦地,我同孩子们一起在地上耕种,劳作可使我免除三大害处,烦恼、纵欲和饥寒。"

老实人回到自己的庄园,把土耳其人的话认真思考了一番,对邦葛罗斯和玛丁说,"那个慈祥的老头儿的生活状况似乎比与我们同席的六位废王都好。"邦葛罗斯说:"所有的哲学家都这样说,荣华富贵,权势地位,都是很危险的,摩阿布的王埃格隆被阿奥特所杀;阿布萨隆被吊着头缢死,身上还被戳了三枪;泽罗菩阿罗姆的儿子内达布王死于巴萨之手；奥谷齐阿斯死于奚于；阿太里亚死于约伊阿达约金；奚谷尼阿斯，赛台西阿斯诸王都沦为奴隶。至于克雷茹斯，阿斯蒂阿其，大流士，西拉可斯的特尼，彼拉斯、班尔塞、汉尼拨、朱革塔、阿利俄维斯塔、恺撒、庞培、尼罗、奥东、维德罗维阿斯、多密喜安、英王查理二世、爱德华二世、亨利四世、查理三世、玛丽·斯丢阿德、查理一世、法国的三个亨利、罗马日耳曼皇帝亨利四世，他们怎样的结局，你是都知道的，你知道……"老实人说："是的，我还知道应当种我的田地。"邦葛罗斯说："你说得极是，上帝把人放进伊甸园，是要他们工作的，足见人天生不是清闲度日的。"玛丁道："别说了，我们工作吧，只有工作，日子才会好过。"

　　那个小群体里的人都赞成这个主意，便各显其能，在小小的园地里获得很多收成。居内贡虽相貌奇丑，但已变成为一个做糕饼的能手，巴该德管缝纫刺绣，老婆子管内衣被褥，连奚罗弗莱也没有空闲，他成了一个熟练的木匠，做人也本分多了。邦葛罗斯时常对老实人说："在这个完美无缺的世界上，所有的事都是互相关联的，你为了居内贡小姐，被人踢着屁股从美丽的宫殿里赶出来；你受到异教徒的刑罚，去徒步跋涉美洲；你狠狠地刺了男爵一剑，把黄金国的绵羊丢光，你也就不会在这儿吃花生和糖渍佛手啦。"老实人道："说得真妙，还是种咱们的园地吧！"

（璐甫　编译）